문화세계의 창조

문화세계의 창조

조영식 저

미원전집편집위원회 편저

발간사

책은 시대를 초월해 존재할 수 있는가. 의미 있는 하나의 사상은 그 자체로 이미 당대 현실에 대한 비판이자 실천이라 할 수 있다. 이론은 단지 이론으로서만 가치를 지닌 것이 아니다. 그것을 탄생시킨 역사적 현실과 현재에 대한 부정, 그리고 미래에 대한 지향성이라는 세 차원을 동시에 내포하고 있다. 미래에 대한 진정한 전망들은 언제나 그렇듯 그 시대에 대한 역사적 성찰과 분리될 수 없기 때문이다. 역사와 현실을 벗어난 어떤 이론 혹은 사상은 실천적 힘을 발휘할 수 없다. 그것은 책의 진실이다.

하지만 책은 시대를 초월해 존재할 수 있다. 시대적 한계로부터 자유로울 수 있다. 가령 단 하나의 인간을 위한 책이 존재할 수 없는 것처럼 단 하나의 사회 혹은 시대만을 위한 책이란 존재하지 않을 것이다. 당대의 삶과 현실에 대한 문제의식에서 출발한 것이라 해도 그것은 언제나 이미 더 나은 삶과 세계를 지향하기 마련이다. 인류 역사는 현실적인 목표와 이상적인 삶의 전망, 이념과 실천, 가치와 행위 사이에서 힘의 균형을 이룸으로써 변화하고 발전해왔다. 그것은 책이 한 시대에 뿌리를 내리면서 동시에 그 시대를 초월해 존재할 수 있는 이유이다.

그 점에서 어떤 사상이나 이론도 완결적인 것이라고 말할 수 없다. 그 모든 이론들은 본질적으로 완결될 수 없다. 시대의 변화와 흐름 속에서 새롭게 조명되기도 하고 또 폐기되기도 한다. 마치 생명을 가진 존재처럼 살아 있는 사상이 되기도 하고 그렇지 않기도 한다. 의미 있는 하나의 철학과 사상을 담은 책은 그야말로 완결된 미완의 상태라고 말할 수 있을 것이다. 우리가 다시 읽고자 하는 미원美源 조영식 박사의 시대 정신 또한 그러하다.

조영식 박사의 철학은 평화사상을 기반으로 한다. 그의 평화철학은 고유한 하나의 역사적 배경을 가진 정치사상에서 출발한다. 평화에 대한 기획들은 한국이 겪은 근현대사, 다시 말해 일제강점과 해방, 그리고 한국전쟁으로 이어지는 한국사의 고유성과 분리해서 설명할 수 없다. 그의 사상은 한 시대의 한계와 진실을 모두 흡수한 사유 체계라 할 수 있다. 그러나 그는 민족주의와 국가 재건이 유일 목표로 제시되던 시대에 세계정부라는 이상사회를 주장한다. 민족을 넘어 하나로 통합된 사회를 지향한다. 그 개념은 민주주의적 이상사회이자 당위의 세계이며, 이는 후에 오토피아로 명명된 세계로 발전해간다. 아직 그가 꿈꾼 이상사회는 도래하지 않았다. 그의 사상은 미완의 기획이 됐다. 그러나 이러한 미완의 구상들이야말로 한 시대를 발전시키는 동력이 아닌가. 더구나 세계사를 이끌어온 근대적 정치 지형은 변화하고 있다. 경계를 넘어 차이를 횡단하는 초국가 이론들이 제기되고 있다. 이러한 시대적 변화는 조영식 박사가 미완으로 남겨놓은 과제들을 새롭게 해석할 수 있는 가능성이다.

하나의 책이 진정으로 완성된다는 것은 그것이 언제나 새롭게 다시 쓰일 수 있을 때이다. 새로운 현실, 새로운 삶 속에 뿌리내릴 때 비로소 의미를 지닐 수 있다. 우리가 미원 조영식 박사의 저작들을 새로운 시대의 언어로 다시 쓰는 이유이기도 하다. 이 책은 초판이 출판된 시점의 시대적 분위기를 충분히 고려하면서도 현대적 맥락 속에서 조영식 박사의 사상들을 반추하는 데 그 목적이 있다. 그의 저작들이 새로운 맥락에서 더 깊고 풍부한 깊이를 얻을 수 있기를 바란다. 물론 그것은 전적으로 이 책을 읽는 독자의 몫이다.

미원전집편집위원회
미원조영식박사기념사업회

서론

새로운 세기는 새로운 정치 이념을 필요로 한다. 세계는 지금 조난당한 파선破船! 창망한 바다 한가운데서 구원을 기다리고 있다. 묘안과 창의적인 방안을 찾지 않는 한 침몰은 막을 수 없다. 얼음과 숯처럼 서로를 용납하지 않는 민주와 공산 양대 조류의 이념 대립과 각축은 현 상황을 더욱 어렵게 만들고 있다. 이념의 상극 속에서 때와 장소를 불문하고 열전熱戰과 냉전冷戰을 반복하며 반목질시反目嫉視하고 있다. 평화 없는 냉엄한 현실은 성난 파도처럼 포효하고, 우레처럼 진동하며, 때로는 만경창파萬頃蒼波와도 같은 살풍경이다.

정치적 민주주의는 자본 전제專制로 흘러가 이론적 빈약성과 실질적 결함으로 자체 내의 파탄을 초래하고 있다. 경제적 민주주의는 노농 독재勞農獨裁와 혼동됨으로써 시정施政의 관료 독재성과 광신적 유물만능唯物萬能이라는 자가당착에 빠지고 말았다. 그 양대 조류 중 어느 하나도 민주주의의 진정한 목적과는 거리가 멀다. 인류사회의 문화화를 통한 자유, 평화와 안녕, 복지 달성에 다다르는 길은 너무나 멀기만 하다. 이 두 이념의 조류는 양립하지 못한 채 대립을 반복하며 자기모순과 자가당착에 빠져 폐해를 낳고 있다. 그러나 더 심각한 것은 상호 간 대립과 투쟁, 갈등이 만드는 폐해이다. 이는 우리가 현실의 경험을 통해 통절히 체감하고 있는 바이다.

만약 이러한 이념 간 파괴적 대립이 그치지 않은 채 앞으로 반세기만 더 계속된다면 과연 그 귀추가 어떠할 것인가. 문제를 해결하지 않는 한 인류를 처참한 비극으로 몰아갈 것이다. 따라서 두 이념 간 순화, 통합과 지양이 필요하다. 특히, 성찰 없이 왜곡된 공산주의 이론은 편파적이고 모순적일 수밖에 없다. 따라서 이를 정당하게 인식할 수 있는 정치 이론의 출현을 절실하게 기대하지 않을 수 없다. 인류사회의 역사적 현실은 현시점에서 새로운 정치 이론의 창안에 대해 한순간도 안일하게 뒤로 미뤄둘 수 없다. 우리는 생生이냐 사死냐 하는 운명의 심연(3차 대전의 위협) 앞에 서 있다. 번민 속에서 이념의 양대 조류와 호흡하며 20세기 정치 현상의 파노라마를 직시하고 있다.

우리는 이러한 이념 투쟁의 양상을 한국전쟁을 통해 여실히 체감했다. 하루라도 빨리 재앙을 없애기 위해 노력해야 한다. 무엇보다 서로 싸우는 두 사회를 지양하고 하나로 순화·통합할 수 있는 신新 정치 이념을 창조하지 않으면 안 된다. 대립과 분열, 투쟁 없는 문화세계를 창건하기 위해 인류의 모든 역량을 집결하도록 마음과 힘을 다해야 한다. 이는 전쟁에 직면한 한민족만의 임무와 과업일 수는 없으며, 인류의 대과업大課業이라 하겠다.

실로 한국은 20세기 세계 정치 현상의 거울이다. 그만큼 한국은 세계 정치 판도의 축도이다. 세계 정치 현상을 알기 위해서는 세계 정치의 실험장인 한국을 먼저 파악해야 한다. 따라서 지금 세계의 고민은 한국 분열의 원인을 탐색하고 해소할 때에야 해결할 수 있다. 또 한국의 분열과 투쟁을 통합하는 것은 세계 사정을 충분히 지실[1]하고 해결책을 강구할 때에만 달성될 수 있다. 한국의 통일 이념은 세계 통합의 이념이라 할 수 있다. 세계 평화는 한국의 통합과 평화로 귀결된다. 이를 가능하게 하는 신新 정치 이념과 그 방책이 절실히 요구된다.

다행히 나는 한국에서 실험된 두 이념을 모두 경험했다. 해방 후 2년간 북한 평양에서 소위 진보적 민주주의라고 하는 공산주의 정치(소련 군정軍政과 조선민주주의인민공화국 정치)를 맛보았다. 월남해서는 4년 남짓 서울에서 미국식 민주주의 정치(미국 군정과 대한민국 정치)를 체험했다. 전쟁 중에는 서울을 탈출해 충남 천안군 어느 시골에서 전시체제하의 괴뢰 정치를, 9·28 이후 제2차 서울 탈취 때에는 피난지 부산에서 대한민국의 전시체제를 경험했다. 우연한 환경 속에서 소련과 미국에 가지 않고서도 소련식 정치와 미국식 정치를 교량[2]해 그의 장단점을 동시에 엿볼 기회를 가졌다. 전쟁이라는 특수한 상황에서 민주주의와 공산주의의 전쟁 수행 방법을 몸소 경험할 수 있었던 것이다.

다시 말해 2차 대전 이후부터 민주·공산이 2대 진영으로 분열돼 갈등이 고조되던 정치 조류의 변천과 그 전모를 목격했다. 그것은 존귀한 체험이었다. 이러한 경험을 토대로 우리들이 나아갈 방향과 취해야 할 정치가 무엇인지 깨닫게 됐기 때문이다. 세계 정치의 실험장이라고 할 수 있는 한국에서 목격하고 체험하고 사색함으로써 얻은 이 존귀한 지식을 어찌 백만 장서에 비할 것인가!

재주도 얇고 앎도 얕은 이 사람이 '문화세계의 창조'라는 큰 정

---

1 知悉. 모든 형편을 제대로 앎.

2 較量. 견주어 헤아림.

치철학의 기초를 세우게 된 동기는 단순히 학문적인 신新 이론의 발견에 머물지 않는다. 나의 정치철학은 위와 같은 정치 실험대에서 생명이 가로막힌 채 뼈저린 현실적 체험을 통해 얻은 깨달음에서 시작했다. 인류가 나아갈 바른 길을 제시함으로써 길도 없고 쓸모도 없는 희생과 파괴를 미연에 방지하고자 하는 의미에서 출발한 것이다.

과거 인류가 걸어온 길을 참고로 회고해보자. 옛날은 물론 현재까지도 구태의연한 비문화적, 비민주적, 비인도적, 야만적 풍습이 남아 있지 않은가. 전쟁은 폭력과 무력만으로 삶을 해결하려 했던 원시사회의 생활양식을 그대로 계승하고 있다고밖에 볼 수 없다. 그러니 이를 통박[3]하지 않을 수 없다. 이에 진정한 인류사회의 나아갈 길은 '문화세계의 창조'뿐임을 힘주어 말하고자 한다. 인류는 어느 특정 국가 또는 특정한 주의主義 밑에서 그 자체만을 위해 사는 노예가 아니다. 인류 자신의 현실적인 복리, 문화·문명의 향상과 발전을 통해 얻어지는 행복을 추구하며 살아가야 한다.

거듭 말하건대 인류의 살아갈 길은 무엇보다 자유·평화 속에서 최대한의 문화·복리를 향수[4]하는 것이다. 그것은 전 인류가 가능한 고차원적인 문화사회를 건설해 문화인으로서 삶을 영위하는 것 이외에는 어떤 목적도 없다. 인류가 살아갈 길은 무장한 전쟁국가가 아니다. 강압과 폭력에 의한 독재국가도 아니다. 우리의 진정한 길은, 우리를 가장 행복하게 할 수 있는 문화세계를 건설하는 데 있다. 이에 관해서는 이 책 2~3부에서 상세히 논의했다. 또 이러한 취지에서 이 책의 제목을 '문화세계의 창조'라고 명명

3 痛駁. 몹시 날카롭고 매섭게 따지고 공격함.

4 享受. 어떤 혜택을 받아 누림.

했다. 물론 현실과 이상은 항상 유리돼 상충한다. 이 때문에 이론을 전개하는 과정에서 대단히 고충이 따랐다. 그러나 '문화의 세계'를 실제로 탐색하고 답사하는 과정에서는, 그 하나하나가 참신할 뿐만 아니라 예측하지 못했던 수많은 새로운 분야와 신세계가 눈앞에 펼쳐져 현혹되고 황홀한 감정을 금할 수 없었다.

나는 본 주장을 문화복리주의文化福利主義[5]라 명명한다. 그러나 그것은 가칭일 뿐이다. 다른 학자에 의해 다른 이름으로 불릴 수 있다. 그러나 그렇다고 해도 그 의미는 달라지지 않는다. 우리 인류가 지향하고 나아가야 할 길은 문화세계이다. 앞으로 인류의 평화와 진정한 복리를 위해 모든 현인賢人들이 이 이론을 연구하고 밝혀주길 바란다. 그른 점은 바르게 잡고 단점은 보완해 인류의 미래에 관한 학문을 완성해주길 기원한다.

1951년 5월 18일

미원美源

5 문화복리주의를 바탕으로 한 『문화세계의 창조』는 조영식 박사의 사유의 귀착점인 『오토피아』(1979), 『인류사회의 재건』(1975)의 사상적 출발점이자 그 중핵이다. '문화세계 창조'는 정신과 육체, 물질과 영혼, 이성과 감성이라는 이분법적 사유 체계는 물론 국가와 민족 단위의 사유 체계를 해체해 하나의 세계를 창조하고 건설하는 것을 이상으로 한다. 조영식 박사는 문화세계의 창조를 인류 평화의 진정한 조건으로 여겼다.

일러두기

1. 이 도서는 1951년 6월 30일 문성당에서 처음 출간된 『문화세계의 창조』 초판을 오늘날의 표현으로 풀어 쓴 리라이팅본이다.
2. 본문의 맞춤법, 고유명사, 띄어쓰기, 숫자 등의 표기 방법은 국립국어원 표준국어대사전 원칙에 따라 변경했다.
   ※ 고유명사의 경우, 원어 표기가 없어 확인이 불가한 내용은 1951년 발간된 초판본의 표기를 따랐다.
3. 저자가 쓴 주석은 [원주]로 별도 표시했고, 나머지는 편저자주이다.

차례

1

문화세계의 이론적 기초

우리는 어떻게 살아야 할 것인가

서설

문화복리주의의 철학적 근거

모든 옳은 주장에는 반드시 옳은 이론이 따른다. 옳은 정치를 하기 위해서는 이치가 정연한 학문적 체계를 갖춘 정치철학이 필요하다. 문화복리주의 역시 그 주장에 상응하는 이론을 갖추고 있다. 그것은 '존재의 학學'이 아니라 '당위의 학'이다. 선험적 관념론에 토대를 둔 것이 아니라 경험적·실제적 현실생활에 토대를 둔다.

문화복리주의는 인간의 모든 일에 관해 막연히 옷 위로 가려운 곳을 긁듯 피상적이고 우회적인 태도로 접근하지 않는다. 삶의 본질적인 물음에 대해 구체적이고 분명하게 구명究明을 시도한다. 인간의 할 일은 무엇이며 선과 악은 무엇인가. 양심이란 선천적으로 타고난 것인가 아니면 후천적으로 경험에 의해 습득된 것인가. 운명이란 숙명적인가 가변적인가. 이 세상을 주재한다는 신神은 과연 무엇이며 사명이란 또 무엇인가 등. 규범적인 제諸 문제를 입체적으로 고찰하고 인간이 마땅히 갈 길을 사유함으로써, 인간이 준수해야 할 행동준칙과 더불어 국가와 사회가 나아갈 길을 밝혀준다.

이렇듯 문화복리주의는 어떤 선험적 관념을 추출해 거기에 부합된 인간의 규범을 찾아내려는 것이 아니다. 인간의 필요와 현실의 요청에 따라 임무와 목적을 정립하고 국정의 진로를 규제한다. 따라서 군권사회君權社會와 같이 위정자의 명령에 추종만 하는 것으로 국민의 임무가 끝나는 것이 아니다. 정치의 목적은 국민이 자신의 의사를 국정에 반영하고 복리를 확보·증진시키는 데 있다.

국민의 입장에서 다음의 모든 문제를 충분히 파악하고 인식해야 한다. 국가의 임무와 목적은 무엇이며 인간의 진정한 자유는 어떤 것인가. 평등의 의미는 무엇이며 인간은 실제로 평등한가. 평등하다면 어떻게 평등한가. 인간이 상호 침탈侵奪보다 상호부조·공영共榮의 세계에서 행복하다면 국가의 공영을 기초로 해야 하는가 아니면 전 세계 인류의 공영을 토대로 해야 하는가. 정의란 힘인가, 정당한 신념인가. 도덕의 본질과 진리란 또한 무엇인가. 이 우주세계의 근본 원칙인 세계 원리는 유심唯心인가 유물唯物인가. 만약 그것이 아니라면 진정한 세계의 원리란 무엇을 의미하는가. 문화복리주의는 국가와 국민됨의 관계를 명확히 규정하고 국민은 국민으로서, 국가는 국가로서 자기의 직책을 충분히 감당할 수 있게 함으로써 인류의 행복한 세계를 건설하는 데 이바지한다.

칸트는 철학의 기본명제를 다음과 같이 제시한다. 그는 '모든 것에 앞서서 ① 인간이라는 것은 무엇인가 ② 우리는 무엇을 추구해야 하는가 ③ 무엇을 해야 하는가 하는 문제를 충분히 알고 또 해결하지 않으면 모든 지식은 산지식이 아닐뿐더러 무용하다'[6]고 말했다. 진실로 나는 무엇을 해야 하며, 그 목적은 무엇인

6 칸트 철학의 세 가지 주요 명제는 첫째, 나는 무엇을 알 수 있는가, 둘째, 무엇을 해야 하는가,

가를 알아내는 것이 '학學'의 목적이다. 학의 임무는 이 앎을 어떻게 효과적으로 실천하느냐 하는 것이다. 따라서 인생의 기본 문제를 해결한 연후에야 비로소 우리가 어떤 정치 목적을 세우고 통치 양식을 채택할 것인지가 자명해진다. 그 점에서 문화복리주의 역시 인류가 가야 할 길을 (귀납적으로) 논하는 이론이자 주장이다.

문화복리주의의 이론적 기초는 실리實利를 따르지 않는다. 그러나 우리 삶 자체와 유리된 공리공론空理空論을 배제한다. 인간의 기본 욕망은 무엇이며, 이 현실이 희구하는 것은 무엇인지 시대의 외침을 경청한다. 마땅히 '있어야 할' 것을 목적으로 이를 구하고 실천한다.

이와 같이 문화복리주의는 인간 삶의 당위에 근거를 둔다. 인간의 기본 문제를 완전히 이해하지 않고서는 그 진의와 주장, 그리고 목적을 파악하기 어렵다. 그 때문에 문화세계 창조의 이론적 기초로서 윤리와 철학을 정초하고 그에 관한 기본적인 문제를 살펴보고자 한다.

이러한 인간의 기본 문제를 이해하지 않고 또 그것에 기초하지도 않으면서 국가의 정치와 국책을 세우는 것은 극히 위험한 일이다. 그것은 신뢰할 수 없는 일종의 억측이나 근거 없는 망상에 불과할 것이다.

우리는 비문화적이고 비과학적인 일체의 사고와 주장을 거부한다. 인간과 현실에 기초한 계획적이고 체계적인 논리를 지향한다. 인간 삶에 대한 기초과학을 충분히 검토하고 이를 통해 정

셋째, 무엇을 바라야 하는가이며, 이는 인식론, 도덕철학, 미학에 관한 물음으로서 그의 저작 『순수이성비판』, 『실천이성비판』, 『판단력비판』의 중심 주제이기도 하다. 문화복리주의는 문화세계의 창조를 위해 인간존재와 삶에 대한 문제들을 토대로 윤리학, 인식론, 그리고 미학적 관점에서 이론과 실천을 통합한 새로운 의미의 민주주의다. 조영식 박사는 문화세계 창조를 통해 인류에게 부과한 당위와 현실의 복리를 변증한다.

당한 이론을 확립해나갈 것이다. 문화복리주의는 인류의 가난을 극복하고 복지를 실현할 수 있는 진정으로 올바르고 정당한 인류의 진로, 문화세계를 건설하고자 한다.

제1장

윤리적 기초

제1절 인간

1. 인간이란 무엇인가

'인간이란 무엇인가'라는 문제에 대해서는 옛날이나 지금이나 그 견해가 다양하다. 자신이 가진 생각의 틀 안에서 각기 다른 주관적 관점으로 인간을 정의하기 때문이다. 어떤 이는 인간이란 자연의 일부로서 최고도로 발달한 유기체有機體에 불과하다고 말한다. 또 어떤 이는 정신적·자율적 존재로서 문화가치를 창조하는 자연의 지배자라고 생각한다. 또는 극히 정밀한 유기적 기계의 소유자라고도, 하느님의 모습을 본떠 만들어진 존재라고도 말한다.

그 견해를 종합해보면 대략 다음 세 가지로 정리될 수 있다. 종교적 관점, 철학적 관점, 과학적 관점이다.

첫째, 종교적 관점으로는 기독교적 해석이 대표적이다. 원죄설과 연결된 이 시각은 하느님이 자신을 본떠 아담과 이브를 만들었으며, 도덕생활을 하게 했다는 데서 출발한다. 여기서 중요한 것은 인간이 다른 동물과 달리 신성神性을 가지고 태어난 존재라는 점이다. 인간은 선험적으로 신의 세계 계획Weltplan을 좇아 살아야 하는 운명이며, 스스로의 자유의지만으로는 행복에 도달할 수 없다. 신이 부여한 가치와 사명에 순응할 때에만 비로소 원죄에서 벗어날 수 있는 속죄의 길이 열린다. 따라서 존재의 원인 자체가 신에게 있으며, 인간 자신보다 신의 계획이 앞선다. 이러한 종교적 관점에서 본다면 인간은 신의 목적을 위한 수단이다. 기독교의 신은 인간에게 삶의 계명을 내려주는 존재이며, 인간은 이를 수행함으로써만 비로소 속죄가 가능하다. 인간은 스스로 가치를 창조할 수 없다. 오직 신을 위한 타율적 봉사만이 진정한 삶의 가치이다. 신앙을 가지고 도덕을 지키며 선을 베풂으로써 신의 은총 안에서 죄를 용서받고 천국에 들어갈 수 있다.

종교적 인생관은 자연의 장엄하고 신비한 모든 현상들을 숭배하고 자연에 대해 경건한 태도를 갖게 한다. 여기서의 도덕이란 신이 부여한 타율적인 당위를 실천하는 것을 의미한다. 인간 도덕을 정초한다는 점에서는 의미가 있지만, 현실적인 삶을 설명하는 데에는 한계가 있다. '자율적인 인간, 창조하는 인간, 건설하는 인간'에 대해서는 설명할 수 없기 때문이다. 또한 과학적·문화적 인간에 대해서도 침묵한다.

둘째, 인간에 대한 철학적인 고찰이다. 인간은 생각하는 사람Homo Sapiens이다. 인간에게는 다른 동물에게는 없는 이성理性, Logos이 존재한다. 이성은 인간 최고의 본성으로서 신성과 연결된 어떤 것이다. 이러한 생각은 고대의 철학자들까지 거슬러 올라간다. 프로타고라스는 인간을 만물의 척도라고 불렀다. 스토아 학파는 인간을 우주의 요소이며 힘의 응축이라고 생각했다. 다시 말해 인간은 우주를 축소한 소우주Micro Cosmos다. 칸트는 현상으로서의 인간(감성을 가진 존재)과 본체로서의 인간(실재의 인간)

을 구별했다. 피히테와 괴테는 인간은 개개의 인간이 아니라 인간의 총체인 인류 안에서 인간의 본질적인 가치가 존재한다고 말했다. 또 코헨,[7] 노드롭, 짐멜 등은 순수인간성純粹人間性의 이념을 도덕적·사회적 규범 유지에 있다고 생각했으며, 실러[8]는 제반 문화 현상을 인간의 본질적 구조에서 이해하는 철학적 인간학人間學을 건설하고자 했다.

철학적 관점은 이처럼 인간의 존재가치를 정립하는 데 목적을 둔다. 인간에게는 동물과 구별되는 이성이 있으며, 이는 인간의 고유성으로 확립된다. 그러나 이러한 시각 역시 인간을 신으로부터 독립된 존재로 보고 있지는 않다. 인간과 신은 여전히 관계성을 지닌다. 인간의 가치는 신으로부터 분리되지 않는다. 이성이 인간의 고유한 가치를 증명하지만, 이는 인간이 신과 연결된 존재라는 맥락에서다. 신과 연결된 이성을 통해 인간은 존귀한 존재가 되는 것이다. 그렇지 않으면 인간은 본래적 가치를 지니지 못한다.

이 때문에 철학적 입장은 과도기 사유라고 말할 수 있다. 그 점에서 파스칼이 인간은 천사도, 동물도 아닌 중간적 존재자라고 한 말은 상징적이다. 인간의 존재가치가 신으로부터 부여된 종교적 관점과 구분되면서도, 인간 자체를 문화가치의 창조자이자 우주의 주체主體라고 이해하는 과학적 관점에는 미치지 못하기 때문이다. 철학적 관점에서 볼 때 인간은 성과 속, 선과 악으로 이원화된다. 신과 인간의 종속 관계는 사라진 것이 아니라 인간의 규범과 도덕으로 전환되고 있는 것이다. 인간은 도덕을 통

---

7 Hermann Cohen. 1842~1918. 독일 철학자. 신칸트주의 학파.

8 Johann Christoph Friedrich von Schiller. 1759~1805. 독일 극작가, 시인, 문학 이론가. 주요 작품으로 『군도』(1781), 『발렌슈타인』(1800~1801), 『마리아 슈투아르트』(1801), 『빌헬름 텔』(1804) 등이 있다.

해 현실 속에 신의 성스러운 세계를 건설하고자 하며, 그렇기에 인간의 최고 이상은 인격의 완성이다. 신과 소통할 수 있는 신성을 갖춘 전인적全人的인 삶, 정신의 완성을 추구하는 것이야말로 인간의 목적이라고 말할 수 있다.

이러한 인간관은 정신주의적 삶을 최고 가치로 삼고, 영원불멸하는 정신의 절대성을 신봉한다. 육체와 물질을 위한 삶은 무가치하고 부정해야 할 대상이다. 그렇다면 이는 인간에 대한 반쪽짜리 이해라고 말할 수밖에 없다. 인간은 정신과 물질 모두를 가진 이중적인 존재이기 때문이다.

셋째, 과학적인 관점에서의 인간에 대한 고찰이 있다. 여기서는 인간을 '도구를 사용하는 사람Homo Faber'으로 정의한다. 인간은 이지적인 동물로서 기호(언어)와 도구를 창조하고 사용할 수 있으며, 뛰어난 지능을 가졌다. 이는 근대 민주주의 사회를 지배한 주요 사상이다. 앞의 두 관점이 신본주의神本主義와 이성주의理性主義에 사로잡혀 있다면, 과학적 관점은 인간을 현실적인 삶의 토대 위에서 이해하므로 좀 더 자연론에 가깝다. 그러나 과학적인 인간관은 단순히 객관주의적 입장을 취하는 생물학적인 인간관과는 구별된다. 과학적 인간관은 과학적 견지에서 인간을 정신과 물질을 통합한 일원론적 관점으로 이해하기 때문이다.

중요한 것은 이제 현대사회는 철학적인 인간관에서 과학적인 인간관으로 이동하고 있다는 점이다. 인간을 과학적 입장에서 이해하고 설명하고자 한다. 신이나 이성을 중심으로 하지도 않고, 인간 자신을 위하는 가운데 그 가치를 구현하고자 하는 것에 대해 이제는 어느 누구도 반대하지 않는다. 단순화시키면 우리 사회는 정신주의에서 실용주의와 기술주의로 이동했다. 또 정치적으로 민주주의로 발전해가고 있다.

이야기를 조금 전환해보자. 아리스토텔레스는 인간을 사회적 동물이라고 말했다. 콩트는 인간을 정치적 동물이라고 생각했으며, 니체나 하르트만은 요청적 무신론에 기초해 초월적 인간을 이상적인 인간이라고 주장했다. 또 딜타이는 역사적·문화적 존재를 인간이라고 규정했다. 과학적 인간관에 앞서 존재했던 생물학적 인간관은 인간을 종합적인 입장에서 설명할 수 없었다. 인간을 물질주의적 시각에서만 이해하고자 했던 것이다. 과학적인 인간관은 이러한 한계를 극복해 물질과 정신을 병합했다. 물론 그것은 정신문화의 가치를 부수적인 것으로 보거나 정신과 물질 자체를 이원적으로 병립하는 것으로 이해하는 것과는 다른 입장이다. 과학적 인간관은 과학을 토대로 정신문화를 그 위에 구축하는 관점이다.

2. 인간의 본질

인간의 본질이란 무엇인가. 인간은 신도 아니고 동물도 아니며 파스칼이 말한 것 같이 단지 중간적인 존재도 아니다. 인간은 인간으로서 독자성을 가지고 있다. 인간은 그 자체로 완성된 존재이며, 문화와 가치의 창조자로서 개성을 구유하고 있다. 인간은 감정적·동물적 생활을 거부하지도, 신과 같은 이성을 통해 절대적인 존재가 되고자 하지도 않는다. 인간이란 환경으로부터 자극을 받고, 그것에 반응하면서 살아간다. 자극과 반응의 반복을 통해 삶을 영위하는 것이다. 자극이 없으면 행동이 없고 환경의 변화가 없으면 자극이 없다. 인간이란 처음부터 우월한 정신과 삶의 지식을 가지고 태어나는 것이 아니다. 전지전능하지 않다. 듀이가 말했던 것처럼 인간은 보고 배우고 살아갈 때 비로소 앎을 얻을 수 있다. 인간에게는 소리가 있으면 들으려 하고, 빛이 있으면 보려 하는 경향이 있다. 음식을 먹으면 배가 부른 것처럼, 배우면 알게 되고, 보면 느낄 수 있는 존재이다. 그것이 인간이며 인간의 본질이다.

이러한 의미에서 인간의 가치는 선천적이라기보다는 후천적 경험에 의해 만들어진다. 인간은 배우면서 비로소 앎을 갖게 된다. 배우고 보아도 무지하고 느낄 수 없는 동물보다 상위의 존재인 것이다. 듀이는 인간의 삶을 자신의 생명을 존속·발전시키기 위한 노력의 연속이라고 말한다. 인간은 사실상 살아 있는 동안 자신을 위해 외계의 모든 조건을 이용한다. 인간은 환경에 적응하면서 종족 번식을 하고 생生을 존속시킬 뿐만 아니라 발전시켜 나아간다. 적자생존의 법칙을 본능적으로 체득하며, 환경조건에 순응해 살아가면서 앎을 획득한다. 불리한 것을 물리치고 유리한 것을 택하며 과거의 경험을 토대로 미래의 결과를 예측하고 행동한다. 이는 인간의 특징인 동시에 인간 생존의 열쇠이며 발전의 근원이라고 할 수 있다.

경험은 단순히 과거의 경험적 사실이 아니다. 미래 지식 체계의 기초가 되는 산지식이다. 인간의 경험과 지식에 의해 사회가 형성된다. 인간사회를 만든 것은 신이 아니다. 인간은 인간의 앎 안에서 태어나고 교육받고 또 성장한다. 신이 부여한 필연적 운명이 인간의 삶일 수는 없다. 인간은 스스로 매 상황마다 길을 선택하며 자신의 운명을 결정해왔다. 그 점에서 본다면 인간의 본질은 자연철학보다는 심리학을 통해 구명究明되는 것이 맞을 것이다.

스콜라 학파들과 같이 신이 인간에게 미치는 영향만을 중시하는 것도, 쇼펜하우어처럼 염세적 현실 인식을 갖는 것도 피하지 않으면 안 된다. 인간의 운명을 탄식하고 절망하는 일은 인간의 본질을 제대로 보지 못한 것이다. 우리는 인간 본성에 대한 과학적인 지식을 가지고 임하지 않으면 안 된다. 자신의 인생을 능동적으로 이해하고 실천하는 진취적인 인간관과 세계관이 무엇보다 긴요하다.

3. 문화복리주의에서의 인간

인식론적 발전 과정에서 이성적 단계를 절대화하는 유리론唯理論이 사라지고 다윈의 진화론과 콩트의 실증주의, 베이컨의 경험주의 및 벤담[9]과 밀[10]의 공리론功利論, 제임스[11]와 듀이의 실용주의가 나타나게 된다. 그때부터 인간 본질에 대한 이해는 코페르니쿠스적인 전환을 맞게 된다. 신이나 이성을 위한 인간의 사회관은 실증적·생물학적 입장에서 비판받는다. 이제 세계는 관념주의로부터 실증적 현실주의로 옮겨간다. 인간의 진실한 생활관도 가공할 변화를 맞이한다. 형이상학적인 세계로부터 확실하고도 과학적인 세계로 빠르게 변화해간다. 마찬가지로 철학의 임무 역시 본질과 파생, 실체와 현상, 절대가치와 보편타당성 같은 추상적인 우주세계의 연구가 아니라 인간 자신의 경험을 토대로 한 현실의 파악과 인간생활의 실제 문제를 어떻게 사색하고 단안斷案하며 실천하느냐에 대한 것으로 발전해왔다.

따라서 인간의 책무도 인간세계를 초월하거나 유리된 추상적 관념으로부터 인간 자신과 현실생활에 관한 문제로 전환된다. 마키아벨리나 보댕의 말과 같이, 인간의 기본 문제는 신과 인간과의 관계가 아니라 인간과 인간 사이에 관한 제諸 문제이다. 삶

9 Jeremy Bentham. 1748~1832. 영국 철학자. 경제학자. 법 이론가. 공리주의 주장.

10 John Stuart Mill. 1806~1873. 영국 철학자. 경제학자. 공리주의 주장.

11 William James. 1842~1910. 미국 철학자. 실험주의 철학 주장.

의 문제는 로고스, 모나드, 이데아, 메온,[12] 누스[13] 등과 같이 추상적인 문제가 아니다. 폭넓은 시각 속에서 현실의 여러 문제와 관계를 이해하고 그것이 미래에 어떤 가치가 있을 것인가를 묻는 것이 더 중요하다. 본질을 탐구하는 것도 필요하다. 그러나 인간의 실재하는 삶 또한 중요하다. 인간의 책무는 인간생활과 분리할 수 없다. 인간의 목적은 삶의 효용과 의의를 앙양昻揚하는 데 있다. 학문을 위한 학문, 과학을 위한 과학이 돼서는 안 된다.

인간의 모든 행동은 인간의 삶을 위한 목적과 조건을 지닐 때 비로소 의미가 있다. 인간의 노력과 생활이 분립된다면 참된 생활이라 할 수 없다. 인간의 실천은 도래할 인간의 목적(행복)을 이루기 위한 노력이 돼야 한다. 미래를 생각하지 않는 행동은 무의미하다.

나는 이러한 인간관을 건설적인 인간관이라 부르고 싶다. 세상 사람들은 간혹 타인이 이득을 취하면 상실감을 느끼고 타인의 손실을 자기의 이득으로 생각하는 이가 있다. 가진 것이 없는 타인에 대해 우월감을 느끼기도 한다. 그것은 졸렬할 뿐만 아니라 미래를 생각하지 않는 퇴폐적인 인식이다. 인본주의적인 동시에 현실적이고 과학적인 인생관을 겸하지 않으면 안 된다.

나 자신의 행복을 인류의 행복 속에서 구하며, 타인의 손실을 자신의 손실로 느끼는 인간이 돼야 한다. 재물의 축적이나 신 중심의 삶은 진정한 만족이 될 수 없다. 인간의 임무는 인류사회를 위해 봉사하고 인류를 올바른 방향으로 이끌고자 하는 창의적이고 건설적인 정신과 실천에 있다. 아인슈타인의 말대로 창조적이며 인간다움을 지닌 관용적인 인간이 가장 진실하고 가치를

12 mēon. 그리스어 on(존재)의 대칭어. 비재非在 또는 비유非有.

13 nūs. 그리스어. 마음. 정신. 이성.

지닌 인간일 것이다.

인간의 임무는 겸허한 자세로 인류세계를 위한 가치를 창조하고 창조적 힘을 길러 문화를 건설하고 자유와 평화를 사랑하는 인류애를 갖추기 위해 노력하는 것이다. 우리 모두는 그러한 인간이 되기 위해 노력함으로써 자기완성을 향해 나아가지 않으면 안 된다.

제2절 양심

1. 양심이란 무엇인가

사람은 누구나 자기 행위에 대해 옳고 그름을 판단하는 판별력을 가지고 있다. '이것은 하면 안 된다', '이런 것은 해야 한다'라고 판단하면서 행동한다. 따라서 해서는 안 될 일을 했다든가 또 해야 할 것을 못 한 경우에는 불안감과 가책을 느낀다. 이처럼 일종의 영감에 의해 선악을 판단하고 선을 행하며 악을 물리치는 것을 양심의 활동이라고 한다. 이렇게 양심은 권선징악으로 우리 행동을 대하기 때문에 이것을 일명 '마음의 도덕관'이라고도 할 수 있다. 칸트는 이러한 도덕의 시비是非 판단력을 실천이성이라 부른다. 양심은 정사선악正邪善惡을 판단할 수 있는 선천적인 것으로서 도덕과 선악의 심판이며 경고자라 할 수 있다.

양심의 기원에 대해서는 다양한 주장들이 존재한다. 이를 대별하면 유심론자와 유물론자의 생각으로 크게 나뉘는데, 유심론에서는 선천적 생구설生具說을, 유물론에서는 후천적 경험 습득설을 주장한다.

(1) 유심론에서 주장하는 선천적 생구설에 의하면 사람은 날 때부터 신 혹은 자연적으로 갖추고 있는 특수 능력에 의해 신의 음성을 듣고 선을 행하고 악을 피할 수 있다. 이것이 바로 양심인데, 양심은 어느 사람에게나 공통되며 인간이 태어날 때부터 완전한 것이기 때문에 과오를 범하는 일은 절대로 있을 수 없고, 언제나 양심의 명령은 엄숙하고 절대적으로 보편타당하고 옳다. 스콜라 학파 마르티노[14]는 양심은 권위를 가지고 우리들에게 명령하는바 이 권위는 분석 혹은 설명을 용납하지 않는다고 주장

했다. 그렇지만 양심은 개별적인 것이 아니다. 한 인간의 독단에 의한 것도 아니다. 양심의 권위는 그것이 한 개인을 초월한 무한하고 절대적인 것의 현현顯現이라는 데 있다. 칼터우드는 인간의 오성悟性은 과오를 범하기 쉬우므로 훈련이 필요하지만 양심은 자명한 진리이기에 교육이나 훈련 없이도 행할 수 있다고 말한다. 그 역시 양심의 선천성을 강조한다.

이러한 말들 속에는 양심이란 절대적이며 완전할 뿐만 아니라 보편적인 것이라는 생각이 담겨 있다. 이에 대한 판단은 엇갈린다. 종교적이고 심미적인 것을 추종하는 사람들에게는 쉽게 용인되는 반면, 생물학자들을 위시한 과학자와 실증론자들에게 비판받고 있다. 중요한 것은 만일 양심이 선천적으로 부여되고, 그 자체로 완전하며 만인에게 공통된 것이라면 교육이나 훈련 자체가 필요 없게 된다는 점이다.

그러나 인간은 누구나 과오를 범한다. 우리는 종종 어떤 길을 택할 것인가라는 선택 앞에서 타인을 찾는다. 또 도덕에 대한 판별력이 지적 능력에 따라 차이가 있음을 흔하게 본다. 양심이 진정으로 선천적인 것이고 완전한 것이라면 아이들의 미성숙한 판단력에 대해서는 어떻게 생각해야 하는가. 교육과 견문에 따라 판단력에 큰 차이가 생기는 것은 어떻게 설명할 것인가. 양심의 선천적 생구설이 타당하지 못하다는 것은 의문의 여지가 없다.

(2) 후천적 경험 습득설은 주로 로크, 홉스, 벤담, 다윈, 스펜서 등에 의해 주장됐는데, 양심은 심적 요소들의 복합체이며, 선천적인 것이 아니라 개인 또는 집단의 경험에 의해 만들어진다. 옳

---

14 Harriet Martineau, 1802~1876. 영국 지식인. 고전경제학을 연구하고 집필했으며, 노예제와 자유방임주의를 비판함.

고 그름 자체가 상대적인 것이기에 인간은 과오를 범할 수 있다. 양심은 후천적 경험에 의해 발전하고 향상된다. 로크는 다음과 같이 말한다. 사람의 마음(양심)은 단순한 후천적 경험의 소산이므로 인간은 백지와 같은 마음을 가지고 태어난다. 도덕적 판단 능력은 선천적으로 가지고 태어나는 것이 아니다. 지적 경험과 인상印象을 통해 점차 덕성을 소유하게 된다. 스펜서는 한 걸음 더 나아가 양심이 경험적 산물이라는 사실은 틀림없지만 단지 개인의 경험에 의한 것만은 아니라고 말한다. 그는 인간의 양심이 먼 조상으로부터 유전돼왔다고 말한다.

이들의 논리는 하나의 모순이 존재한다. 양심이 유전된다는 것은 무엇을 말하는가. 인간은 선천적으로 쾌락을 추구하고 고통을 피하고자 하는 자연스러운 욕구를 가지고 태어나며, 이 때문에 사회의 질서를 훼손하는 행동을 제지하고 선을 장려하고자 노력한다는 논리이다. 인간은 태어날 때부터 선을 추구하는 양심을 가지고 있다는 것이다. 그러나 그것은 양심의 기원을 설명할 수는 있지만, 그 조건을 설명할 수는 없다. 후천적 경험 습득설을 펴는 사람들은 양심의 기원과 조건을 혼동하는 것이다. 선천적으로 타고난 양심을 사회적으로 교육할 수 있다고 하는 모순된 생각을 하고 있는 것이다. 이는 오류가 아닐 수 없다.

2. 양심의 본질

앞에서는 옳고 그름을 판별하는 양심과 도덕이란 신이 부여한 능력인가, 아니면 인간 스스로 후천적으로 보유하게 된 것인가에 대해 분석해보았다. 본 항에서는 양심의 본질에 관해 시론試論적으로 모색하고자 한다.

양심의 기능에 대한 생각은 신성설神聲說, 능력설能力說, 도덕의식설道德意識說 등이 있다.

첫째, 신성설에서 보면 양심이란 신의 소리다. 신의 소리를 듣고 그 명령에 복종하는 데 인간의 임무가 있다. 소크라테스는 항상 신의 명령, 다시 말해 양심에 따라 행동의 진로를 결정해야 한다고 주장했다. 스콜라 학파에게는 양심이 지상 최고의 것이다. 양심은 행동규범으로서 인간의 행위가 어떤 것이어야 하는지를 알려주고, 죄의 유무를 논하며, 해야 되는 것과 해서는 안 되는 것을 정한다. 그야말로 양심은 신비한 도덕 활동의 근원이며 신의 흔적이라고 말할 수 있다. 신성설은 양심에 대해 옳음과 그름, 선과 악을 판별하는 절대적 권위를 부여한다.

둘째, 양심을 인간의 특수한 심적 능력으로 생각하는 능력설이 있다. 마르티노는 양심이란 상호 충돌하는 동기들의 절대적 가치를 판별하게 해주는 능력이라고 생각했다. 양심은 선악을 자명하게 판별하는 선천적 판단 능력인 것이다. 그는 또 인간이 자기 스스로 얻은 선악의 지식을 양심으로 한다고 주장했는데, 이는 인간의 또 다른 능력인 직각直覺 능력과 같은 맥락이다. 인간에게 직각 능력이 있어 '이것은 흰 것'이고 '저것은 붉은 것'이라는 것을 보는 즉시 판단할 수 있는 것처럼 양심 역시 선악을 보면 직각直覺적으로 판별할 수 있다는 것이다. 이러한 생각은 17, 18세기에 대두된 영국의 직관주의와 함께 번성했다.

직각론에는 네 가지의 견해가 있다. 직각 능력은 이성의 자명한 진리라고 한 이성적 직각주의, 직각 능력이 직접적 감정 혹은 취미의 표현이라고 한 심미적 직각주의, 특수한 개별 행위의 도덕적 성질을 직접 직각한다는 지각적 직각주의, 행위의 표준이 되는 근본적 원리를 직각할 수 있다는 철학적 직각주의 등이 그것이다. 그러나 이러한 생각은 직각 능력이 지성의 판단과 다를 수 있다는 점에서 한계를 지닌다.

셋째, 의식을 지정의知情意가 통합된 하나의 통일체로 보고, 양심이란 선악을 판단할 때 종합적으로 작용하는 의식이라고 보는 도덕의식설이 있다. 이는 개인이나 단체의 행위와 성향에 관해 선악을 판단하고, 정사正邪를 가려 행위 준칙을 세우고, 어떻게 행동할 것인가를 명령한다. 도덕의식은 지식으로 선악을 식별할 수 있고, 감정적으로 선악을 체득하며, 의지적으로 악을 피하고 선을 좇을 것을 명령한다. 도덕의식은 상황에 따라 지정의 중에서 적합한 의식이 활동하도록 지휘한다.

그러나 도덕의식설은 '도덕의식'을 양심으로 간주함으로써 도덕을 절대화하는 한계를 가진다. 아인슈타인이 말한 것과 같이 도덕은 신의 일이 아니라 인간에 관한 일이기 때문이다.

그렇다면 양심이란 과연 무엇인가.

무릇 인간에 대한 생각은 정신과 육체로 이분된다. 인간은 넓은 의미에서 동물과 마찬가지로 육체 활동을 한다. 모든 동물이 그렇듯 쾌락을 좋아하고 고통을 피하려 한다. 그것은 본능적 생명의 의지다. 자기 보존의 본능(포식·공포·분노 등), 종족 보존의 본능(성욕·양육 등), 단체의 본능(협동·경쟁 등), 적응의 본능(모방·도피·유희 등)이 그것이다. 이러한 생의 본능은 인간이면 누구나 선천적으로 가지고 있는 마음의 경향이다.

이러한 본능 위에 후천적으로 형성된 것들이 채색된다. 사회의 환경과 정치, 문화, 경제 등의 영향과 자극, 그리고 경험에 의해 변한다. 이 과정에서 옳고 그름을 판별하는 양심이 자라난다. 양심이란 선천적인 것이 아니라 후천적 경험의 소산이다. 일종의 상부구조처럼, 살면서 획득한 지성의 소산이라고 말할 수 있다. 그러나 그것은 삶의 과정이 어떠하냐에 따라 그 빛깔을 달리한다. 지성의 정도와 내용에 따라 양심의 성격이 여러 가지 형태로 나타나는 것이다.

따라서 양심의 강도는 같지 않다. 지성의 강도에 따라 양심의 강도도 달라진다. 높은 지성을 갖추면 높고 정확한 판단 능력이 생겨난다. 반대로 낮은 지성에는 부정확한 판단 능력이 생겨날 것이다. 그것은 지적 수준이 높고 경험이 해박할수록 비교적 정확한 판단을 하고, 지적 수준이 낮을수록 판단에 오류가 발생할 수 있는 것과 같은 이치이다. 선천적인 인간의 경향은 그릇이고, 후천적인 일체一體의 경험과 지성이 이 그릇에 담기는 것이다. 양심은 바로 이러한 본능과 지성의 결합으로 구축된다.

양심은 선천적 경향만의 문제도, 또 이러한 경향과 분리된 경험만의 문제도 아니다. 그린[15]은 어떤 사람이라도 자기 혼자서는 양심을 만들 수 없고 오직 사회에 의해 만들어진다고 말했다. 사회생활을 떠나 산다면 양심과 도덕이 무슨 필요가 있겠는가. 사회생활을 떠나서 인간의 양심은 존재할 수 없다. 인간은 사회를 이루며 협동해서 살아가지 않으면 안 된다. 사회를 유지하기 위해서는 공공선이 필요하며 이 공공선은 각 개인의 이기심에 일정한 제한을 준다. 따라서 개인의 선善과 공공선 사이에 균형이 필요하며, 이 둘은 이원적으로 병립하는 것이 아니라 동적動的으로 일원화一元化돼 있다. 양심은 공공선 안에서 개인의 선을 발견하는 행위이다. 진정한 의미의 선이란 이처럼 개인의 선이 공공선에 부합할 때 비로소 존재한다. 양심은 바로 이와 같이 공공선과 이기선이 부합하도록 권유하고 명령하는 마음의 작용이자 의지의 힘이다.

따라서 양심은 사회생활을 하는 가운데 후천적으로 만들어진다. 도덕이 인간의 외적인 규범이라면 양심은 인간의 내적 판별

---

15 Thomas Hill Green, 1836~1882. 영국 정치 이론가. 신칸트주의 학파. 인간의 정신적 본성을 바탕으로 윤리학과 정치학 정립.

능력이며 인간이 선을 행하고 악을 피하는 도덕생활의 근거이다. 양심은 선악을 가리키는 나침반과 같다. 만약 인간에게 이러한 시비선악의 판별력이 없다면 인간은 도덕생활을 영위하며 다 같이 사회를 이루어 살아갈 수 없었을 것이다.

3. 문화복리주의에서의 양심

양심이란 선천적인 목적과 사명이 아닌 후천적으로 인간의 필요와 목적에 의해 만들어진 사회선社會善에 의해 규제된다. 중요한 것은, 한 개인이나 집단의 이익에 편중되지 않은 양심을 만드는 일이다. 선은 모든 사회에서 동일한 것이 아니라 각 사회마다 특색이 있다. 사회가 지향하는 바에 따라 선의 내용도 달라진다. 선의 내용이 달라지면 양심의 명령 또한 달라질 수밖에 없다. 봉건사회에는 그 사회에 적합한 사회선이 있고 그러한 사회선에 맞는 양심이 있다. 민족국가나 민주주의 사회에도 특수한 사회규범과 도덕이 존재하며, 양심도 그것에 따라 명령한다. 양심은 사회가 정한 선과 악을 구분하고 실행할 것을 명령한다. 사회선을 실현하도록 돕는 일종의 사법관과 같은 존재인 것이다.

어떤 사회에서는 선이었던 것이 다른 곳에서는 악이 될 수 있다. 같은 시대라도 정치체제에 따라 사회선은 내용이 같지 않다. 사회주의 국가에서의 최고선最高善이 민주주의 사회에도 그대로 적용될 수는 없을 것이다. 이는 선악 체계가, 하나의 가치를 선으로 규정하고 이에 반대되는 것을 악으로 대립시키는 양도논법이다. 예를 들어 북한 사회에서는 그 사회에 적합한 선이 존재한다. 양심 또한 이와 부합하는 명령을 내린다. 그러나 만일 갑자기 남북한이 통일돼 민주주의 체제로 전환된다면, 이제까지 통용되던 사회선은 사회악이 될 것이다. 양심 또한 선악을 다르게 명령할 것이다. 양심이란 선천적이지도 선험적이지도 않을 뿐만 아니라 절대적인 것도 아님을 알 수 있다.

그렇다면 진정한 양심이란 무엇인가. 양심이란 결국 사회선에 적합한 행동을 명령하는 지적 판단 능력에 불과하지 않은가. 한 사회에서 통용되는 선이 다른 사회에서는 악이 될 수 있다면 말이다. 따라서 양심의 실행이란 일률적인 것도 보편적인 것도 아님을 인정해야 한다.

우리의 문제는 바로 여기에서 출발한다. 양심이 이처럼 시대마다 사회마다 다르게 규정된다면 우리는 어떻게 인류의 공통선에 도달할 수 있겠는가.

진정으로 옳은 양심을 사유할 수 있는 토대가 마련돼야 한다. 사회가 변하고 시대가 흘러도 항상 옳은 양심이 존재하려면 이를 실현 가능한 것으로 만드는 사회가 존재해야 한다. 이 책에서 주장하는 문화복리주의 사회, 즉 문화세계는 바로 이러한 보편적 양심이 가능한 사회를 의미한다. 문화복리주의는 한 사회 또는 한 집단에게만 옳은 인생관, 세계관, 국가관을 넘어 모든 인류에게 보편적으로 적용 가능한 선을 제시한다. 이 공통의 선은 자유와 평화 이외에 무엇이 있을 수 있을까. 자유와 평화를 기반으로 한 문화세계를 창조함으로써 우리는 진정한 양심을 가질 수 있게 된다. 진정한 양심은 진정한 목표와 환경 속에서만 이루어질 수 있다.

제3절 선악

1. 선이란 무엇인가

조금 더 깊이 나아가면 선에 대한 우리의 이해가 매우 불명확하다는 것을 알 수 있다. 선악 개념을 반성 없이 피상적으로만 이해하는 경우가 많다. 스스로 옳고 그름을 판단하기보다 수동적으로 사람들의 생각을 따라 하곤 한다. 어떤 행동이 선하고 악한 것인지를 판단할 수 있는 성찰적 지성을 갖추지 못했기 때문이다. 그러나 진정한 인간이 되기 위해서는 그 어떤 것보다 윤리적인 인간 행동의 준칙과 규범 혹은 가치판단에 관한 학문을 익히지 않으면 안 된다. 선이 무엇이며 악이란 무엇인가를 고찰하는 것은 모든 인간 행동의 기본이며 인류사회의 준칙이 아닌가.

선악 개념은 가치판단의 요건이며 대상이다. 선을 베풀면 선인善人이라고 부른다. 반면 악을 범하면 악인이라며 배격한다. 선과 악은 인간 전체와 그 근본을 판단하고 비판하고자 할 때 다루어야 할 대상의 전부라고 말할 수 있다. 선은 선행 그 자체가 아니라 그것을 행한 사람을 이야기하게 한다. 악 또한 마찬가지다. 따라서 선악을 판단하는 것은 그것을 행한 인간 자신을 판단하는 것이다. 선악 개념이 추상적인 어떤 것이 아니라 인간 행동 및 인간 자신을 평가하는 기준이자 가치척도임을 알 수 있다.

선악을 판단하는 것은 정사正邪, 옳고 그름을 판단하는 것과 그 기준이 같을 수 없다. 옳고 그름이란 어떤 법칙을 표준으로 해 이에 부합하는 것과 그렇지 않은 것을 구별하는 것이다. 선악은 어떤 목적과 이상을 표준으로 한다. 목적과 이상에 합치되면 선, 그렇지 않으면 악이다. 옳고 그름을 판단하는 기준이 존재적Sein인 것이라면, 선악은 당위적Sollen이고 규범적인 것이다. 말하자면 인간의 윤리란 존재적 필연, 즉 '어떻게 있는가'라는 물음에서 오지 않는다. 인간은 행동이 어떤 당위적 규범에서 시작되는가를 묻는다. '어떻게 있어야 하는가'에 따라 행동하고 그 가치를 판단하는 것이다.

참다운 삶을 영위한다는 것은 인간이란 진정으로 '어떻게 있어야 하는가' 혹은 '어떻게 해야 하는가'라는 물음 속에서 출발한다. 당위란 삶을 혁신하고 또 그렇게 되도록 추진해가는 힘의 원천이다. 참다운 삶은 당위적 물음 속에서 완성해가는 부단한 노력을 통해서만 건설될 수 있다. 인간의 진정한 생명됨은 당위를 삶의 실천으로 만드는 노력 가운데 존재하게 된다. 아리스토텔레스가 '엔텔레키아Entelecheia, 완성태'라고 말한 바가 그것이다. 베르그송은 이러한 인간의 노력을 '순수지속純粹持續'이라고 하고, 듀이는 '경험'이라고 정의했다. 중요한 것은 생의 개척이란 인간의 모든 행동이 진실로 어떻게 있어야 하고 어떻게 해야 하는가에 대한 굽히지 않는 정신을 지닐 때 가능하다는 점이다. 마땅히 인간이 어떻게 있어야 하는가에 대한 문제를 토대로 인류사회의 근본 원리를 세우지 않으면 안 된다. 이는 진정한 의미에서 모든 인간 행위를 평가하는 근거이다. 그렇지 않으면 건설적인 가치판단은 불가능하다.

한편 선에는 두 가지 의미가 있다. '절대적인 선'으로서의 선이 있고 '상대적인 선'으로서의 선이 있다.

(1) '절대적 선'은 기독교와 같이 신의 명령과 율법을 준수하고 신봉하는 것이 대표적이다. 또 절대적인 권력자의 명령에 복종해야 한다는 생각, 칸트가 말한 것과 같이 도덕법과의 내면적 일치를 의미하는 도덕성 등을 선으로 이해하는 관점도 여기에 포함된다.

(2) '상대적 선'은 쾌락에 적응한 것(쾌락설), 행복이라는 의미의 유다이모니아Eudai Monia에 적응한 것(행복설), 공리功利에 적응한 것(공리설), 자족을 뜻하는 아파테이아Apatheia에 적응한 것(견유학파, 스토아 학파), 인성人性 전체의 발전 완성에 적응한 것(자아실현설), 이데아(실재)와 일치하는 것(플라톤, 플로티노스) 등을 선이라고 생각한다.

절대적인 선은 보편타당한 입장을 가지고 있어 때와 장소를 가리지 않고 항상 일치하며 불변의 실재성을 갖추고 있다. 동서고금을 막론하고 선은 항상 선이며 악은 항상 악이다. 선이 악이 되거나 악이 선이 되거나 하는 일은 절대 없다. 그러나 상대적인 선이란 가치의 절대성과 보편성을 가지고 있지 않다. 우리의 필요가 달라지면 목적도 달라질 수 있는 것과 같이 선도 달라질 수 있다.

지금 현재 우리가 살아가는 삶과 유리된 것을 선이나 가치로 인정할 수는 없다. 실제 삶에 영향을 미치지 않는 선이란 관념의 유희에 불과하다. 그 점에서 우리 시대에는 현실에 기반을 둔 과학적 선악관이 새로운 진리로 인정받는다. 과학적 선악관은 절대적인 선, 신의 절대성이 부인된 오늘날 존재할 수 있는 유일한 사상이다. 우리는 끊임없이 되새길 필요가 있다. 진리는 절대적인 것이 아니라 인간이 만드는 역사에 의해 증명되는 것이다.

2. 선악의 본질

인간이 태어날 때부터 선한 마음을 가졌는가, 아니면 악한 마음을 지녔는가 하는 것은 오랫동안 윤리학자들의 논의 대상이었다. 성선설(백지설白紙說)은 인간은 날 때에는 백지와 같이 무색해 선하지만 사회 환경에 의해 오염됐다는 시각이다. 이에 따르면 악이란 후천적 경험에 의해 습득된다. 반면 성악설(원죄설)은 인간은 선천적으로 악한 마음을 가지고 태어났기에 악행을 범한다고 말한다. 기독교에서 말하는 원죄설이 바로 이것인데, 아담과 이브가 선악과를 먹은 후 그들의 후손인 인류는 원죄를 가지고 태어난다고 말한다.

그러나 이러한 논의들은 무의미하다. 선악이 나뉘는 것은 ① 인간이 육체(물욕의 근원)와 정신(인격의 기반)을 가졌기 때문이고 ② 사회가 있기 때문이다. 그밖에 다른 원인은 없다.

첫째, 인간에게는 정신과 육체가 있기 때문에 선악 개념이 존재한다. 정신은 완전한 것을 요구하더라도 인간은 근본적으로 육체적 충족이 중요하다. 육체가 요구하는 물질적 욕망은 채우지 않으면 안 된다. 인간은 잘 먹고 싶고, 잘살고 싶고, 더 편안해지고 싶은 욕구에 의해 움직인다. 그리고 정신은 그것들의 합리적 운영 방법을 강구한다.

존 듀이가 말한 것처럼 인간은 지성(이성)을 이용해 자기 생명의 존속 발전을 위해 모든 환경을 이용하려고 하는 본성을 가지고 있다. 인간의 삶을 추동하는 것은 모든 조건을 자기에게 유리하게 적응시키고 합리화시키려는 본성이다. 다시 말해 인간의 욕심은 육체의 존재 때문에 생겨나는 것이다.

그렇다면 인간은 어떻게 공존할 수 있는가. 그것은 인간이 육체를 지닌 동시에 정신을 가진 존재이기 때문이다. 정신은 인간이 타인이나 다른 집단과 충돌 없이 합리적으로 자신의 욕망을 충족할 수 있도록 돕는다. 이 때문에 인간은 다른 인간들과 공존할 수 있는 것이다. 또 인간에게는 이타심利他心이 있다. 자기 자신을 반성하고 타인을 동정하고, 자선과 인애仁愛 정신을 가지고 있다. 정신의 힘에 의해 인간은 나뿐만 아니라 뭇 나를 위한 선한 마음을 가질 수 있는 것이다. 그렇지만 정신이 약하면 오로지 나 자신만을 위한 악심을 품게 될 것이다.

둘째, 나와 사회가 대립돼 있어 선악 개념이 생겨난다. 나의 욕망과 여러 사람의 공통된 협정의 욕망(사회선)은 일치하지 않는다. 항상 충돌한다. 이 세상의 물질은 한정돼 있으나 서로 더 많이 가지려고 경쟁하기 때문이다. 따라서 협정의 욕망(사회선)과 배치되는 마음이 생기게 된다. 이를 사회에서는 악이라 지칭한다. 공공선이란 이러한 각자의 욕망을 양보하고 부족함을 서로 감수함으로써 공동의 이익에 도달하는 것이다. 사회선이란 공공선과 우리 개인의 욕망이 합치하는 것을 의미한다. 나 홀로 존재한다면 선도 악도 존재할 수 없을 것이다. 나는 언제나 사회 속에서 존재하며, 따라서 사회의 요구에 합치되는 선한 행동을 요구받게 되므로 선악 개념이 생기는 것이다.

선은 어느 때 어느 장소를 막론하고 동일하거나 그 내용이 통일되고 불변하는 것이 아니다. 선은 절대적인 법칙에 의거하지 않는다. 이利·효效·용用·쾌快 같은 상대적인 가치를 표준으로 선악이 구분된다. 따라서 선은 시대와 사회의 변이에 따라 달라진다. 봉건사회의 선과 자본주의, 제국주의, 민주주의 사회의 선이 각기 다르다. 하나의 선만이 옳다고 믿는 것은 다른 선을 악한 것으로 규정하는 일이다. 자본주의는 봉건사회의 선을 봉건적이라고 비판하고, 민주주의는 제국주의의 선을 독재적이고 침략적이라 비판한다. 시대의 원리가 바뀌면 모든 가치가 변하는 것은 어쩌면 당연한 일이다. 가령 우리의 옛 선인들은 '남녀는 일곱 살 이후에는 같은 자리에 있으면 안 된다[男女七歲不同席]', '신체는 부모로부터 왔으니 훼손해서는 안 된다[身體髮膚 受之父母 不敢毁傷]'고 생각했다. 그러나 오늘날에는 수용될 리 없는 구습에 불과할 뿐이다.

이렇듯 선과 악은 시대와 사회에 따라 그 내용이 다르므로 선악은 무한정성無限定性을 내포하고 있다. 선에 대한 규정은 무한히 진행될 수밖에 없다. 따라서 엄격하고 절대적인 의미에서 선악을 판별하려면 이 인류사회가 끝날 때에야 비로소 가능할 것이다. 일례로 어떤 어린아이가 기찻길에서 놀고 있었다고 하자. 아이가 달려오는 기차를 피하지 못하고 치이려는 순간, 한 청년이 위험을 무릅쓰고 뛰어들어 살려냈다고 하자. 그것은 틀림없이 선한 행동일 것이다. 그런데 후일 이 아이가 자라서 제1차 세계대전을 유발시키는 세르비아의 한 청년이 됐다면, 아이를 살린 것은 선한 행위인가 아닌가. 만일 아이의 생명을 구하지 않았다면, 더 많은 인명과 재산의 상실을 가져온 전쟁은 일어나지 않았을 것이 아닌가. 선한 행동이 종국에는 악한 행동으로 귀결되지 않는가.

또 어떤 사람이 한강 인도교에서 실족했다고 가정해보자. 강에 떨어지는 순간 지나가던 어부가 구해주었다. 그런데 그 사람은 상습적인 살인강도범으로, 도피하다가 그렇게 된 것이라면 그것은 선한 행동이었을까. 사회 전체에서 본다면 말이다. 물론 구해준 이가 정당하게 복역 후 회개해 목사가 되고, 사회를 위해 많은 공헌을 했다면 어부의 행위는 선했음이 밝혀지리라. 그러나 만일 그 반대라면 어떻게 되는가.

이 밖에도 선악은 그 자체 내에 무한정한 관계성을 내포한다. 만일 A가 B를 구출해 생명을 살린다고 하자. 그로 인해 B는 C에게 해를 주고 C는 B에게 해를 받음으로써 D에게 큰 도움을 주게 된다고 하자. 이때 D는 C에게 도움을 받은 까닭으로 인해 E에게 손해를 주게 된다고 하자. 그렇다면 A의 행위는 과연 선한가, 악한가. 어느 하나로 단정할 수 있을까. 이를 개별적으로 살펴보자. A의 행동 결과는 B에게는 선, C에게는 악, D에게는 선, E에게는 악이 된다. 그렇다면 A의 행동은 선도 되고 악도 된다. 어떤 의미에서는 선도 아니요 악도 아닌 것이 된다. 이처럼 선악을 판별하는 것은 오직 인간사회가 끝나고 신이 심판을 내리는 날에야 비로소 판별될 수 있을 것이다.

어떤 이는 신이 전지전능하므로 세상이 끝나지 않아도 그 종말이 어떻게 될 것을 예지하고 있고, 그 때문에 총체적인 입장에서 우리의 행동을 심판한다고 믿는다. 만약 그렇다면 우리는 어떻게 선을 행할 수 있겠는가. 선한 마음으로 행동했는데 악이라고 처단받는다면, 어느 누가 선을 베풀겠는가. 따라서 만일 선을 결과로써만 판단한다면 선은 존재할 수 없다.

어떤 이는 선을 그 행동의 결과로만 판단한다. 그러나 이들은 각각의 상태에 대해서만 그렇게 판단하고 있을 뿐이다. 이 행동이 어떤 필연적 결과를 가져올지에 대해서는 무관심하다. 인간의 힘으로는 미칠 수 없으므로 어찌 돼도 상관없다는, 일종의 인위적 타협을 하게 되는 것이다. 물론 모든 상황을 인과관계로 설명할 수 없는 경우도 존재한다. 하지만 오직 그 하나의 문제 상황에만 국한해 선악을 판단하고 그 후에 벌어질 일들에 대해서는 자기 일이 아니라고 상관하지 않는 태도는 결코 옳다고 말할 수 없다.

또 사회가 변천하면서 선악 개념도 함께 달라진다. 앞서 말한 바와 같이 봉건사회에서의 전형적인 선이 자본주의 사회에서는 전형적인 악이 되고, 민주주의 사회에서의 악은 공산주의 사회에서는 선이 된다. 시대가 바뀌면 선악도 교체된다. 한 사회에서 선한 것이 다음 사회에는 악이 될 수 있다. 또 그 다음 사회에서는 선이 될 수도 있다. 그렇다면 우리는 어떻게 한 시대에 국한해 선과 악을 평가할 수 있을까. 또 선악은 시간적으로도 무한정성을 지닌다. 따라서 한 시대 이상의 것을 이해하지 못한다면 진정한 선에 대한 사유는 생겨날 수 없다. 참으로 선악이란 본질적이 아니라 상대적이며 실체적인 것이 아니라 현상적인 것임을 알 수 있다. 선악은 절대적이고 선험적인 것이 아니라 상대적이고 경험적인 것이며, 우리가 살고 있는 이 사회가 요청한 것임을 이해해야 한다.

단적으로 말해 선이란 사회적 요청에 부합된 인간 행위이다. 선악이란 절대자의 명령이 아니다. 진정한 선이란 우리 행동을 사회가 요구하는 공통선共通善에 일치시키는 것이다. 공통선 이상의 것을 요구하는 것은 선이 아니라 선의 독단이며 독재이다.

선은 인간의 일이며, 신의 일이 아니다. 사회적 요청이 달라지면 선의 내용도 달라진다. 사회마다 특수한 선이 생겨나게 마련이다. 선이 사회보다 먼저 있는 것이 아니다. 사회가 선의 의미를 요청하고 정한다. 원시사회에는 극히 원시적인 도덕 풍속(선)이 필요하며, 자본주의 사회나 민주국가 사회에서는 그 사회에 적합한 도덕의 원리와 문화 풍속이 형성된다. 도덕과 선악은 사회적 변천과 진전에 따라 변혁되고 새로워진다.

아마도 이러한 선의 개념은 랑케[16]가 말한 것처럼 역사는 시대마다 완성돼 곧 신에게로 연결된다는 말로도 설명될 수 있을 것이다. 우리가 위에서 일례로 든 세르비아 청년의 일화나 한강 다리에서 떨어진 살인강도범에 대한 이야기도 이러한 선악 개념에 따라 판단하지 않으면 안 된다. 절대적인 선도, 절대적인 악도 없다. 선은 사회와 독립해 선험적으로 존재할 수 없다. 다만 도덕이 구체적인 원리의 표현이라면 선은 추상적 원리일 뿐이다. 선은 도덕에 의해 구체화된다. 하나의 색을 지니게 되는 것이다. 앞서 말한 양심은 이러한 도덕 그 자체이며, 선의 본원이라고 할 수 있다. 따라서 선이란 도덕의 다른 이름이요 양심의 진로이다.

---

16 Leopold von Ranke, 1795~1886. 독일 사학가. 엄밀한 사료 비판에 기초를 둔 근대 사학 확립.

3. 문화복리주의에서의 선악

선은 선천적인 것이 아니라 사회의 필요에 의해 형성되며, 불변하는 절대적 지상명령이 아니라 사회구조와 변화에 따라 달라진다. 그렇다면 진정한 선악관이란 어떤 것인가.

진정한 선악관은 선악의 본질을 파악하고 명료하게 함으로써 인류사회의 정당한 지위와 보편적인 선악의 본질을 정립해야 한다. 그 점에서 선악관은 규범적이고 당위적인 내용을 내포한다. 그러나 이 경우에도 선악은 절대자가 내려준 어떤 마법적 힘이 아니다. 초자연적인 절대자를 위해 행하는 것은 더더욱 아니다. 사회의 변천에 근거해 그 내용 또한 상대적으로 달라질 수 있다. 불변하는 것이라고 생각할 수 없다. 따라서 선악이란 정체된 것이 아니라 더 나은 세계를 위해 나아가는 발전적이고 동적인 개념으로 이해해야 한다.

어떤 선도 인간을 구속하거나 노예화할 수 없다. 선을 위한 인간, 선에 사로잡힌 인간이 돼서는 안 된다. 선은 인간의 입장에서, 인간을 위해, 인간이 나아갈 길과 규범, 질서를 위해 세워져야 한다. 진정한 선관이란 이런 것이다.

그러나 아무리 진정한 것이라 할지라도, 그 대상과 범위가 편협하다면 그것은 독선獨善에 불과하다. 인류사회 전체를 무시한 국가적 선이 진정한 선일 수 있겠는가. 우리는 하나의 인류세계 안에 살고 있다. 그런데 특정한 국가의 입장에서만 옳다고 여겨지는 선을 강요한다면, 그것은 인류 전체에게는 불행이 아닐 수 없다. 인류의 선을 생각하지 않으면 안 된다. 만민평등의 사상에 입각한 사회선 혹은 세계선世界善을 토대로 하지 않으면 안 되는 것이다. 이것이 사회적 문화주의에서 말하는 선이다.

그러나 이러한 선관은 세계나 전체 인류사회를 토대로 하기는 하지만 민주주의의 진정한 궁극적 사회의 복지관福祉觀을 무시한 관념적 도덕관이 돼서는 안 된다. 오직 문화복리주의가 지향하고 있는 문화세계를 이룩하고 유지하기 위해 필요한 문화규범에 입각한 선관이어야만 한다. 선은 인류사회를 건설하고 문화·문명을 창조하며 평화와 자유를 유지하는 곳에 건립되지 않으면 안 된다. 만일 진정으로 선이 인간으로서 마땅히 가야 할 길(도덕)의 다른 이름이라면, 인류의 가장 행복한 가치를 창조하고 자신을 완성하는 것 이외에 어떤 것이 될 수 있겠는가. 그것만이 선의 정당한 입장이자 건설적인 토대이다.

따라서 진정한 선이란 인류사회를 민주주의적으로 채색하고 그것을 완성하는 것이다. 어떤 특정 정당이나 국가에만 이익이 되고 전체 인류의 이익과 문화 발전과 행복사회 건설에는 반대된다면 어찌 선이라 할 수 있겠는가. 진정한 선은 곧 인류의 선이며, 그것만이 우리의 목적과 이상인 문화복리주의에 도달하게 할 것이다. 이러한 관념을 지니지 않은 선이란 악이다. 진정한 문화세계를 건설하기 위해서는 선에 대한 개념이 바로 서야 한다.

제4절 신

1. 신이란 무엇인가

신神이란 이 세상의 조물주이자 우주의 주재자이며 절대자이다. 신은 전지전능한 지선至善이다. 절대적으로 유일하고 완전무결할 뿐만 아니라 무한한 사랑을 가진 구세주다. 신은 절대이며 결점이 없다. 스콜라 학파는 신은 만물 바깥에, 그리고 만물 위에 존재하며 필연·유일·완전·무한·절대 불변하고 전지전능하다고 말한다. 일종의 신비철학적 견지에서 신을 논한 것이다.

신은 거짓이 없고 참되다. 변덕은 있을 수 없다. 인간 만사는 물론 우주의 제반사를 모두 파악한 완전한 존재이다. 따라서 인간은 신을 믿고 절대화한다. 무한한 신격神格의 유로流露인 사랑을 흠모하며 우러러본다. 만일 신이 완전하지 않다면, 인간은 신을 숭배하거나 따르지 않을 것이다.

종교는 인간이 어떤 천재지변이나 질병 같은 불가항력의 위력으로부터 받는 공포와 전율, 그리고 인간의 연약함을 깨닫게 되면서 그보다 위대하고 절대적인 힘에 의탁해 위험을 면하고 고통을 피하고 구원을 얻으려는 마음의 작용에서 비롯한다. 인간의 한계를 극복하기 위해 신을 찾고 섬기고 따르는 것이 곧 종교이다. 종교는 인간에게 행동할 바를 정해주고 악과 싸워 선의의 길을 가도록 돕는다. 사회 관계에 대해서도 인의仁義와 박애의 사상을 북돋워 의義와 선善과 애愛의 세계를 지향하게 한다. 종교는 삶을 정화하는 힘을 지니고 있다. 물론 종교의 폐단이 없다고는 말할 수 없다. 그럼에도 과過보다 공功이 월등히 크다.

신은 이러한 종교의 궁극을 의미한다. 그렇다면 신이란 것은 무엇인가. 신은 있는가, 없는가. 신에 대한 물음은 인간생활에 있어서 극히 중대한 일일 것이다. 그것은 학문을 하기 전에 먼저 사유할 문제이다. 신을 이해한 연후에 학문으로 나아가지 않으면 안 된다. 만약 신이 우주를 지배하고 있다면 우리는 하루속히 그의 명령을 경청해 좇아야 할 것이다. 만약 없다면 나 자신의 생활을 자립·향상시키고 자신의 행복을 위해 인간의 문화와 문명을 발달시키지 않으면 안 된다. 인간으로서 마땅히 해야 할 사명을 완수하는 일을 지체해서는 안 될 것이다. 더 이상 미몽迷夢 속에서 방황해서는 안 된다. 과학과 종교의 여러 가지 뒤엉킨 문제를 해석하고 규명하며, 확고한 삶의 태도를 갖는 것이 무엇보다 중요하다.

이제 인류세계는 민권사상의 대두와 진화론, 인구론, 국부론 등의 출현으로 말미암아 관념적 세계로부터 현실적·과학적 세계로 이동했다. 무신론자들은 신이 없다고 주장한다. 물론 맹목적으로 신을 추종하는 것은 옳지 않다. 그러나 반대로 덮어놓고 신이 없다고 말하는 것 또한 정당하다고는 말할 수 없다. 신의 존재는 진지한 성찰을 요하는 문제이기 때문이다.

여기서 신에 관한 사유를 정관靜觀하고자 한다. 인간의 가치를 약화시키고 필요 이상으로 과소평가해 인간을 신의 노예로 생각하는 시각에 대해서, 신의 존재는 물론 극단적으로 종교를 부정하는 시각에 대해서도 일정한 거리를 두지 않으면 안 된다. 과학적 세계관에 의거해 구성된 민주사회의 종교관은 단순히 신을 배격하거나 광신하는 것이 아니다. 신에 대한 정확한 분석과 파악을 통해 세계를 바로 이해하지 않으면 안 된다. 아인슈타인은 '나는 육체가 죽은 후에 영생한다는 것을 믿지 않고 또 생각하지도 않는다. 종교라는 것은 약한 사람의 공포심과 가소로운 이기심으로 말미암아 발생하는 생각일 뿐이다'라고 말한다. 또 모든 현행의 유물사관을 확신하고 있기 때문에 종교라는 것은 일종의 황홀한 대자연의 합법성에 기초한 조화에 불과하다고도 말한다. 이는 어떤 의미에서 과학과 종교의 관계를 되새기게 하는 말이다. 신은 존재하는가. 이러한 물음에 답하는 과정을 통해 과학과 종교의 관계가 드러날 것이다. 현대인에게 신의 존재를 묻는 질문은 매우 중대하고도 진지한 작업이다. 인간의 삶과 세계를 바로 보고 건설하기 위해서는 신의 존재를 입체적으로 분석하고 종합할 수 있는 인식의 힘이 필요하다.

2. 신은 있는가, 없는가

신이란 존재하는가, 존재하지 않는가. 청년 시절, 이 물음에 대한 답을 찾기 위해 무한한 노력을 기울였다. 그러나 어떤 확신도 생기지 않았다. 깨달음을 얻기 위해 종교 부흥회에 참석해 종교인들과 함께 신의 존재를 논했다. 또 신학 서적을 통독했다. 그러나 깨달음은 묘연하기만 했다. 신학교 진학을 진지하게 고민한 적도 있다. 그러나 지금은 교회 안에서 신을 찾고자 했던 노력을 포기했다. 신에 대한 믿음이 곧 신에 대한 사색을 이끌어주는 것이 아님을 깨달았기 때문이다. 오히려 산의 정상에서, 골짜기에서, 강가나 호숫가에서, 산속에서 낮밤을 잊은 채 깊이 사유하면서 신의 존재를 깨닫게 됐다. 사색은 곧 진리의 맹아이다.

그렇다면 신이라는 존재가 우리 인간에게 던지는 물음을 고찰해보자.

첫째, 신의 사랑은 진정으로 완전한가라는 물음이다. 신은 흔히 무한한 사랑이라고 말한다. 신은 한결같을 뿐만 아니라 공평하다. 완전무결하고 편벽되지 않으며 관대하고 무한하다. 선인善人에게나 악인惡人에게나 혹은 빈부·강약을 막론하고 신의 사랑은 공평하다. 모든 사람에게 햇빛을 나누어주고 공기도 주며 비와 눈도 준다. 그러나 좀 더 깊이 생각하면, 이 무한하고 관대하고 자비로운 사랑이란 결국 극히 편협한 사랑임을 알 수 있다.

성인은 철없는 영아嬰兒를 돌볼 때 잘잘못을 따지지 않는 것은 말할 것도 없고 무조건적인 사랑을 베푼다. 또 돌보는 아이의 안전이 무엇보다 중요하다. 아이를 다치게 할 만한 장소나 물건이 있는지 살핀다. 하물며 인간도 아이를 사랑하면 그 아이의 안전을 위해 모든 것을 생각한다. 그런데 신은 왜 인간의 불행을 방치하는가.

전지전능하고 무한한 사랑의 존재인 신은 왜 인간보다 더 인간을 생각하지 않는가. 신의 눈으로 보면 모든 인간은 우둔하고 미숙한 어린아이 같은 존재가 아닌가. 그 무한한 사랑의 존재는 왜 인간을 심판하며, 지옥과 천국을 주는가. 그토록 자비로운 존재가 또한 왜 그토록 무자비한가. 신의 사랑은 광대해 종별과 계급 여하를 막론하고 빛도 공기도 음식물도 공평하게 주는 존재라면, 왜 인간을 사후 심판대에 세우는가. 그것은 과연 타당한 이치로 설명이 가능한가.

완전하고 진정으로 영원한 사랑이란 인간이 살고 있거나 죽었거나 잘했거나 잘못했거나 상관없이 변함없는 것이 아닌가. 사랑의 대상을 구분하고 어떤 일의 공과 죄에 따라 사랑을 한다면, 그것은 인격이 없고 덕德과 인애 정신이 없는 사람이라도 할 수 있는 사랑이 아닌가.

세 살 난 어린아이가 병에 든 물이 독약인 줄 모르고 마시고 죽는다면 그것은 누구의 잘못인가. 신의 눈으로 보면 모든 인간은 어린애에 불과한데, 무한한 사랑의 신은 왜 이 어린 인간들이 저지른 어리석은 일들에 대해 형벌을 가하는가. 그것이 완전한 사랑의 대가인가.

둘째, 신은 왜 다른 말, 다른 행동을 하는가라는 물음이다. 만일 인간이 그토록 나약하고 죄를 범하기 쉬운 존재라고 한다면 왜 전지전능한 신은 인간에게 죄를 지을 수 있는 환경을 주고 또 벌하는가. 성경에 따르면 인간은 누구나 다른 기질을 선천적으로 가지고 태어난다. 그것은 특별한 이론 없이도 가능한 이야기이다. 인간은 기질에 따라, 재질, 감격, 감화, 판단의 기준이 달라진다. 범죄를 저지르기 쉬운 인간과 그렇지 않은 인간이 기질적으로 존재한다. 신이 만든 이 기질에 대해 신은 왜 벌하는가. 인간의 기질에 따라 벌을 달리하겠다는 구절은 성경 어디에도 없다.

또 인간에게 주어진 환경은 동일하지 않다. 기질이 같더라도 누군가는 부유하게 또 다른 누군가는 가난하게 태어난다. 누구나 태어날 가정을 선택할 수는 없다. 권세가와 상민의 집에서 태어날 수도 있고, 학자나 촌부의 집에서도 태어난다. 적선가나 전과자를 부모로 둘 수도 있다. 이러한 후천적 환경을 통해 선하게 되기도 하고 악하게 되기도 한다. 옳지 못한 환경에서 자라난 아이가 나중에 커서 범죄를 저지른다고 해서 그를 벌할 근거는 무엇인가. 그것이 과연 신의神意인가.

이렇듯 신은 인간에게 선천적인 것이든 후천적인 것이든 스스로 선택할 수 없는 차이를 부여하면서 동시에 인간의 죄를 벌한다. 한 사람의 죄가 실은 그 자신에게 부여된 성격과 관습적인 환경에 의한 것이라면, 신은 어떤 근거로 그를 벌하는가. 그토록 완전한 신은 왜 이처럼 불완전한 인간을 만들어낸 것일까. 어떤 잘못을 벌한다는 것은 벌 자체에 목적이 있는 것이 아니라 잘못에 대한 반성과 행동의 교정에 목적이 있다. 그러나 인간 사후의 죄과를 묻는 신은 이미 죽은 인간에게 그 일을 행함으로써 인간 스스로 반성할 수도 교정할 수도 없게 만든다.

셋째, 신은 과연 자비로운가. 신은 고생과 쾌락, 지知와 무지, 건강과 질환, 선과 악, 빈천貧賤과 부귀 등 온갖 차별과 죄를 지을 수 있는 함정을 만들어놓고서는 인간에게 그 죄를 묻는 모순을 범한다. 자식을 사랑하는 부모가 자식을 유혹에 빠지기 쉬운 함정을 만들어놓고 악한 짓은 하지 말라고는 하지 않는다. 인간은 나약하고 둔하기 때문에 아무리 올바르게 판단하고 행동한다 해도 모든 결과가 좋은 것은 아니다. 과오를 범할 수 있다. 이럴 때 즉시 벌을 주면 오히려 넋을 잃고 또 다른 과오를 범하기도 한다. 그 원인은 무엇인가. 물론 정신적인 무지와 유혹의 함정 때문이다. 그렇다면 과연 신은 왜 인간에게 예리한 판단력을 주거나 함정을 제거해주지 않는 것일까. 왜 죄에 대한 벌만을 물으려 하는가. 그것은 과연 정당한가.

예를 들어 오랫동안 병을 앓게 되면 인간은 자연히 마음이 약해지고 악한 마음을 품게 될 뿐만 아니라 나쁜 마음으로 남을 곡해하게 된다. 괴롭기 때문에 자포자기하기도 한다. 그 경우 어떻게 죄를 물을 것인가. 주관적인 동기를 문제 삼을 것인가, 객관적인 행동의 결과를 문제 삼을 것인가.

또 인간은 좋은 것을 보면 본능적으로 욕심을 갖는다. 이성을 마음속에 품기만 해도 죄를 짓는 것이라고 하면 우리 모두가 이미 죄인이 아닌가. 그것이 과연 죄가 될 수 있을까. 신이 인간에게 준 본성이 그러하다면 더더욱 억울하다. 신이 준 본성 때문에 신이 벌을 내리는 것이 과연 합당할까. 그런데도 신이 진정으로 완전무결한 절대자라고 말할 수 있는가.

넷째, 신은 인간에게 모든 계명을 제시하지 않았으면서 그 모든 것을 준수하라고 강요한다. 신이 이것은 하고 저것은 하지 말라 명하지만, 단지 삶의 일부분에 불과하다. 계명이 없는 더 구체적이고 생생한 삶이 존재하기 때문이다. 신의 전도자들은 신이 절대적이며 전지전능할 뿐만 아니라 완전하다고 말한다. 인간은 아주 미미한 존재에 불과하므로 인간의 지식으로는 신을 알 수도, 말할 수도 없다. 신을 알고 있다고 말하는 것은 망상일 뿐이다. 그럴듯하다. 그러나 옳지 않다.

만일 인간이 무지한 존재이고 신의 명령을 이해할 수도, 신의 神意에 맞는 행동을 할 수도 없다면 왜 신은 인간을 벌하는가. 신이 미천하기 그지없는 존재를 벌하는 것은, 마치 인간이 곤충에게 어떤 행동을 명령하고 그것을 지키지 못한다고 해서 벌하는 것과 같다. 다시 말해 만일 신이 인간에게 계명을 주었다면, 그것은 인간에게 신의를 이해할 수 있는 정신도 주었다는 것을 의미한다. 인간은 신이 어떠한 존재인지, 그 존재 유무를 판단할 수 있는 힘을 가지고 있기에 계명을 따라 행동할 수 있는 것이 아닌가. 낙엽이 지는 것을 보고 가을을 짐작하는 것처럼, 인간 또한 무지하나 어느 정도 신의를 읽어낼 힘을 가지고 있다. 그럼에도 명확한 계명 없이 무조건적으로 믿어야 하며 믿지 않으면 지옥으로 간다고 말하는 것은 얼마나 불합리한가.

신의 존재를 알기 위해서는 무조건적인 믿음만이 필요한 것일까. 태어남에 모든 사람이 같지 않을 뿐만 아니라 사는 환경과 과정 또한 다르다. 단지 신을 믿어야 한다는 말 한마디로 신의 존재를 느낄 수 있다고는 생각하지 않는다. 하물며 인간에게는 오랜 역사에 걸쳐 이룩해온 규범과 법률이 있다. 인간은 규범을 배우고 준수하면서 행과 불행을 가늠하게 된다. 수많은 법률들이 옳지 못한 행동에 대해서는 벌을 주고, 또 좋은 길로 인도해왔다. 그뿐만 아니라 인간의 삶은 하나가 아니라 여럿이다. 모든 삶이 같을 수 없다는 것은 너무도 당연한 이치이다. 그런데도 오로지 지옥과 신의 심판만을 되풀이한다는 것은 의미가 없는 일이 아닌가.

다섯째, 왜 신은 완전무결한 존재임에도 불구하고 편벽한 심판을 하는가. 신이란 주지한 바와 같이 전지전능하고 완전무결하며 원만한 사랑의 존재이다. 그럼에도 신은 악인惡人의 자손은 멸망시키고 선인의 자손은 누대에 걸쳐 복을 주겠다고 말한다. 악에 대한 형벌이 무모할 정도로 가혹하다. 마찬가지로 선에 대한 포상은 그 기준과 준칙이 따로 없다. 그것은 인간이 생각할 수 있는 지극히 상식적인 선에서 한없이 벗어나 있다. 신이 이처럼 편벽하고 감정적이라면 실로 우리 인간들은 그 행동의 규범을 어디 두어야 할 것인가.

여섯째, 자연의 인과관계와 신의神意 사이에 모순이 있다. 기독교 성경 창세기에는 신의 계획에 따라 세상 모든 것, 우주 만물이 창조됐다고 적혀 있다. 그러한 논리에서 본다면 지구를 중심으로 일월성신이 돈다. 그러나 우리가 다 알고 있듯, 과학자 갈릴레오는 우리가 살고 있는 이 태양계의 중심이 지구가 아니라고 말했다.

또 진실로 이 우주가 신의神意가 추동하는 대로 움직인다면, 질서 정연한 과학적 논리 외에도 기적과 같은 돌발적인 힘이 존재해야 마땅하다. 그러나 우리가 기적으로 믿었던 것들도 시간이 흐르면 과학적인 원리로 설명이 가능하다. 신의 영역이라고 믿었던 것이 이제 인간의 영역이 됐다. 그렇다면 이것은 신이 인간에게 부여한 능력인가 아니면 인간 자신의 힘인가.

만일 신이 고도의 과학문명을 인간에게 준 것이라면, 왜 인간은 편리함을 넘어 수십만 명의 인명을 살상시킬 수 있는 원자탄을 주었는가. 무자비한 학살을 일삼는 전쟁도 과연 신의 계획이라고 말할 수 있을까. 신의 계획대로라면 인간의 상별은 사후에만 가능해야 할 것이다. 그런데 현세의 인간은 선악의 구별 없이 무자비한 죽음 속으로 내몰린다. 성경의 소돔과 고모라 편에서 이르길, 신은 만일 롯의 가족 외에 단 한 사람이라도 선인善人이 있다면 불의 벌을 내리지 않겠다고 적혀 있다. 그럼에도 전쟁이 무자비하게 생명을 앗아가는 것은, 이 세상에 단 한 명의 선인도 없다는 것을 의미하는가. 물론 그렇지 않을 것이다. 그렇다면 왜 신은 전쟁을 막지 못하는가. 천진무구한 어린아이는 무슨 잘못이 있어 희생당해야 하는가.

물질문명의 모든 발견은 인간 자신의 필요에 의해 이루어진다. 그럼에도 이 모든 우주의 법칙과 사건들을 오직 신의 섭리로만 해석하는 것은 오히려 역설적으로 신을 모독하는 것이다.

일곱째, 왜 인간은 이성을 통해 절대적이고, 신격과 통하는 영감을 얻지 못하는가. 신이 만일 진정으로 자신의 신성을 모방해 인간에게 무한한 이성을 주었다면, 왜 인간은 이성을 발전시키지 못하는가. 이성이란 신이 인간에게 부여한 일종의 신성한 힘이다. 인간은 이 이성의 명령에 따라 의義를 행하며 바르게 살 수 있다. 그러나 인간은 이토록 완전한 이성을 지닌 존재이지만 완전한 존재가 될 수 없다. 칸트는 인간을 이성과 감성을 지닌 존재로 파악한다. 인간은 이성과 함께 유한한 인간의 본성인 감성을 지니고 있다. 그 때문에 인간은 불완전할 수밖에 없는 것이다.

만일 진정으로 이성이 절대적으로 옳고 완전무결한 것이라면, 우리는 어떠한 환경의 자극에도 굴하지 않을 것이다. 이성의 명령을 따르고 이성에 따라 행동할 것이다. 그러나 우리 모두 알고 있듯, 이성은 절대 완전하지 않다. 중요한 것은 인간의 이성은 미완에서 완성을 향해 발전해왔다는 사실이다. 그 노력 여하에 따라 완성에 가까워질 수 있는 것이다.

그렇다면 이성이란 발전하는 것인가, 아니면 선험적으로 완전무결하게 주어지는 것인가. 이성이 애초부터 완벽하다면 인간은 태어남과 동시에 완전한 영감을 가지고 있을 것이다. 배우지 않아도 알고 바르게 행동할 것이다. 어떤 어린아이도 올바르지 않게 행동할 이유가 없다. 나면서부터 이미 감정과 충동을 억제할 수 있다. 그러나 어찌 인간이 그럴 수 있겠는가. 인간은 배우지 않으면 알지 못한다. 모든 인간은 삶을 통해 보고 듣고 느끼고 배우면서 가치를 판단할 수 있는 이성을 가지게 된다.

이렇게 말하면 어떤 이는 시간의 문제라고 말할지도 모른다. 일정한 연령에 도달하면 자연히 이성을 가지게 된다는 시각이다. 그러나 결코 자연 상태의 시간이 흐른다고 해서 인간은 올바른 이성을 소유하지는 못한다. 교육하지 않고 보고 듣지 않으면 충분한 판단력을 가지지 못하는 것이 인간이다. 삶의 두께에 따라 정신의 강도도 달라진다. 교육을 받지 못한다면, 듣고 보고 느끼는 것이 없다면, 인간의 지능과 판단력은 발전하지 않는다 그 점에서 이성이란 삶의 과정을 통해 얻어지는 지식과 비판력에 다름 아니다.

따라서 이성은 결코 선험적인 것도, 절대적인 것도 아니다. 듣거나 보지 못한다면, 색과 소리에 대해 알 수 없다. 인간의 본능과 감각은 본디 가지고 있는 것이라 해도 도야하지 않으면 없는 것과 마찬가지다. 그러므로 이성을 선천적인 것으로 이해하는 것은 오류이다.

어찌어찌해 판단력을 가질 수는 있다. 그러나 그것은 소위 지성일 뿐, 진정한 의미의 이성은 아니다. 이성은 누구에게나 똑같이 주어지는 어떤 것이 아니다. 이성이란 후천적 경험이며, 성장과 교육을 통해 갖는 지성과 같다. 중요한 것은 인간의 실제 삶이 무엇인가 하는 점이다.

따라서 우리의 선악에 대한 태도도 선험적으로 양심이 있어 이를 판단하는 것이 아니라 각자의 지성에 따라 의미를 주는 것임을 알아야 할 것이다. 만약 그렇지 않다면 시대와 사회의 변화에도 불구하고 이성은 선악을 절대적인 보편타당성으로 제시할 수 있을 것이다. 고대인이건 현대인이건 혹은 동양인이건 서양인이건 도덕 자체가 동일해야 한다. 그러나 모든 선악이란 시대와 풍속에 따라 달라질 수 있다. 보편적으로 언제 어디서나 옳은 것은 없다. 다시 말해 이성은 보편적인 것이 아니다. 일률적으로 동일한 선과 악은 있을 수 없다. 객관적인 환경 속에서 이성은 선과 악을 구별하고 또 판단한다.

여덟째, 왜 선인에게 신의 축복이 주어지는가. 선한 자에게 복이 온다고 말한다. 그렇다면 부강하고 고귀한 사람은 신의 축복을 받은 사람이라고 말할 수 있는가. 이들은 모두 신의 은총을 받은 존재들인가. 성경에서는 부자가 천국에 가기는 낙타가 바늘구멍에 들어가기보다 어렵다고 말하지 않았던가. 또한 예수의 사랑은 빈부귀천을 가리지 않는다. 균일한 사랑의 베풂, 그 자체이다. 그런데도 선인의 자손에게 무조건적인 복을 준다는 것은 모순이 아닐 수 없다.

이런 시각에서 본다면 현세의 모든 차별과 차등은 신의神意에 따른 것이 되고 만다. 이를 부정하는 것은 신의를 모독하는 것이 아닐 수 없다. 그렇지만 이러한 사유는 또한 얼마나 모순적인가. 헐벗었다고 해서 모두 악인이 아니며 부자라 해서 진정으로 선한 존재는 아니다. 그 말대로 한다면 만민의 자유와 평등을 주장하고 부의 집중, 권력의 독점을 반대하는 민주주의 또한 신의를 거역한 것이 되고 말리라. 소수 특권계급과 금융 유한계급의 전제를 반대해 무자비한 압제와 착취로부터 약자를 구원하는 정치체제인 민주주의란 신의를 거역하는 것이 되고 마는 것이다. 만일 신이 자신의 계획에 따라 세계를 창조하고 선악을 구별해 상벌을 내리는 것이라면, 인간이 자신들의 판단에 따라 행동하는 민주주의적 절차들은 신의에서 어긋나는 것이다.

아홉째, 신의 율법은 왜 도덕만 이야기하는가. 그것은 정치적·사회적·경제적 관계의 복잡성을 무시한 것이다. 인류의 문화는 무지에서 이지理知로, 미개에서 과학으로 발전했다. 오늘날 세계가 과학의 세계요, 실증주의적 공리功利의 세계라는 것은 부인할 수 없다. 그리고 이러한 실증적·공리적 사상에 입각한 민주주의와 과학주의는 기적을 믿지 않으며 신의 섭리를 반대한다. 선악도 마찬가지다. 절대적인 가치로부터 상대적 가치로 이동했다. 신만이 절대적인 가치의 주인이라고 한다면, 인간이 일궈낸 과학은 죄악이 아닐 수 없다.

의약품과 치료법으로 환자를 구해주는 것은 신의 계획에 어긋나는 것이란 말인가. 자연의 인과관계를 입증하는 것이 신의 기적을 망치는 것인가. 신을 절대하하고 인간이 과학을 부정하는 것은, 과학을 통해 문화에 공헌해왔던 인류의 행위 자체를 죄로 만드는 것이다. 신의 섭리에 도전하는 과학은 그 자체로 불경하다.

신이 절대적으로 옳고, 신만이 문화와 가치를 창조할 수 있다면, 이제까지 인간이 이루어온 문화 창조와 가치규범들은 신의神意에 반역한 것이 되고 만다. 시대가 변하면 가치 체계 또한 변할 수밖에 없다. 과학이 없던 시대에는 신에 대한 절대적인 복종이 곧 도덕이다. 인간에게는 신을 믿고 추종할 의무만이 주어진다. 그러나 과학이 발달하고 지식이 커지고 문명화된 시대에 인간에게 부과된 임무는 신에 대한 복종이 아니라 인간생활의 가치를 창조하는 일이다.

원시시대에는 신의를 통해 인간사회를 규명하고자 했다. 과학의 시대에는 신의가 아닌 다른 표준을 창조하지 않으면 안 된다. 이것은 도덕만의 문제가 아니라 정치, 경제, 사회, 역사, 문화 모든 영역에서 제기되는 문제이다. 더욱이 근대적 국가 체계에서는 신의에만 의지해 국민을 통치한다는 것은 불가능한 일이다. 인류는 사회질서를 유지하기 위해 인위적인 규범을 정하고, 이를 위반하는 자에 대해 벌을 가하되, 이 규범 자체는 경제적·정치적·사회적 흐름에 따라 변화시켜왔다. 신법神法이 도덕법인 사회에서는 범죄가 되지 않는 것도 근대세계에서는 죄가 될 수 있다.

신을 절대화하는 자는 신의 조화가 너무 황홀하다고 말한다. 인간은 결코 신의神意를 파악할 수 없다. 어디에 있고 어디에서 오는지 알 수 없다. 그러나 인간이 신 자체를 알 수 없다는 것은 역설적인 결과를 낳지 않는가. 신의를 알 수 없으니 신의에 따라 무엇을 행위한다는 것 자체가 불가능해지는 것이 아닌가.

마지막으로, 과연 이 세계는 신의 소유인가. 이 세계와 인류를 창조하고 주재하는 힘의 소유자가 신이라고 한다면 그것은 분명한 모순을 지니고 있다. 실로 신이라는 존재는 전지전능·완전무결·영원불변·절대 유일·최고最高 지선至善의 존재이며 무한대의 사랑으로 이 우주 만물을 창조하고 주재하는 존재일 것이다. 그러하다면 신이라는 존재는 비판도 거부도 불가능한 절대적 존재인 셈이다. 인간의 의지는 존재할 수 없다. 어떤 고난과 희생을 당해도, 그저 그것은 신의 뜻이므로 믿고 따르면 되는 것이다.

신이 인간의 모든 의지를 대신한다면, 신이 인간을 생각하게 하고, 괴롭게도 슬프게도 기쁘게도 하는 존재라면, 인류에게는 그에게 닥친 참사와 고통을 감수하고 신의 뜻에 순복하는 것만이 옳은 행동일 것이다. 인간 스스로는 신의 법을 이해할 필요도 없고 그저 믿고 따르기만 하면 된다. 신의 뜻에 대해 논란을 제기할 수 없다. 그러나 그것은 과연 인간다운 것인가. 만약 절대 강자를 믿고 따르기만 한다면 그것은 신의 노예로서 가면을 쓰고 살아가는 것과 같을 것이다.

신이 변덕스럽고, 일률적이지도 보편적이지도 절대적이지도 않다 해도, 우리는 그저 신에게 복종하면 그만인가. 신의가 생명을 유린하는 것이라 해도 충심으로 따르면 그만인가. 결코 그래서는 안 될 것이다. 지상에서 발생하는 비극까지도 신의 뜻으로 받아들여야 하는가. 폭군의 전행專行도 신의 주재인가. 모든 것이 신의 뜻이라면 인간은 굳이 선을 행할 필요도 도덕을 지킬 의무도 없는 것이리라.

이제까지 신의 절대화가 어떤 모순을 지니고 있는지 살펴보았다. 그러나 이러한 분석의 본의는 무신론을 주창하는 데 있지 않다. 미신에 가까운 신관神觀을 바르고 정확한 과학적 신관으로 바꾸는 데 목적이 있다. 신을 광신하거나 맹종하는 타율적인 인간이 되는 것을 막기 위함이다. 진정한 의미에서 신을 믿는다는 것은, 인간 스스로 인간세계를 바로 인식하고 자율적인 인생관을 통해 마땅히 스스로 걸어가야 할 길을 개척하는 것을 의미한다. 미혹에서 벗어나 올바른 세계관을 세우고 진실한 신관을 갖는 것이 중요하다. 인간과 신의 관계를 바르게 설정하고, 인간의 임무와 마땅히 걸어 나아갈 큰 길을 발견하고자 노력하며, 삶의 의의를 깊게 하지 않으면 안 되는 것이다.

3. 문화복리주의에서의 신

중세 시대의 신법神法은 도덕법에 한정돼 있었다. 그것은 오늘날과 같이 복잡한 세계에 적용하기에는 지나치게 단조롭고 단순하다. 도덕만으로 현대세계를 설명할 수 없기 때문이다. 사회·경제·정치·문화 등 광범위한 영역을 포괄하는 데 한계가 있는 것이다. 원시적 종교와 미신생활을 타파하고 종교를 현대화함으로써 마음을 정화하고 인간으로서의 사명, 생生의 목적과 의미를 밝히고 파악해야 하는 이유가 여기에 있다.

종교를 가지고 있지만 삶에 대한 의미를 밝히지 않고 오로지 개인의 이익만을 좇는 사람도 많다. 가만히 생각해보라. 당신은 누구를 위해 찬송가를 부르고 기도를 하는가. 또 어떤 설교를 듣는가. 그 기도와 찬송 속에는 재물에 대한 냄새나는 욕심이 숨겨져 있지는 않은가. 나 자신만을 위한 이기적인 목적 속에서 기도하지 않는가. 기도는 자기 자신의 이익과 행복, 가족·친척이나 지기의 평안과 성공, 또는 사회와 국가의 행운을 요구하는 내용으로 가득 차 있다.

감사의 내용 또한 크게 다르지 않다. 무언가에 감사하는 마음마저 자기중심적인 이익만을 표준으로 삼는다. 신에 대한 찬미나 설교가 실은 인간 자신의 이기적인 욕심을 충족시키는 데 바쳐지고 있는 것이다. 자아를 냉정하게 비판하고 엄숙히 내성內省한다면 실로 부끄럽기 짝이 없는 일이다. 성경에 나온 바리새인의 이기심과 허위의 신앙을 그대로 지니고 있지 않은가. 이기적인 욕심에 사로잡힌 인간이 과연 성스러운 하느님과 영통靈通할 수 있을까. 부패한 신앙심을 가지고 영생의 길을 얻겠다는 것은 그야말로 언어도단이다.

이기심에 눈이 어두운 타락된 종교관을 버리자. 엄숙한 의미에서 진정한 신을 알아가고 신의 음성을 듣고 신의神意를 실천할 수 있는 종교를 믿어야 한다. 이는 제2의 종교개혁이나 마찬가지일 것이다. 기도와 찬미의 가면 속에 이기적 욕망에 사로잡힌 인간의 추악한 모습을 바로 보지 않으면 안 된다. 신앙심을 다시 한 번 더 새롭게 하고 진정으로 인류사회를 건설하는 데 일조하지 않으면 안 된다. 이기적인 목적에서 자기 자신만을 가치화하는 기도를 버리고 새로운 종교를 발견해야 하는 것이다.

그렇게 하기 위해서는 내세를 위한 희생보다 현세의 건설에 삶의 목적을 두어야 한다. 이 세계를 현실적으로 구원해 진정한 인간의 복리사회, 즉 문화세계를 건설하는 데 종교의 본질을 두지 않으면 안 된다. 자기 자신의 복과 이익을 얻기 위해 기도하고 신앙을 갖는다면, 그것은 상인이 돈을 벌기 위해 시장에 나가는 것과 다르지 않다. 자기 본위의 탐욕을 버리고 자신을 완성하고 나아가 인류사회의 행복을 위해 노력하지 않으면 안 된다. 자기 자신을 희생하는 진정한 삶의 실천이 아니고서는 우리는 그 어떤 신의 감화나 사랑도 받을 수 없을 것이다.

종교를 갖는다는 것은 자기 인격 도야를 위한 행동이다. 재물의 축적이나 일신의 성공, 질환의 치료와 같은 개인의 행복을 위해 종교가 존재하는 것이 아니다. 그렇지 않으면 미신과 종교가 무엇이 다를까. 이기심을 충족시키기 위해 존재하는 종교는 신을 모독하는 것이다. 그러나 얼마나 많은 사람들이 이런 일들을 아무런 반성 없이 일상적으로 행하고 있는가. 개혁이 필요한 이유이다.

아인슈타인은 우주 종교에 관한 저서 『나의 세계관』에서 다음과 같은 생각을 피력한다. "과학은 도덕을 무시하는 것이 아니다. 인류의 윤리적 행동은 종교적 기초를 필요로 하지 않는다. 그것은 동정과 교육 및 사회적 결합에 기초를 두는 것이기 때문이다. 만약 인간이 사후에 상벌의 공포와 희망에 얽매여 있어야 한다면 참으로 슬픈 일이다"라고 말한다. 또 "물질주의적인 현대사회에서는 진지한 연구가만이 종교적 인간이다. 이것이 곧 우주 종교의 유일한 교의敎義이다"라고도 말했다.

전적으로 옳다. 내세의 행복을 목적으로 하는 자기 본위적인 신앙심을 버리고, 현실사회 위에 인류의 행복을 건설하고 문화·문명의 가치를 창조해야 할 것이다. 인류의 행복과 평화를 이 땅 위에 건설하는 것이야말로 완벽한 신의神意의 실현이 아니겠는가.

문화복리주의의 요지는 바로 여기에 있다. 새로운 인류세계의 건설을 목적으로 체계화한 것으로, 우리가 살고 있는 현실의 세계 종교와도 같다. 문화복리주의가 세우고자 하는 세계는 현실적·과학적 발전을 통해 건설된 인류를 위한 문화세계이며 인류의 최대 행복을 이룩할 수 있는 세계다. 자아의 완성이 인류의 행복과 가치 실현을 의미하는 세계, 문화적인 인간을 위한 삶의 터전이 곧 문화세계이다. 이보다 더 성스러운 교의가 있을까. 신을 믿는다는 것은 복을 받고 천국에서 영생을 얻기 위한 것이 아니라 자아를 완성하고 우리가 살고 있는 바로 이곳에 고도의 문화세계를 건설하기 위한 것이다. 새로운 종교는 그야말로 개인의 이기심 충족이 아닌 전체 인류의 행복을 추구한다. 종교적 행동은 새롭게 정의돼야 한다. 인류를 위한 문화세계를 건설하는 진지한 일체의 사유와 실천이 곧 종교적 행동이며 신앙이라고 말해야 한다.

끝으로 이제까지 신을 논한 것은 결코 특정 종교에 대한 비난이 아님을 밝힌다. 마찬가지로 인류가 그토록 오랜 세월 실천해온 종교생활 전체를 부정하기 위함도 아니다. 중요한 것은 현대세계에 맞춰 미개하고 부패한 종교를 혁신하고 새로운 종교를 세우는 삶의 과정이다. 구태의연하게 교리 문자에 사로잡혀 잘못된 신앙을 갖게 된다면, 그것이야말로 지금 변하고 있는 실제 현실과 어긋날 뿐만 아니라 신을 모독하는 것이다.

제5절 운명

1. 운명이란 무엇인가

운명이란 무엇인가. 그것은 인간의 생애나 행운을 결정하는 초자연적이거나 인간의 힘을 초월한 어떤 것을 의미한다. 그렇기에 운명은 인간에게 맹목적·절대적 지배를 강요한다. 인간은 운명 앞에서 절대적으로 무력하다. 원인으로서의 운명과 결과로서의 행동은 분리될 수 없다. 마치 질료와 형상의 관계와 같다. 운명은 인간의 모든 삶을 이 필연 관계 속에서 이해한다. 인간의 지위란 마네킹과 다를 것이 없다. 인간의 삶은 이미 결정된 것을 그 계획에 따라 구체적인 형태로 나타낸 것에 불과하다. 운명이 말하는 삶이란 필연적이며 숙명적인 삶일 뿐이다.

그러나 운명은 하나 이상의 의미를 지니고 있다. 우연이나 기적을 운명이라 말하기도 하고, 인력人力으로 감당할 수 없는 초자연적 필연, 불가항력적인 힘을 운명이라 부르기도 한다. 또는 이 세상에 태어나는 순간부터 삶을 영위하는 일생 동안 행한 모든 일이 선천적으로 결정된 필연이자 운명에 의해 주어진 것이라는 생각도 있다. 불교의 윤회사상이 그 예다. 이처럼 운명을 필연적인 것으로 이해하는 것은 같지만 그 강도가 조금씩 다르다. 같은 필연이라 할지라도 인력으로 어찌할 수 없는 불가항력적인 것에 한해 말하기도 하고, 반대로 모든 인생 전체를 일컫기도 한다. 어떤 이는 인간의 삶을 운명이라 부르고, 또 어떤 이는 인생이 시작되기 전부터 신에 의해 결정된 필연적 인과론을 운명이라 부른다. 필연 혹은 운명이란 없다.

운명을 인정해야 하는가 혹은 인정할 필요가 없는가. 이를 명확히 해야만 비로소 인생관과 세계관을 확립하고, 삶의 목적과 사명을 확고히 할 수 있다. 운명에 대한 논의는 앞서 했던 모든 논의와 마찬가지로 중요하다. 인간의 삶이 필연적인 것이 아니라 가동可動적인 것이라고 생각할 수 있을 때 비로소 인간의 노력은 가치가 있으며 희망을 품고 이상을 실현할 수 있다. 그렇지 않다면, 모든 것이 필연이요 숙명이므로 미래의 희망도 이상理想도 세울 필요가 없다. 인생관, 세계관, 국가관 모두 마찬가지이다.

이러한 의미에서 운명이란 과연 숙명적인가 아니면 가동적인가 하는 문제를 시론하려 한다.

2. 운명은 숙명적인가, 가동적인가

운명은 개척할 수 있는가, 아니면 선천적으로 주어진 것인가. 운명이 우리를 엄습할 때마다 낙망하고 스스로 포기할 것인가, 앞으로 나아갈 것인가. 많은 사람들이 재난 앞에서 쉽게 굴복하고 운명을 해부해 변화시키려 하지 않는다. 운명적인 삶을 사유하고 개척해 새롭게 인생을 건설하려고 하지 않는다. 삶이 필연이요 숙명이라고 생각해 움직이지 않는다. 삶을 성찰하고 사유하지 않는다. 성찰이 없다면, 용감하게 운명에 도전하고 개척할 수 없다. 체계적으로 삶을 계획하고 생활하지 않으면 고난으로부터 한 걸음도 벗어날 수 없다.

고난을 숙명으로 받아들이는 것은 모든 것을 신의 결정과 계획에 의해 처음부터 정해진 것으로 받아들이는 것과 같다. 이 우주세계의 만물이 신의 세계 계획에서 필연적으로 도래하며 인간은 그의 부속물이 되는 것이다. 이처럼 신에게 속하는 인간은 결코 신의 의사에 반해 살아갈 수 없다. 인생의 모든 것이 신에 의해 결정된 필연적 결과이기 때문이다.

어떤 물리학자는 사람은 정신도 신체도 자연의 산물이어서 사람이 행하고 느끼고 생각하는 것은 피상적으로 볼 때에는 자각적 자기 의사에 따라 행하는 것 같으나 한 번 더 내면적으로 통찰하면 자연의 필연성에 의한 것이라고 말한다. 덴마크의 철학자 회프딩은 심리학적 견지에서 인간의 자유 의사를 부정하고 필연을 역설했다.

반대로 일본의 요시다 세이치[17]는 아리스토텔레스의 4원인설[18]을 소개하면서, '동력인動力因, Efficient Cause'과 '목적인目的因, Final Cause'을 구별해 맹목적·기계적 운명론을 부정했다. 동력인이란 외부에 존재하는 원인에 의해 일어나는 인간의 행동을 의미하고 목적인은 전자와 같이 맹목적 필연이 아니라 인간이 어떤 목적과 필요를 세우고 그것을 실현하기 위한 행위의 동기가 되는 것을 말한다.

필연적 운명론을 극단적으로 밀고 가면 전세前世와 현세, 현세와 내세, 일련의 윤회·전생을 인정하고 행위의 상호 간 관계를 필연적인 인과관계로 설명하는 것이다. 현재는 전세의 인과에 의해 필연적으로 존재하며, 현세의 모든 관계는 전후前後의 원인과 결과에 의해 나타나는 필연적인 상호 관계이다. 만약 그렇다면, 인간은 아무런 노력도 할 필요 없다. 필연에 의해 이미 정해진 것이라면 아무런 노력 없이도 이루어질 것이고, 또 반대로 노력을 해도 얻을 수 없는 경우가 생긴다. 결국 세상의 모든 것이 필연적이라면, 비관적 인생관이 생겨나고 인간은 고난 앞에서 무기력하고 소극적인 존재가 돼버릴 것이다.

반면 운명이 변화시킬 수 있는 것이라고 생각한다면, 어떻게 되는가. 그 대표적인 철학자로 칸트가 있다. 칸트는 『순수이성비

---

17 吉田靜致. 일본 메이지 시대 철학가. 주요 저서는 『倫理學演義』.

18 '그것이 무엇으로 돼 있는가'에 대한 질료인, '그것은 무엇인가'에 대한 형상인, '무엇이 저것을 저 상태에 이르게 했는가'에 대한 운동인, '왜' 또는 '무엇을 위해'에 대한 목적인.

판』에서 경험적 세계는 필연적 법칙에 따라 존재하지만, 자유의 원인은 이러한 필연성 속에서 태어난다고 주장한다. 그는 자유가 도덕을 인식하고 가능케 하는 실재근거라고 말한다. 오로지 인간만이 양심을 갖고 도덕생활을 영위한다. 도덕을 사유하고 행동할 수 있는 것은, 인간이 자유를 가지고 있기 때문이다. 인간은 이성과 감성을 모두 가지고 있다. 자유란 감정적 필연성을 극복하고 이성적 선택을 하는 것을 의미한다. 자유가 없다면 이성적 판단 자체가 불가능하다. 자유가 없다면 인간은 운명의 필연성에 얽매여 헤어날 수 없을 것이다. 자유의지만이 필연성을 극복하고 삶을 변화시킬 수 있다. 윤리 또한 마찬가지이다. 이처럼 인간이 자유를 가지고 이성·감성을 조화롭게 지니고 있지 않았다면, 인간에게는 도덕도, 책임도, 책임에 대한 귀책도 존재하지 않았을 것이다.

그렇다 하더라도 우리가 운명으로부터 완전히 자유롭다고 말할 수는 없다. 모든 것이 가능하고 노력하면 다 이루어져야 함에도 꼭 그렇지만도 않은 것이 삶이지 않은가. 자유에는 분명 한계가 있으며, 모든 것을 가능하도록 만들어주는 것은 아니다. 인간은 자신의 역량과 그 범위 내에서만 자유롭다.

무엇보다도 중요한 것은 모든 것이 운명에 맡겨져 있다면, 우리는 어떤 행동에 대해서도 책임질 필요가 없다는 사실이다. 악을 보고도 죄를 물을 수 없다. 만약 그렇지 않다면, 자유에 의해 운명을 변화시킬 수 있다고 믿는다면, 우리는 자유로운 동시에 자신이 한 모든 행위에 대해 책임을 져야 한다. 우리 자신의 행동에 대해 결코 우연한 과실 또는 운명으로 치부하지 못하는 것이다.

3. 문화복리주의에서의 운명

운명이 전적으로 가동적인 자유성이나 필연적 결정론 어느 한쪽에 기반을 둔 것이 아니라면, 인간의 활동은 어떻게 무엇으로 설명해야 하는가.

우리의 운명이 단순한 기계적 필연에 따라 움직이는 것이 아니라는 것은 인간사회에 존재하는 도덕이 증명해준다. 만일 단순히 필연성만 존재한다면 어느 누구도 자신의 행동에 책임질 이유가 없으며, 따라서 도덕이 필요 없다. 자유와 책임 또한 없다. 그 반대도 마찬가지다. 인생에는 자유만 있는 것이 아니다. 자유의지 속에서 아무리 치밀하게 계획을 세우고 구조화해도 우연이라는 요소를 완전히 배제할 수는 없다. 인간의 힘으로 어찔 수 없는 일이 생기기 마련이다.

왜냐하면 인간은 홀로 살지 않기 때문이다. 모든 사람은 다른 사람들과 함께 살아가야 한다. 사물과 관계를 공유한다. 사람과 사람 사이에는 복잡다기한 상호 관계가 존재하며, 인간과 사물 사이의 관계 역시 그렇다. 논리적으로 다 설명할 수 없다. 더구나 인간의 심리적 작용은 시간의 흐름과 변화에도 불구하고 하나의 동일한 주체로 존재한다.

주체인 '나'는 과거·현재·미래를 통합해 자기의식과 행위, 공간이 달라져도 단일하게 남아 있다. 인간사회에 존재하는 관계란 무한에 가까운 유한성을 지닌다. 인간으로서는 그 전부를 이해할 수도 없다. 예측하지 못한 우연은 늘 발생할 수 있는 것이다. 결국 우연이란 일종의 필연이라고 말해야 옳다. 인간은 자신의 모든 활동을 알아낼 수 없다. 관계 전체는 인식의 한계를 넘어서 존재한다. 인간은 오직 자신의 한계 내에서만 모든 관계들을 이해할 수 있을 뿐이다.

그러나 운명이란 과연 무엇인가. 인간의 현실은 과거의 총결산이며 미래를 향한 새로운 기반이다. 인간의 현실은 항상 역사적 현실에 입각한 현실이며, 역사적 현실의 입장을 떠난 단순한 현실은 없다. 따라서 과거란 단순한 과거가 아니라 현실의 퇴적이다. 자유의지로써 살아온 인간의 삶의 궤적이며 기록이자 역사이다.

생生이 존속되는 한, 엄격한 의미에서 과거도 없고 미래도 없으며 오직 연속되는 현실의 영원한 현재의 나열만이 존재한다. 그러나 현재는 구체적인 현실에 기반을 둔 채 자유의지에 의해 전개된다. 역사란 선천적으로 타고난 유전의 필연, 후천적 환경의 필연, 그리고 그것을 근본 모태母胎로 한, 인간의 자유의지에 의한 선택, 이 모든 것의 연속적인 과정을 의미한다.

운명이란 일상생활 속에서 구체적으로 무엇인가를 의지하고 선택하는 과정에 의해 결정되며, 어떤 선택을 했는가에 따라 삶이 좌우되는 것이다. 이렇듯 의지와 선택은 운명의 모태이다. 일상생활 속에서 행하는 무의식적인 의사 결정이 결국은 인생 자체를 변화시킬 수 있는 큰 동기가 될 수도 있다.

이제 주관의 객관화와 객관의 주관화(상호 관계)를 통해 주객관의 생성이 운명을 형성하는 것임을 말하고자 한다.

주관은 인간의 의사 결정이고 객관은 일체 환경의 힘과 필연이라고 말할 수 있다. 주관은 객관을 떠나서는 무의미하고 반드시 객관이라는 터에 입각하고서야 비로소 의미를 갖는다. 의미는 객관을 움직이게 하는 것이므로 객관은 주관에 의해 지배되는 동시에 주관을 규제해 필연의 힘에 순응하게 한다. 견물생심見物生心이라는 말과 같이 물건이 있으므로 나에게 어떤 마음의 자극이 일어나며, 나의 마음은 객관의 구체적 조건에 따라 그에 상응한 주관(관념)을 갖게 되는 것이다. 일례로 눈앞에 떡이 놓여 있으면 먹고 싶은 마음이 일어날 것이고 그 마음은 떡을 먹는 동작을 취하게 만들 것이다.

이와 같이 주관과 객관은 병립이나 대립이 아니라 상호작용을 하는 것이며 주관은 객관을 주관화하고 객관은 주관을 객관화한다. 깨끗한 나의 환경(객관)은 나의 마음(주관)을 정화하며, 그에 반응해 마음이 일어날 것이다(주관의 객관화). 또 이렇게 반응해 일어난 마음(주관)은 환경(객관)을 좀 더 나은 것으로 만들고자 노력할 것이다. 마음(이상화理想化한 마음)에 맞도록 고쳐 꾸미게 되는 것이다(객관의 주관화). '주관화된 객관'이 그 소재를 터(장場)로 해 다시 마음을 자극하고 그렇게 생겨난 마음은 환경에 영향을 미치는 상호작용을 하게 된다. 이러한 과정이 바로 횡적인 운명관의 추찰推察이다.

이탈리아의 철학자 크로체Benedetto Croce는 이와 같은 운명을 말해 '자유스러운 필연'이라고 했다. 그는 이를 설명하기 위해 물의 흐름을 예로 든다. 하류河流는 물이 흐르는 과정에서 형성된 하상河床에 의해 지배받는다. 그러나 하류는 자유롭게 흐를 수 있는 가능성을 가졌다. 하상에 전적으로 속하는 것이 아니다. 물의 흐름은 다시 하상을 변하게 할 수 있다. 우리들의 의식생활도 마찬가지이다. 지금까지 형성된 여러 가지 습벽習癖과 정욕情慾 또는 행동하는 태도나 몸가짐에 의해 지배받고 있다. 그러나 그것은 불변적이지도 절대적이지도 않다. 그 안에는 가동성이 존재한다. 자유의지로써 과거의 습벽과 객관적 환경을 변화시킬 수 있는 것이다.

이렇게 볼 때, 전세前世부터 모든 것이 결정이 돼 있다고 믿는 숙명론적 시각은 한계가 있다. 그 반대도 마찬가지다. 현세의 모든 관계가 필연적으로 삶을 속박하는 것에 반대해 모든 것이 자유롭게 성취된다고 볼 수도 없다. 그렇다면 진정한 운명관이란 어떤 것인가. 그것은 '자유로운 필연'이라는 말로 설명할 수 있다. 필연이라는 터[場]에 입각해 자유롭게 행위를 결정하는 것, 그것이 인간의 삶이자 운명이다.

현재의 시점에서 보면 모든 역사가 현실 이전에 존재하는 것처럼 과거는 필연적인 것이다. 미래 또한 자유롭다. 그러나 자유로운 것은 무한하지 않다. 자유란 과거의 필연 위에 존재한다. 과거에 형성된 관성慣性과 흐름에 의해 어느 정도 지배를 받으며, 자유는 바로 이러한 한계 속에서 시작된다.

환언하면, 미래는 항상 현재 위에서 성립되고 과거는 현실 안에 내재한다. 어제의 미래가 오늘이라는 시각에서 보면 이미 과거이듯, 자유 또한 제약이 존재한다. 자유가 미래를 향할 때에도 미래의 과거인 현재는 이미 고정돼 있다. 인간의 삶이란 현재의 영원한 계속이며, 엄밀한 의미에서는 미래도 없고 과거도 없다. 우리가 경험하는 것은 언제나 현재뿐이다. 말하자면 '현재의 앞으로의 나열'이 미래이며, '현재의 뒤로의 나열'이 과거이다. 따라서 인간은 이와 같은 두 계열, 과거의 필연과 현재 환경의 영향에 입각해 그 힘에 편승해 살아가면서도 그 자신의 자유 의지에 의해 방향을 돌릴 수 있는 것이다. 이것이 운명에 대한 종적인 성찰이다.

과거는 단순히 필연적으로 만들어진 삶의 퇴적만은 아니다. 과거 역시 현재의 영원한 계속이며, 현재란 역사의 관성과 인간의 자유로운 의사 결정이 결합해 만들어진 것이다. 이것이 니시다 기타로[19]가 말한 영원한 현재이며 다나베 하지메[20]가 말한 역사적 현실이다. 이를 잘 이해한다면 일상생활에서도 의사 결정

---

19 西田幾太郎. 1870~1945. 일본 철학자. 주요 저서는 『선의 연구』.

20 田邊元. 1885~1962. 일본 철학자. 주요 저서는 『실존과 사랑과 실천』(1946), 『그리스도교의 변증법』(1948) 등.

을 신중하고 깊게 행할 것이며, 미래로 나아가되 역사적 현실을 무시하지 않을 것이다. 역사의 한계 내에서 자유로운 인생의 건설과 발전을 꾀할 수 있다.

노력하는 행위는 미래 운명의 관건이다. 노력이란 삶의 운전대와 같다. 지금까지 달려온 속도 속에서 방향을 잡아 자유로운 분야로 운행해갈 수 있다. 굽히지 않는 추진력, 조직적이고 합리적인 행동과 의사 선택을 통해 올바른 방향을 정하고 삶을 개척해가야 한다. 운명을 탄식만 해서는 안 된다. 자포자기해서도 안 된다. 새로운 기상과 박력으로 운명에 도전하자. 운명을 극복하고 타개해 마침내 새로운 인생을 건설하자. 과거를 운명론적으로 비관하지 말고 희망과 과감한 투지로 맞서야 할 때다.

제6절 행복

1. 행복이란 무엇인가

넓은 의미에서 행복은 인간의 주관적 요구가 만족 상태에 도달하는 것을 의미한다. 키레네 학파[21]와 에피쿠로스 학파[22] 또는 벤담이나 밀은 행복의 본의를 개인의 감성적 요구의 만족에 두었고 쇼펜하우어는 소극적인 견지에서 고통 없는 상태를 행복이라고 말했다. 키닉 학파[23]와 스토아 학파는 자족이나 무욕을 행복이라 했다. 아리스토텔레스나 플라톤, 스피노자나 라이프니츠 같은 사람들은 인격의 완성 혹은 덕德을 통한 이성적 만족을 행복이라 했다. 신플라톤 학파나 기독교에서는 열락悅樂, 다시 말해 신의 축복을 최고의 행복이라 한다.

이렇게 행복에 대한 인식은 같지 않다. 각양각색이다. 그러나 행복이라고 하는 것은 고금을 통해 전 인류의 추구의 대상이 됐고 동경과 흠모를 낳는 삶의 가장 큰 목적이다. 국가는 전체의 입장에서, 개인은 개인의 입장에서 행복을 추구한다. 행복은 인간 활동의 목적이고 생生의 모든 대상인 것이다.

사색하는 인생이라면 또 고민하는 청춘이라면 누구를 막론하고 인간인 이상은 자기의 행복을 안 그려본 사람은 없을 것이다. 또 그것을 추구하고 달성하기 위해 노력을 하지 않은 사람도 없을 것이다. 이처럼 인간은 살기 위해 먹고 행복하기 위해 산다.

---

21 Cyrenaic. 그리스 철학. BC 3세기 도덕철학 주장. 쾌락을 선의 기준이며 훌륭한 삶을 이끄는 근원으로 해석.

22 Epicureanism. 그리스 에피쿠로스(BC 341~270)의 쾌락주의를 기반으로 한 학파.

23 Cynic. 견유학파犬儒學派. 그리스 철학. '자연 그대로'를 주장한 디오게네스 등에 의해 주창됐는데, 사유 체계보다는 사회 관습을 파괴한 생활 방식 실천.

인간의 모든 활동은 행복을 향해 집중되고, 이를 위해 기운을 내고 때로는 삶을 희생시킨다. 행복을 얻기 위해 고민하고 투쟁한다. 고민이 인생의 꽃이라면 행복은 인생의 열매와 같다. 인간은 행복을 얻기 위해 어떠한 수고나 희생도 감수한다.

그러나 무엇이 진정한 행복이며, 가치인가. 행복은 부와 권세인가, 아니면 자기완성인가. 개인의 열락인가, 아니면 인류사회를 위한 건설인가. 행복이 무엇인가 하는 것은 그 자체로 난제가 아닐 수 없다. 사람들은 각자 소신에 따라 행복을 추구할 것이다. 행복을 위해 참고 견디길 원하는 사람이 있는가 하면 향락적 쾌락을 얻으려 노력하기도 한다. 때로는 믿음으로 열락을 얻고자 하며, 때로는 부를 집적하거나 입신양명해 권세를 잡으려고 한다. 인간은 각자 자신이 믿고 원하는 것을 얻기 위해 노력하고 그것이 곧 행복을 향한 과정이라고 생각한다.

그러나 세기가 변하면서 가치도 변했다. 모든 것을 근본 원리에 비추어 설명하는 유리론唯理論에서 인간의 행위를 목적에 비추어 바라보는 목적론으로 변하면서, 행복의 내용도 달라졌다. '덕德'을 행복이라고 생각하던 것에서 '복福'을 행복이라고 생각하는 데로 나아갔다. 이로써 지금까지 이성주의자들에 의해 저속하고 비열하다고 부정됐던 '복'이 중요해진 것이다. 덕을 위한 생활이 중시됐던 시대로부터 복이 중요한 사회로 이동한 것이다. 이제 복은 가치의 본질이며, 도덕의 기초가 됐다. 복이 진실을 대신하게 된 것이다. 이러한 변화가 가능했던 것은 사유 체계가 인간을 타율적인 존재에서 자율적인 존재로 이해하고, 신 중심에서 인간을 위한 사유 체계로 변화했기 때문이다. 그러나 칸트와 헤겔은 인간은 덕을 통해 살아야 하며 복을 추구하는 것은 저속한 일이라고 말했다. 이성은 인간생활에 있어서 최고의 절대가치일 뿐만 아니라 인간에게 존엄성과 가치를 부여하는 덕의 생활을 가능케 한다. 이러한 덕의 철학을 완성한 18세기 칸트의 이성주의는 '목적의 왕국Reich der Zwecke'으로 집약된다. 그러나 이제 세상은 덕보다는 복이 더 현실적으로 요청되고 있다. 금욕을 통한 덕의 완성이 아니라 복의 추구와 복지사회 건설이 인간사회의 목적이 됐다.

2. 행복의 제 차원

행복에 대한 시각은 크게 세 가지로 요약된다. 금욕주의적 행복관, 쾌락주의적 행복관, 그리고 실용주의적 행복관이 있다.

첫째, 금욕주의적 행복관은 행복의 본질을 덕에 두는 것이다. 인간은 현상적인 물욕에 사로잡혀 '욕망의 노예'가 돼서는 안 되며 인격을 완성하기 위해 노력해야 한다. 따라서 덕을 닦는 것은 인간의 본질적인 임무이다.

본래 금욕주의란 선악의 이원론二元論에 따라 인성人性을 논하는 시각이다. 이성을 선의 근본으로, 감성(충동·욕망)은 악의 근원이라고 본다. 덕을 얻기 위해서는 감정과 욕망을 억압해야 한다. 인간의 완성은 최대한 금욕할 때, 물질적 결핍과 불만족에 대한 감정을 극복할 때에야 달성된다. 피타고라스 학파와 견유학파, 스토아 학파와 중세 기독교, 칸트와 플라톤 등 많은 학자들이 이성을 강조하고 욕망을 극복할 것을 주장했다. 고행을 통해 인격을 수양하고 자기완성을 위해 노력해야 한다.

금욕주의적 행복관은 물질적인 자기만족에 행복을 두지 않는다. 물질적인 욕망을 제어함에 따라 신과 통할 수 있고 자기완성을 할 수 있다. 행복은 바로 이 금욕의 과정에서만 존재한다. 현실의 모든 곤란과 싸워 이를 극복할 뿐만 아니라 스스로 고행하고 희생함으로써 덕을 얻는다. 이러한 덕의 완성이야말로 행복이다.

둘째, 쾌락주의적 행복관은 정반대다. 덕을 통한 수양이 아니라 현실적 쾌락을 충족시킴으로써 행복을 얻는다는 생각이다. 인간은 욕망을 억제하는 것이 아니라 성취함으로써 행복해진다. 행복해지기 위해서는 결핍을 극복하고 인내하기보다 쾌락을 충족시켜야 한다. 물론 이러한 생각에도 차이는 있다.

밀이나 아리스티푸스[24]는 질보다 양을 중시해 육체의 쾌락이 정신의 쾌락보다 강하다고 말한다. 그러나 벤담은 양보다 질을 중시한다. "만족하는 돼지가 되기보다 배고픈 인간이 되는 것이 더 낫고, 만족스러운 바보가 되기보다는 불만족스러운 소크라테스가 되는 편이 더 낫다"고 한 그의 말은 매우 유명하다. 이외에도 이기적 쾌락주의, 이타적 쾌락주의 또는 진화적 쾌락주의(공리주의功利主義) 등이 있다.

그러나 이 모든 사상들은 현실적 쾌락을 행복의 내용으로 하고 있다는 점에서 공통적이다. 다만 내용과 추구 방식에서 차이를 보인다. 어떤 의미에서는 쾌락주의 또한 일종의 목적론이라고 말할 수 있을 것이다. 다만 그것은 내세가 아니라 현실에서 물질적 혹은 정신적 향락을 추구한다. 진정한 행복을 현실에서 최대한 향락을 누리는 것에서 찾는다.

셋째, 실용주의적 행복관은 쾌락적 행복관과 비슷하면서도 다르다. 현실적 쾌락을 추구하면서도 진眞·선善·미美·성聖과 같은 추상적인 판단 기준을 부정한다. 이利·효效·용用과 같이 실제적이며 현실적인 표준에 의거해 행복을 선택하고 판단한다. 실제적인 이익과 효용가치가 없다면 행복이 아니다.

일견 타당하다. 그러나 이러한 관점은 존재론적 시각만 있을

---

24 Aristippus. 그리스 철학자. 소크라테스의 제자로 쾌락의 윤리학을 내세운 키레네 학파 창시.

뿐이라는 점이 한계이다. 객관에 편향해 실용성만을 중시함으로써 주관주의의 여러 사실을 고려하지 못했다. 이 때문에 듀이는 실러나 제임스와 달리 주지적·사회적 여러 요소를 가미해 주관과 객관을 도구주의와 결합시켰다. 그러나 목적과 선善 사이의 한계가 불충분하다. 실용적 이익과 효용을 도덕성으로 치환하는 것은 오류가 아닐 수 없다.

이익이 선이요 행복이라면, 그것은 지나치게 범위가 넓고 추상적이다. 이익과 효용이 모든 이의 행복이라고 말할 수는 없다. '행복'과 '이利·효效·용用'은 그 한계 자체가 다르기 때문이다. 실용적 충족이 행복의 조건 가운데 하나이지만, 인간은 아무리 많은 이익이 생기는 물건을 가져도 불행을 느낄 때가 있다.

이처럼 행복에 대한 견해는 다르다. 부富와 권세 또는 인격의 완성에 대한 견해에서 분명한 차이가 드러난다. 부는 행복의 조건은 될 수 있으나 행복 그 자체는 될 수 없다. 물론 부를 획득하면 행복하겠지만 완벽한 행복은 아니다. 어떤 이는 행복이 권력에서 나온다고 말하기도 한다. 그러나 상호부조와 만민평등의 시대에 권력이 행복을 대체한다고 믿는 것은 잘못이다. 이는 약육강식과 힘 만능주의가 존재했던 세계에서나 가능한 일이다. 민주주의 사회에서 권력이란 민의를 실천하기 위해 부여받은 자격일 뿐, 행복의 조건은 아니다.

그렇다면 인격의 완성만이 행복인가. 물론 인격 수양은 모든 사람들이 서로 협동하고 합리적인 방식으로 공리功利를 추구하기 위해서는 불가결하다. 그러나 인격을 수양하는 방식이 수도자의 것만 있는 것은 아니다. 인격 완성의 목표가 신격과 같은 절대적인 것만을 의미하는 것은 아니리라. 따라서 우리가 말하는 인격 수양이란 신을 목적으로 하지 않는다. 인간의 삶 안에서 요구되는 인격, 인간사회에 적합한 인격을 닦고 수양하자는 의미이다. 가령 민주주의 사회에서는 그에 맞는 특별한 인격이 요구되며, 이것을 수양하는 것이 무엇보다 중요하다. 또한 인격 수양 혹은 인격의 완성 자체가 목적이 돼서는 안 된다. 인격은 인간사회로부터 분리되지 않는다. 인격을 완성하는 일이 곧 행복을 의미하는 것은 아니기 때문이다.

3. 문화복리주의에서의 행복

진정한 행복을 알기 위해서는 삶의 모든 면을 고찰하지 않으면 안 된다. 요면凹面과 철면凸面처럼 삶의 다양한 양태를 이해하지 못하면, 행복의 의미를 파악할 수 없다. 그것은 우리가 도덕적 이상을 그리기 위해 그것의 보편적이고 본질적인 두 측면을 모두 고찰하고자 했던 것과 같은 이치이다. 행복을 제대로 이해하기 위해서는 행복이 지닌 객관적 측면과 주관적 측면을 모두 이해해야 한다. 행복이란 욕망에서 해방된 상태Apatheia도, 고통에서 해방된 상태Ataraxia도 아니다. 또 육체적인 쾌락과 만족만을 행복이라고 할 수도 없다. 진정한 행복은 물질적 토대 위에 선 주관의 만족과 주관 자체의 가치화에 있다.

정신적인 인격 도야를 행복이라고 말하기도 한다. 정신적인 인격을 완성해 완전한 상태에 도달함으로써 신에 가까워지기 위해 수양하는 삶도 있다. 그러나 그것이 진정한 '삶'의 가치가 될 수는 없다. 인격 수양은 인간사회가 필요로 하는 것을 온전하게 갖추는 데 그 목적과 이상이 있어야 하며, 신격과 같은 인격을 도야하는 데 목적을 두어서는 안 된다. 우리가 말하는 문화복리주의는 현실의 필요와 요구 또는 이상과 분리해 인격을 생각하지 않는다. 진정한 인격의 도야란 완성된 존재가 되는 것이 아니라 완성돼가는 과정을 의미한다.

행복도 이러한 관점에서 이해돼야 한다. 쾌락주의도, 금욕주의도 혹은 이성중심주의도 현실적 영역을 떠나서는 행복을 얻을 수 없다. 문화와 물질문명은 서로 다른 차원이 아니라 하나의 궤도 위에 있다. 현실에 근거한 삶의 추구가 진정한 인격의 도야이며, 이것이 곧 행복의 길이다.

문화복리주의는 인류의 문화세계를 창건하는 데 인생의 의의를 두고 문화의 왕국을 이룩해 그 문명의 혜택을 향유하는 일에서 진정한 행복을 찾는다. 객관에 대한 주관적 만족, 객관적 요구에 대한 주관의 가치화가 곧 행복이라고 할 때, 진정한 행복은 소극적인 의미의 인격 완성이나 수양도 아니고, 권리 획득이나 부의 집적도 아니다. 오로지 문화세계 안에서, 고도의 문화·문명을 향유하면서 자신의 가치를 진지하게 도야하고 건설하는 데 행복의 의미가 있다.

다시 말해 행복이란 향유와 건설, 두 가지 차원을 지닌다. 문화세계에서 얻는 일체의 행복을 향유하고 문화세계 자체를 건설할 수 있는 가치를 만드는 두 개의 과정이 곧 행복이다.

제7절 삶과 죽음

1. 죽음이란 무엇인가

플라톤은 죽음을 영혼이 육체로부터 분리되는 현상이며 인간의 정화라고 말했다. 육체 활동이 정지되고, 정신 작용이 사라져버리는 것이 곧 죽음이다. 에피쿠로스 학파는 죽음의 슬픔이 살아 있는 감각을 상실하는 것보다 영생을 이룰 수 없다는 데 있다고 말한다. 또 키케로[25]는 살아 있는 인간은 죽음을 느낄 수 없고, 죽은 후에는 죽음을 인식할 수 있는 주체 자체가 없다고 말했다. 예수는 죽음은 하느님에게로 가 영생을 얻는 것이라고 말했다. 라이프니츠는 엄밀한 의미에서는 죽음은 있을 수 없고 다만 유기체의 포장L'enveloppement과 감소La diminution가 있을 뿐이라고 말했다. 헤르더, 크로체, 베네케,[26] 피히테, 헤르만 같은 이들도 죽음을 새로운 삶이라고 말한다. 필경 죽음이란 육체적 활동의 멈춤과 생生의 중단만을 의미할 수는 없다. 죽음이란 이 세상의 인간 모두에게 주어진 평등한 필연이다.

그렇다면 왜 우리는 죽음을 두려워하는가. 죽음이 두려운 것은 고통에 대한 두려움과 경험하지 못한 세계에 대한 공포 때문일 것이다. 대부분의 사람들은 미지의 세계를 두려워한다. 아무리 익숙한 장소라도 밤이 되면 무섭다. 아무것도 보이지 않기 때문이다. 또 누구나 한 번도 가보지 못한 곳에 대한 두려움이 있기 마련이다. 광야曠野나 심산深山을 홀로 걸으면 우리는 맹수의 습격을 두려워하고 낯선 사람을 경계한다. 마음이 극도로 긴장

25 Marcus Tullius Cicero. BC 106~43. 로마 정치가, 법률가, 웅변가.

26 Friedrich Eduard Beneke. 1798~1852. 독일 철학자. 사변철학에 반대해 심리학을 철학적인 학문의 기초로 인식.

하면서 풀잎 하나에도 놀란다. 미지의 세계를 두려워하는 것은 아마도 본능적인 행위일 것이다. 자기 자신을 보호하고자 하는 본능적 감각이 공포를 만든다.

과연 공포란 무엇인가. 그 본질을 탐색해보자. 가만히 들여다보면 공포는 자신의 육체를 보호하고자 하는 마음의 충동 이외에 어떤 것도 아니다. 육체적 고통에서 오는 일종의 심적 현상이 공포인 것이다. 공포란 육체적 고통과 압제 혹은 제재를 떠나서는 있을 수 없다. 육체적인 고통을 수반하지 않는 공포란 불가능하며 가능하다면 그것은 미신에 의한 것이다. 그러나 현대세계에서 미신이란 이미 무가치한 것으로 판명이 났으며, 따라서 우리가 공포를 느낄 이유 또한 존재하지 않는다. 죽음에 대한 공포는 무지하고 원시적인 심적 가상假想에 의해 발생한다. 실제의 고통보다 고통에 대한 상상이 공포를 만들 뿐이다.

2. 문화복리주의에서의 삶과 죽음

죽음은 과연 무섭고 두려운 것인가. 죽음이란 도대체 무엇인가. 하이데거는 죽음을 넓은 의미에서 생生의 현상이라고 말했다. 후설은 삶을 삶으로 만드는 것은 죽음이라고 말했으며, 에피쿠로스는 인간은 살아서 죽음을 경험할 수 없으며, 죽음에 이르렀을 때에는 이미 우리는 우리 자신이 아니며 거기 존재하지 않는다고 말했다. 인간은 영원히 죽음을 만날 수 없다는 것이다. 이것은 삶 없는 죽음이 없고, 죽음 없는 삶이 없다는 것을 표현한 것이다.

인간이 살아 있는 생명체인 한, 죽음은 피할 수 없다. 죽음은 생명의 자연스러운 현상이다. 죽음은 인간의 숙명이다. 죽음을 피할 방법은 없다. 주어진 것 이상으로 연장할 수도 물리칠 수도 없다. 영생이란 불가능하다. 그럼에도 인간은 죽음을 피하고 삶을 유지하고자 한다. 삶에 대한 애착과 미련을 버리지 않는다. 그러나 죽음을 피하려는 모든 노력은 결국 무용無用하다. 죽음을 부정하는 것은 부질없는 노력에 불과하므로 죽음에 대한 번민과 염려에서 벗어나 생을 뜻깊고 의미 있게 살 수 있는 방안을 찾아야 한다. 오히려 죽음에 대한 걱정을 삶의 풍요와 인류의 행복에 집중하는 것이 옳다. 죽음을 생의 의지로 만들어야 한다. 그것이야말로 인간이 꿈꾸는 진정한 삶의 방편이리라.

인간으로 태어나 성장하고 노쇠해 죽음에 이르는 길은 피할 수 없는 과정이다. 그러나 죽음에 대한 태도는 천차만별이다. 시인은 늙고 약해지는 것을 노래로 지었으며, 권력이 있는 사람들은 영세榮勢를 버릴 수 없어 불로장생을 꿈꾸었고, 어떤 이는 미신에 의지하고 또 어떤 이는 구도求道의 길을 걷는다. 혹은 종교를 통해 내세에서 안락을 구하려 한다. 많은 사람들이 영생을 얻기 위해 온갖 고행과 번민으로 애를 태운다.

만약 내 자신이 일주일 후에 죽는다는 것을 미리 안다면 어떤 태도를 가질 것인가. 어떤 사람은 낙심해 반사半死 상태에 이를 것이다. 어떤 이는 울고불고하며 자포자기할 것이며 또 어떤 이는 죽음의 허무를 견디지 못하고 쾌락에 젖을 것이다. 어느 누구도 죽음 앞에서 삶을 반성하고 일주일일망정 인류사회를 위해 봉사하다가 죽으리라 쉽게 마음먹을 수 없다. 죽음 앞에서 오히려 삶에 대해 경건한 마음을 가질 수 있는 성찰하는 인간이 몇이나 될까. 그러나 인간으로 태어나 숙명적 운명을 탄식하며 향락을 일삼고 방탕하게 살다 죽어가는 것보다 더 값진 일이 있지 않은가. 염세적 마음속에서 어차피 죽으니 쾌락적으로 살겠다는 마음은 얼마나 허망한가. 인생을 낭비하지 말고 진정으로 참삶을 살 수 있는 방법을 구해야 한다.

진정으로 삶이 죽음을 피할 수 없고 그래서 허무한 것이라 하면, 반대로 우리는 한밤에 꾸는 허망한 꿈 같은 쾌락에 젖어 삶을 낭비해서는 안 되지 않는가. 쾌락은 눈뜨면 사라지는 꿈과 같다. 향락에서 빠져나와 진정으로 영생할 수 있는 참삶을 꿈꾸지 않으면 안 된다. 더구나 젊은이라면 죽음의 두려움에 굴복해 정열을 낭비할 것이 아니라 역설적으로 죽을 것이기 때문에 정열을 다해 삶을 일궈나가야 옳다.

우리가 죽음을 두려워하는 데는 또 다른 원인이 있다. 살면서 행한 일에 대해 사후에 심판을 받는다는 생각 때문에 죽음을 두려워하는 것이다. 죽음을 고통스러운 것으로 잘못 믿고 있기 때문이다. 이는 비과학적이고 이치에 맞지 않는 무지한 생각일 뿐이다. 진실로 죽음의 고통을 믿는 것은 허무한 일이 아닐 수 없다. 인간은 육체가 있어야 고통을 느끼며, 육체가 없다면 고통 또한 없다. 다시 말해 죽은 자에게는 고통이 있을 수 없다.

종교가들은 육신은 땅에 묻혀도 혼이 있어 세상을 떠돌아다닌다고 말한다. 사후에는 천국과 지옥으로 들어가고, 지옥은 타는 고통이 주어진다고도 한다. 단테의 『신곡』에서 그려지는 연옥과 같다. 그러나 그것은 어떤 증명도 불가능한 허언이다. 육체가 있어야 감각이 있고, 아프다든가 따갑다든가 쏜다든가 하는 감각을 느낄 수 있다. 육체는 땅에 있는데, 영혼만 홀로 피안에 다다를 수 있다고 어떻게 말할 수 있겠는가.

감각할 수 있는 몸이 없는데 어떻게 통감痛感, 압감壓感, 냉감冷感 등을 느낄 수 있겠는가. 만약 육체 없는 영혼이 아픔을 느끼고 괴로움을 당할 수 있다면 인간은 살아서보다 더 큰 고통을 느낄 것이다. 그러므로 죽은 후에 당할 고통에 대해 두려움을 역설하는 것은 합당한 이치를 가지지 못한 낭설일 뿐이다. 우리가 인간을 직시하고 과학적이고도 바른 인간관을 가져야 하는 이유가 여기에 있다.

태고의 선조들이 동물과 같이 생활했으며 문화도 이지理知도 원시적이었다는 것은 누구도 부인하지 않는다. '신이 인간을 창조한 것이 아니라 인간이 신을 봉대한 것이다'라는 말이 있다. 인간은 자신의 필요에 의해 신을 섬긴다. 앞에서 말했듯, 인류문화와 자유·평화를 건설하기 위해서는 종교나 신의 존재가 필요하다. 아인슈타인은 인간이 죽은 후에도 신의 상벌을 받거나 다시 어떤 필연에 얽매이게 된다면 그 이상 가련한 일이 없을 것이라고 말하면서, 자기가 알고 있는 한 결코 그런 일은 없다고 역설했다.

죽은 후에 과연 무슨 일이 있을 수 있겠는가. 그러나 인간은 동물과는 다른 길을 걷는다. 기독교에서 말하는 영생이나 불교에서 말하는 적멸寂滅·열반 같은 것이 아니라, 현세에 문화세계를 세우고 이를 통해 진정으로 영원히 사는 방법이다.

참된 영생이란 현실에서 안심입명安心立命하며 행복하게 살고, 죽은 후에는 피안이 아니라 바로 이 세상에서 영원히 사는 것을 말한다. 영원히 살고 있는 이들이란 누구일까. 소크라테스, 플라톤, 아리스토텔레스가 그러하고, 시저, 키케로가 그러하다. 갈릴레오와 코페르니쿠스, 칸트와 피히테, 페스탈로치와 가가와 도요히코賀川豊彦, 에디슨과 아인슈타인, 듀이와 앙드레 지드 등 영원히 우리와 함께 살고 있는 불멸하는 존재들을 생각해보라.

만약 인간에게 영생의 길이 있다면 오직 이 길 하나밖에는 없다. 그러니 세상에서 자신의 행幸을 추구하다가 그냥 썩어버리고 말아야 하겠는가. 그렇지 않으면 한 알의 열매처럼 땅속에 묻혀 몸은 소멸하나 싹이 나고 가지를 뻗어 꽃을 피우고 결실을 맺을 것인가. 인류를 위해 자신을 희생하고 썩히는 가운데서만 영원히 살길을 얻을 수 있다. 이기적 욕망에 사로잡히거나 쾌락과 안락을 추구하는 정념情念의 노예생활에서 뛰쳐나와 값있는 인생이 되기 위해 가치 있는 인생을 건설하도록 노력해야 하겠다.

삶과 죽음에 대한 생각을 초월해 큰 뜻을 품고 인류문화 발전과 세계의 자유·평화를 위해 자신을 바치고 새로운 가치를 창조함으로써 세계 인류에 도움을 준다면 그것이야말로 영생하는 것이 아닌가. 예술은 길고 인생은 짧다는 말도 있다. 예술뿐이겠는가. 우리가 살아가는 모든 분야가 그러하리라. 거기에는 종교도 포함된다. 자기 자신에게 적합한 길을 택해 이기심을 버리고 인류를 위해 공헌하는 길만이 참된 종교의 본의라고 말할 수 있다.

문화세계의 건설이란 바로 이와 같은 인류 영생의 길이다. 편협한 생각으로 하나의 단체나 국가의 야망을 위해 살아가지 말고 인간을 가치화하고 영생할 수 있는 옳은 길을 찾아가지 않으면 안 된다. 여기에 어떻게 죽음의 공포가 끼어들 수 있겠는가. 세상에서 몇 년 더 살며 편안하게 향락하려는 생각은 버리고 맨발 벗고 대자연의 흙에 발을 디디고 땀과 노력으로 인류의 문화세계를 건설하자. 그리하여 인류가 마땅히 나아가야 할 영생의 길로 나아가자. 소크라테스는 최후의 독배를 흔연히 마심으로써 영생의 길을 갔다. 우리 또한 그럴 수 있다. 인류를 위해 봉사하고 문화세계 창건에 이바지한다면 인간은 현세는 물론 죽은 후에도 영원히 살 수 있다.

제8절 인류의 사명

1. 참다운 삶

가치란 일반적으로 주관의 요구, 특히 정의情意의 요구를 만족시킬 수 있는 객관적 존재를 말한다. 가치 인생의 건설이란 리케르트[27]나 빈델반트[28]에서 볼 수 있는 가치관이 아니라 그야말로 인간의 현실사회에 대응한 민주주의적 가치 인생관이다. 로체[29]나 브렌타노[30] 등의 진선미眞善美 같은 관념적·형이상학적 가치관과는 거리가 멀다. 오히려 실러 혹은 듀이에서 찾아볼 수 있는 생활 가치관과 비슷하다. 무한한 절대계絶對界를 표방한 가치관이 아닌 현실의 다원적 민주주의 사회에 부합하는 가치관을 말하는 것이다.

단적으로 말해 인류사회에서 신격을 목표로 한 인격 도야가 가능한가. 인간은 이성과 감성을 갖고 있으며, 아무리 수양을 해도 먹지 않고 살 수는 없다. 인간이 부처나 천사가 되는 것은 불가능하다. 인간은 선할 수도 있고 악할 수도 있다. 인간의 힘으로는 신의 나라를 현실에 건립할 수 없다. 천국을 만들 수 없는 것이다.

인격을 수양하고 도야하되, 신격과 같이 완전한 존재가 아니라 현실에 살아가면서 인간으로서 가장 이상적인 존재가 되기 위해 정진하는 것을 목적으로 해야 한다. 가치 인생도 그런 것이다. 우리에게 요구되는 것은 민주주의적 인간으로서 가치를 도

27 Heinrich Rickert. 1863~1936. 독일 철학자. 신칸트 학파. 주요 저서는 『인식의 대상』(1892).

28 Wilhelm Windelband. 1848~1915. 독일 철학자. 신칸트 학파.

29 Rudolf Hermann Lotze. 1817~1881. 독일 철학자. 유신론적 관념론 창안.

30 Franz Brentano. 1838~1917. 오스트리아 철학자, 심리학자. 심리학을 철학의 기초로 인식.

야함으로써 인류사회에 봉사하는 삶이다.

알려 하고 얻으려 하고 일하려 하는 박력 있고 진취적인 인간, 더 좋고 더 우수하고 더 편리한 것을 이루기 위해 노력하려는 인간, 문화세계 건설에 의욕을 불태우는 인간, 그것이 인류세계를 진정으로 행복하게 하는 문화세계 창조의 역군이 될 수 있다. 그들만이 완전한 민주주의적 인격의 소유자며 민주주의의 건설자요 실천가이다. 세력을 획득하기 위해 인격을 상실하지 않으며 재물을 탐해 장래의 희망을 포기하지도 않을 것이다. 경쟁의 수라장修羅場도 쟁탈의 격투장도 아닌 민주주의 세계가 그들의 땅이다. 그들은 현실을 희생해 내세의 영관榮冠을 쓰려 하지 않고 기적에 현혹돼 과학을 불신하지도 않는다. 인간의 현실적 임무를 역사적·과학적으로 정확히 파악해 올바른 인격 도야와 인류를 위한 문화세계를 건설하려 한다.

참다운 가치 인생의 건설이란 진정한 민주주의를 실천하는 인격과 건설의 본질 의식에서 찾아볼 수 있다. 인류사회의 발전에 공헌하는 삶이 진정한 자기완성이자 가치 인생이다. 가치 인생을 건설한다는 것은 막연한 관념적 인격 완성이 아니다. 사회인으로서 또는 국제인으로서 협동과 창조의 문화생활을 하고 이에 가장 적합하고 이상적인 인간이 되기 위해 노력한다는 것을 의미한다.

2. 인류가 나아갈 길

문화세계의 윤리적 기초를 세움으로써, 이제 우리는 '인간은 누구를 위해 살아야 하는가'라는 물음에 답할 수 있게 됐다. 그러나 여전히 남는 물음이 있다. '우리는 무엇을 해야 하는가'라는 질문이다.

과거 인류는 신을 위해 살았고, 내세를 위한 준비로 현세의 온갖 정력을 소모시켜왔다. 그리고 현대에 들어와서는 제왕과 지도자를 위해, 혹은 국가를 위해 자신을 희생하는 윤리를 실천해왔다. 제7절에서는 이 모든 것이 인류의 나아갈 길이 아니었음을 밝혔다. 그렇다면 과연 인간은 무엇을 해야 하는가.

인간사회를 신이 주재하고 있지 않다는 것을 안 이상 가상假想의 존재인 신을 위해 일생을 희생할 수는 없다. 인민을 위한 국가목적을 가지지 않은 국가의 명령에 종속돼서도 안 된다. 인간은 누구나 삶이 다하면 먼지가 돼 사라진다. 그럼에도 이 생을 무의미하게 낭비할 수 있을 것인가. 이 세계에서 살아가는 한 조금이라도 인류사회를 위해 도움이 되는 길을 개척해야 할 것이다. 그렇지 않고 동물과 다름없이 목숨이 다할 때까지 무위도식하다가 죽는 것은 얼마나 안타까운 일인가.

우리가 죽음의 의미를 제대로 인식하는 한 눈앞의 이욕과 향락에 도취해 살아갈 수는 없다. 인류사회를 위해 자신의 가치를 완성함으로써 세상에서 영생할 수 있는 길을 밟아 나아간다는 것이 얼마나 중요한 일인가. 내세가 없고 현세만이 있다면 생활방식을 개혁해 현세를 위한 삶을 살아야 한다. 나 하나의 향락적 만족에서 벗어나 '우리'의 행복관을 세울 수 있어야 한다. 우리 모두를 위한 공공복지를 정립함으로써 건전한 행복을 추구하는 유類적 존재의 의미를 발견해야 하는 것이다.

흔히들 인간이란 분립하면 대립되고 대립하면 서로 침략을 반복하는 상투호침相鬪互侵 관계가 된다고 말한다. 그 말이 진실이라면 서로 침탈하는 가운데서 자기의 행복을 얻을 수 없다는 것은 분명하다. 인간은 상호부조하고 협조해 공공복리公共福利를 달성할 수 있는 조직에서만 자기의 최대의 행복을 달성할 수 있다. 이는 이미 인간이 수천 년간 살아오면서 체험한 바다. 사회생활만이 인간이 가장 유익하게 살 수 있는 길이요 도덕생활이 인간을 안전하고 평화롭게 할 수 있다는 것을 우리 선조는 믿었기 때문에 그렇게 살아왔다. 만일 그렇다면 공동생활 속에서 행복을 찾고 사명과 생활 이념을 발견하는 일은 인류가 당연히 나아갈 길이 아닐 수 없다.

하루바삐 이 세계를 통합해 하나의 세계를 이루고 또 그 세계를 행복으로 단장하기 위해 우리들은 문화세계 창건에 힘을 모아야 한다. 이것이 우리의 할 일이요 인류가 매진해야 할 목표인 것이다. 실로 이것은 전체 인류가 바라고 동경하는 이상세계요 목적사회가 아니고 무엇이겠는가. 하루빨리 생활의 불편을 제거하고 고통을 없애 생활에 적합하고 건전한 행복사회를 만들고 이 세계를 문명된 세계로 이끌어가야 한다.

그리고 이 행복한 세계를 내세가 아닌 바로 이 현실에서 이룰 수 있도록 노력해야 한다. 우리는 쓸데없이 내세의 천국을 미신할 것이 아니라 우리의 힘이 미치는 범위 내에서 현실 세상에다 극도로 발달된 문화문명을 구축함으로써 확실한 행복을 얻어야 할 것이며, 분열로 서로 죽고 죽이는 고통에서 벗어나 통합된 하나의 인류세계를 창건해야 한다. 이를 통해 영원한 세계 평화와 자유 복리를 추구하는 것이 우리 인류의 취해야 할 가장 현명한 행동이다.

인류의 유일한 길은 오직 하나의 세계를 창건하는 것이다. 인류 전체가 행복해지기 위해서는 문화세계를 건설함으로써 최대한 문명의 혜택을 누리고 그 속에서 자신의 가치를 실현하는 길밖에 없다. 신은 이제 더 이상 인류의 목적이 될 수도 없고, 돼서도 안 된다. 인류가 꿈꾸어야 할 대상은 인민을 행복하게 하는 진정한 민주주의 사회이다. 민주주의에 의해 완성된 문화사회, 그것만이 우리가 삶의 목적을 두어야 할 유일한 길이다.

제2장

철학적 기초

제1절 국가

1. 국가의 개념

국가는 일정한 토지와 국민을 통치하는 주권이 작용하고 있는 정치체를 의미한다. 그 기원에 관해서는 대략 아래의 여섯 가지 설이 있다.

① 신의설神意說: 국가란 신의를 기반으로 창설된 인간의 지연단체이다.

② 계약설契約說: 민의의 묵시적 승낙을 기반으로 계약에 의해 국가가 발생한다.

③ 가족설家族說: 국가는 씨족에서 부족으로 또 부족 연맹으로 확장되면서 발달해왔다는 시각에서 국가를 가족의 연장인 대가족 개념으로 이해한다.

④ 재산설財産說: 재산·토지의 영유領有에 의해 만들어졌으므로 국가의 본질은 재산 관계에 있다.

⑤ 실력설實力說: 국가란 세력이 강한 자가 약자를 실질적으로 지배하면서 형성된 것으로, 국가의 본질은 주종의 복종 관계이다.
⑥ 심리설心理說: 국가는 국민의 공동 의식에 의해 집결된 단체이다.

이러한 국가관을 목적에 비춰 살펴보면, 크게 두 가지이다. 통치자를 위한 국가관과 피치자被治者를 위한 국가관이 그것이다. 통치자를 위한 국가관이란 지배자 국가관이라고 할 수 있다. 국가의 주체가 통치자이다. 국민은 오직 군왕 또는 지배자에게 복종하는 임무만 있으며, 국민으로서 지배자에게 어떤 요구도 주장할 권리가 없다. 따라서 지배자는 권력으로 국민을 복종시키며 국민의 의사나 그 생활 문제에 대해서는 관여할 바가 아니라고 생각한다. 이런 국가관에서는 군왕과 국민의 관계가 마치 신과 인간의 관계처럼 절대복종의 주종 관계가 성립된다. 국민에게는 복종의 의무만 있을 뿐 권리의 주창은 불가능하다. 따라서 이러한 사회에서는 국민도덕의 원리가 그저 노예도덕에 불과하다. 국민은 지배자의 충실한 견마犬馬로서 일생 동안 고역苦役으로 봉사하는 데서 충신이라는 영예를 얻게 되는 것이다.

피치자를 위한 국가관은 17, 18세기 민권사상을 토대로 한 자연법 학자들에 의한 정치적 대전환 덕분에 가능했다. 국가와 국민을 주종 관계가 아니라 대등 관계로 이해하며 주권자를 위해서가 아니라 인민들 자신을 위해 국가가 있고 또 있어야 한다고 주장한다. 래스키[31]는 이와 관련해 국가는 인간 행위의 조정 양식이며 공공복리의 실천 기관이라고 주장한다. 국가가 암묵적인

31 Harold Joseph Laski. 1893~1950. 영국 정치학자, 교육자. 19세기 말 거대화된 국가권력에 의해 개인의 자유와 권리가 침해당하는 것을 비판. 일원적 국가론을 비판하고 정부와 다른 집단을 대등하거나 유사한 존재로 보는 다원적 국가론 주장. 주요 저서는 『현대 국가에서의 권위』(1919), 『주권의 기초』(1921) 등.

국민과의 계약에 의거해 백성들을 보호하고 복리를 제공할 임무를 가졌다는 생각이다. 이러한 사회에서는 전제사회와 달리 독재자의 지위와 같이 의무 없는 권리를 용납하지 않는다. 따라서 국민이 노예와 같이 권리 없이 의무만을 부여받는 것을 용인하지 않는다.

2. 국가의 목적과 작용

국가의 목적을 대내적 치안 목적, 대외적 국방 목적, 법정法政의 목적, 문화의 목적 등으로 사분四分해 논할 수 있다. 그러나 이와 같은 구분보다 중요한 것은 국가의 근본 목적이 무엇인가 하는 점이다.

그린은 국가의 임무가 인민에게 자유만을 주고 방임하는 것이 아니라 인민의 권리를 방해하는 것을 제거하는 데 있다고 말했다. 로크는 국가란 초월적이고 종교적인 것이 아니라 순전히 세속적이고 정치적인 것이므로, 국가의 이익과 국민의 복리를 도모하는 데 임무가 있다고 말했다. 존 스튜어트 밀은 국가의 궁극적 목적이 국가를 구성하는 개인의 가치를 실현하는 데 있다고 말한다.

이제 통치자를 위한 국가사회 이론은 논할 필요가 없다. 근대적인 민권사회民權社會에서의 국가 목적을 논하는 것이 현실적이다. 민권사회에서 국가는 국민으로부터 독립해 국가 목적을 세울 수 없다. 인민의 의사와 이반離反된 국가 목적은 무의미하다. 오직 국민 그 자체에서, 국민으로부터 국가의 목적이 세워질 수 있다. 민권사회에서 국민은 국가의 일부분이며, 반대로 국가는 국민의 총화이다. 국민과 국가는 개체와 합체, 부분과 전체라는 관계 이외의 어떤 것도 아니다.

국가는 국민을 위한 것이지 결코 국민을 지배하기 위한 통치 기관이 아니다. 국가의 작용이란 국가가 정치 목적을 실현하기 위해 행하는 국가 활동이며, 구체적으로는 입법·행정·사법에 관한 활동을 말한다. 과거에는 국가 작용이 국민의 복리보다는 국가 자체로서 목적을 실현하기 위한 것이라고 생각했다. 국가기관 자체가 집권 기관으로서 권력을 휘두르는 폐단도 많았다. 하지만 국가란 국가의 이익과 국민의 복리를 위한 하나의 활동 형태에 불과하다. 국가 작용 역시 민주적인 방법에 의해 시행되지 않으면 안 된다.

종합하면, 국가의 본질적 목적과 작용은 데모크리토스가 말한 것과 같이, 국가의 흥망에 의해 개인의 고락이 지배되는 것이 사실이라면 개인은 국가를 위하는 것이 그의 국민으로서 첫 번째 임무이고 국가는 개인의 이익을 충분히 고려하고 보장하기 위해 노력하는 데 그 목적을 두어야 한다.

그러나 국가의 의사意思가 언제나 국민 전체의 의사일 수는 없다. 대부분의 경우, 소수 지도 계급의 의사에 의해 국가 의사가 좌우된다. 그럴 때 소수 지도 계급은 자신의 의사를 국민 전체의 의사로 착각하곤 한다. 그렇게 되면 국가의 목적은 소수 통치자의 목적으로 국한되고, 이들의 권력 유지와 이권 확보를 위한 활동이 국가 활동으로 변질되고 만다. 진정한 국가란 무엇이며 인민의 복리와 국가의 발전을 위해 무엇을 해야 하는가를 성찰해야 한다.

3. 문화복리주의의 국가관

통정統整된 국가관이란 무엇을 의미하는가. 그것은 국가지상주의와 같이 배타적이고 독선적인 국가 관념도, 또는 사해동포주의를 내세운 막연한 도의적·관념적 세계주의 혹은 무정부주의도 아니다. 통정된 국가관이란 민주주의 사회에서 마땅히 있어야 할 국가의 입장을 밝히고, 국가의 역사적 특수성과 고유성을 살려나가면서도, 전체 국가들과 협력해 인류의 공동 복리와 공동 목적을 달성하는 데 국가의 목적을 둔다.

바야흐로 우리 모두는 국민의 한 사람이자 세계인의 한 사람이기도 하다. 국민이면서 동시에 국제사회의 일원이다. 개인의 자유방임주의가 그릇된 것으로 증명된 것과 같이 국가적 자유방임주의 또한 부당하다 말할 수 있다. 우리는 이러한 사회의 역사적 요청에 따라 민주주의 원리에 입각한 국가체제를 확립하지 않으면 안 된다. 국수주의를 타파하고 막연한 관념적 세계주의를 버릴 것이며 현실에 부합되는 통정된 국가관을 바로 세워야 한다.

이 국가관을 좀 더 상세히 설명하면, 통정된 국가관은 국가와 개인의 관계를 일체 분리될 수 없는 혼연일체로 만들고, 개인의 행동이 곧 전체 국가의 이익이 되고 국가의 행동이 곧 개인의 복리를 달성하는 그런 국가를 추구하는 것이다. 개인과 국가가 하나가 된 세계를 목적으로 삼고 그렇게 되도록 행동하는 곳에서만 국가의 진정한 사명이 달성될 수 있다.

첫째, 통정된 국가관에서는 개인과 국가와의 관계를 종속 관계로 보지 않을 뿐만 아니라 분리 불가한 관계로 이해한다. 국가란 단순하게 보아 개인들의 집합이지 그 이상의 초월적 인격을 가진 존재는 아니다. 전체 개인의 의사와 목적에 부합되지 않은 국가의 목적은 존재할 수 없고 오직 집합된 개인 전체의 의사에 즉응卽應한 목적만이 존재할 수 있다. 또 개인은 분립된 개인으로서가 아니라 집합된 전체 개인의 공동 목적을 감당하는 구성원 하나로서만 개인일 수 있다. 따라서 국가와 개인의 관계는 부분과 전체, 개인과 그 집합이다. 개인이 국가를 통해 국가생활을 하는 것은 합리적 집단생활 양식을 확보하기 위함이다.

개체 없는 전체가 없고 전체 없는 개체가 있을 수 없는 것처럼 전체는 개인의 집합이라는 개념 이상의 권력을 가질 수 없다. 그뿐 아니라 개체를 통합하면 그것이 곧 전체요 국가다. 이 전체인 국가는 전체인 동시에 하나하나의 집합이요 '하나'들이 모인 전체이다. 국가의 의사 결정은 본질적으로 항상 '하나'들의 의견을 무시하고서는 의미를 지닐 수 없다. 이러한 상호 관계 속에서 개인은 개인의 전체인 국가 집합체의 발전을 위해, 또 국가는 개인의 안녕과 복지를 위해 상호 협조하는 것을 목적으로 설정한다. 이를 통해 비로소 국가의 진정한 대내적 운영이 달성되고 실현될 수 있다.

둘째, 통정된 국가관은 국가와 국제세계의 관계를 민주적으로 새롭게 구성하고자 한다. 쇄국주의적 국제 관계가 옳지 못하다는 것은 이미 자명해졌다. 자기 국가 또는 자기 민족만이 절대 옳다고 할 근거도, 필요성도 이미 존재하지 않는다. 오늘날 자민족중심주의와 자국중심주의는 무익하고, 국가 간 상호 침략과 투쟁만 조장할 따름이다. 따라서 국가와 국가 사이에도 이를 조정할 수 있는 정치단체가 요구된다. 세계국가의 시각에서 본다면 하나의 국가는 작은 정치단체이다. 그것은 국가 자체가 구성원들의 요청에 의해 성립되고 또 존재하는 것과 마찬가지이다. 국가들의 평화 관계를 구축하기 위해서는 국가보다도 더 큰 정치단체인 국제적 정치단체(UN의 발전 형태)가 요청된다. 그 주체를 누구로, 또 무엇으로 할 것인가는 우리들의 필요와 이익에 의해 바꿀 수 있는 문제일 것이다.

개인의 자유를 방임하면 삶의 모든 터전이 무질서한 경쟁의 수

라장으로 변하고 만다. 그렇게 되면 개인의 안전과 평화와 이익은 얻을 수 없다. 이 때문에 국가라는 조직이 국민의 묵시적 계약에 의해 형성되고, 국민은 국가조직 밑에서 안전한 생활을 영위할 수 있게 된다.

국가와 국가 사이도 마찬가지이다. 국가의 대립과 분산을 방임하면 국가 간 투쟁이 그치지 않을 것이며, 국민들은 언제나 다른 국가와의 전쟁에 동원될 것이다. 국가의 모든 역량이 전쟁에만 집중되는 것이다. 만일 국제적 정치단체가 조직된다면 이러한 국가 간 경쟁을 막을 수 있고, 인민의 고혈을 긁어모아 축적된 재산과 수천만의 생명을 전쟁에서 잃어버리는 일을 반복하지 않아도 되는 것이다.

이처럼 인류가 발전시켜온 과학의 힘을 무의미하게 낭비하는 것을 멈추고 세계의 '힘'을 하나로 결집해 인류 전체의 문화를 향상시키고 행복을 건설하는 데 활용한다면 전쟁 없는 평화의 시대가 열릴 수 있다.

전쟁을 위해 인간이 이 세상에 나와 살고 있는 것은 아닐 터이다. 숙명론자들과 같이 전쟁이라는 형식을 통해 생명과 재산을 탕진하고 슬프고 가난하게 살아야 하는 것이 진정 우리의 삶이란 말인가. 전쟁을 찬성하는 사람들은 전쟁이 있어야 인간사회가 발전하고 문명이 발전한다고 말한다. 그러나 과연 그러한가.

전쟁은 무기의 발전 이외에 인간 삶을 풍요롭게 하는 어떤 발전도 가져오지 않는다. 특히 살상력과 파괴력이 막대한 과학전戰의 결과는 인류사회의 문화를 매몰시키는 것 이외에 어떤 것도 아니다. 우리는 하루바삐 이런 위기에서 우리 자신들을 구해내기 위해 전쟁의 화근인 국가 지상의 관념을 버리고 타파하지 않으면 안 된다. 그리고 국제적 협조를 통해 하나의 세계를 창건하고 통정된 국가의 입장을 취해야 한다.

국가는 인류 복리의 대행 기관일 뿐이다. 오늘날 민족국가는 마땅히 인류 통치의 민족적 단위로서만 인정돼야 한다.[32]

32 [원주] 특히 본 장 '철학적 기초'에서는 될수록 정치학 원론이나 국가학·사회학에서 흔히 볼 수 있는 개설적인 기술 방법을 피하고 본질적인 검토에 치중해 근본 폐단을 발굴함으로써 그의 정체를 해명하려 한다.

제2절 자유

자유의 첫째 의미는 구속과 억압에서의 해방이며, 둘째 의미는 자기 이외의 사람으로부터의 간섭을 받지 않고 자율적으로 자립하는 것이다. 자유는 심리학적인 무한한 자유, 법률적인 절대의 자유, 혹은 도덕적인 의무 수반의 자유 등 여러 가지 관점에서 논할 수 있다. 그러나 여기에서는 정치·사회적인 의미에서의 자유를 논하는 데 집중하고자 한다.

정치·사회적으로 자유가 존귀하고 가치 있다고 생각하는 까닭은 인간이 인간으로서의 자격과 자기 임무를 다하려면 자유가 있어야만 비로소 가능하기 때문이다. 막연하게 간섭과 제한을 벗어날 수 있기 때문에 자유가 의미 있다는 것이 아니라, 인간이 이 자유를 통해 가치를 창조하고 실현할 수 있기 때문이다. 그렇기에 자유가 진정 가치 있는 것이다.

'가치의 창조'란 문명을 통한 객관의 가치화와 문화를 통한 주관의 가치화를 지칭한다. 자유는 인간 활동의 대전제이고 기반이 되며 책임과 의무의 발생적 근원이다. 실로 자유가 있어야 인간이 인간일 수 있으며, 도덕인으로서 사회인으로서 또는 정치인으로서 생존할 수 있다. 물론 자유와 함께 부여된 임무를 제대로 수행해야 사회가 발전하고 문화가치가 창조될 수 있을 것이다. 만일 자유가 없었다면 인간의 역사는 물론 인간 개념 자체가 달라졌을 것이다.

그러나 여기에서 논하려는 정치적·사회적 자유의 의의는 전제자의 압제로부터 오는 구속을 방지하고 자립함으로써 인민으로서의 기본적 자유권을 획득함은 물론 떳떳한 인간의 한 사람으로서 임무를 감당하고 자신의 행복을 누리는 데 있다. 그렇다면 진정한 인민의 정치적 자유란 무엇인가. 이를 탐구하고 밝혀

내기에 앞서 자유를 방종적 자유, 인격적 자유 및 발전적 자유라는 3단계로 나누어 그 진의를 고찰하고자 한다.

1. 방종적 자유

방종적 자유관이란 구속과 압박에서 해방되는 것이 자유라고 생각하는 첫째 의미의 자유관自由觀이다. 17, 18세기 자본주의의 대두로 봉건국가 체제에서 근대적인 민권사회로 이천移遷되는 과정에서 일어났다. 이 시대의 자유란 모든 것으로부터의 해방이라는 개념을 가졌다. 자유를 구속하거나 규제하거나 하는 일체의 행위를 용인하지 않았다. 다시 말해, 자기 의사를 아무 제한 없이 마음대로 행사할 수 있어야 하는 '자유'이다. 근대 초기 중상주의적 자본 국가사회에서 극대화된 이러한 자유관은 '모든 정부는 그 자체로 큰 해악이다', '정부는 침묵하라'는 등의 생각들을 낳았다.

따라서 존 밀턴은 '모든 것 위에 자유를 달라Above all Liberty'고 했고, 애덤 스미스는 개인의 마음은 그 자신이 가장 잘 아는 것이니 국가가 개인의 이익에 간섭하지 말고 방임하는 것이 국가의 이익이라고 말했다. 조셉 리 역시 이러한 견지에서 개인의 영달이 곧 공공의 이익이라 말했다. 이 시대의 사회상을 담고 있는 이러한 자유사상은 전체적인 국가의 전횡을 배격하고 개인을 통한 국가의 번영을 기도하기 위한 정치적 표현이었다고 말할 수 있다.

자유방임이 개인의 인권과 이익을 보장할 뿐만 아니라 진정한 국부國富를 성취할 수 있는 조건이라고 믿었다. 어떤 국가 내에 부유한 사람이 많이 생기면 그 국가 또한 부유해진다고 믿었다. 최대한의 자유는 최대한의 이익으로 나타날 수 있다는 논리다.

이러한 생각들은 일정 정도 정당한 부분이 있을 수 있다. 그러나 자유방임은 궁극적으로 강자 육성을 위한 국가 원리에 부합한다. 국민의 평등한 민권을 보장하고 존중하는 민주주의 사회에서는 부적합하다. 자유방임 사상은 결국 개인자유주의와 무정부주의로 나아갈 수밖에 없는 것이다. 이렇게 되면 약자는 자유를 박탈당하고 강자의 지배를 받아야 하는 무질서를 초래한다. 이 때문에 자유방임을 기반으로 한 국가체제는 결국 폐기돼 역사의 뒤안길로 사라지고 말았다.

구속 없는 방임과 해방을 자유라고 한다면 그것은 자유가 아니라 투쟁일 뿐이다. 자유방임의 세계에서는 인간은 마치 동물계動物界와 같이 상호 간 사투하며 약육강식하는 경쟁의 지옥에서 살게 될 것이나. 문사 그대로 방임된 자유는 자유가 아니라 방탕이고, 건설이 아니라 파괴이며, 질서가 아니라 문란을 가져올 뿐이다. 결국 비합리적이고 비민주주의적인 삶이 되고 만다.

만약 인류사회에 있어서 자유가 있기 때문에 해가 된다면 그것은 이미 금지됐을 것이다. 자유가 무용한 것이었다면 이미 흔적조차 찾을 수 없을 것이다. 그런데도 아직까지도 인류는 자유를 존중하고 그 가치를 인정하고 있다. 그것은 개인이 아니라 사회 전체가 합리적으로 공공의 복리를 실현하기 위해 또는 민주주의 원리에 따라 각 개인의 인격을 보장하기 위해 자유를 꼭 인정해야 하기 때문이다. 누구나 다 합리적인 자유를 원한다. 그럼에도 방종을 자유로 인정한다면 그것은 곧 각 개인의 방탕을 의미하는 것 이외의 다른 어떤 것도 아니다. 이는 국가 질서를 파괴하는 것은 물론 인간사회의 예의와 도덕도 하루아침에 궤멸시키고 말 것이다. 세계는 경쟁과 살육만이 존재하는 냉혹한 세계로 변해갈 것이다. 그것은 인류의 문화와 역사에 종말을 고하는 행위이다.

2. 인격적 자유

방종적 자유가 진정한 자유의 목적에 부합하지 않고 도리어 자유의 본래 가치까지도 상실하게 한다는 것은 이제 분명해졌다. 이를 바로잡아 진정한 자유의 정당한 입장을 정립하지 않으면 안 된다. 인격적 자유관은 바로 이러한 고민에서 출발한다.

인격적 자유주의자들은 방종적 자유를 가리켜 자유의 첫걸음이라 하고, 진정한 자유란 제한이 없는 것이 아니라 제한을 취하는 것이라고 말한다. 제한이 존재할 때에만 비로소 자유는 그 의미를 지닌다는 뜻이다. 래스키는 진정한 자유란 각자의 이익이 전체(국가)의 이익과 일치하는 것이라고 말한다. 존 스튜어트 밀은 개인의 창의創意적 생각들을 존중하면서도 복리를 기도하는 국가의 명령에 합치하는 것이 곧 자유라고 주장했다. 이처럼 근대 이후 자유의 개념은 사회질서 안에서 도덕적·사회적·정치적인 제반 법칙을 준수하는 행위로 자리 잡았다. 이는 자유에 대한 관념의 진보라고 할 수 있다.

자유의 가치는 국가사회를 합리적으로 조정하기 위한 '국가의 목적'과 만민평등 사상에 입각한 각 '개인의 인권과 이익'을 동시에 인정하려는 곳에 있다. 그러므로 인격적 자유관은 국가사회의 이익과 충돌되지 않는 개인의 의욕을 자유라고 생각한다. 자유의 진의를 국가 목적과 합치하는 합법적이고 합리적인 개인의 욕구 활동이라고 정의하는 것이다.

인격적 자유관은 일면 타당한 부분이 있다. 그러나 여기서 말하는 자유란 복종의 자유이며, 추종의 자유 또는 도덕적인 자유에 불과하다. 진정한 자유, 발전적이고 가동적인 자유는 되지 못한다. 그 이유는 이러한 관점에서 보면 국가나 사회가 정한 제도와 명령에 복종할 때에만 비로소 개인의 자유가 보장될 수 있기 때문이다.

자유를 국가에 대한 복종으로 생각하는 것은, 이에 대해 반대하는 것을 허용하지 않는다는 것이다. 설령 이것이 옳은 관점이라 해도 우리는 진정한 자유를 보장받고 있지 않다는 것은 분명하다. 그런데 대체로 현대국가들의 헌법에서 보장된 자유의 개념이 이와 비슷하다. 개인의 자유는 법률이 허용하는 한도 내에서만 가능하다. 그러나 그것은 진정한 의미에서의 자유라고 보기 어렵다. 어떤 의미에서는 인격적 자유란 구속된 자유의 성격이 강하기 때문이다.

그 결과는 어떠한가. 가령 나라마다 제정에 따라 법률이 허용하는 자유의 범위가 다르다. 자유는 국가 법률이 허용하는 범위 내에서만 허용된다. 또 같은 나라라 하더라도 시대에 따라 자유의 허용 범위가 달라진다. 시대와 국가의 제정에 따라 자유의 개념이 다르게 나타나는 사태가 발생한다. 물론 이와 같은 현상에 대해 옳지 않다고 말할 사람은 없을 것이다. 여기서 중요한 것은 자유의 주체가 국가라는 사실이다. 진정한 의미의 개인의 자유는 존재하지 않고 국가의 자유만 존재한다고 말할 수 있다. 국가의 목적에 부합하는 행동만이 허용되며 국가의 명령을 거부할 수 없다면 어찌 자유롭다고 말할 수 있겠는가. 국가에 복종해야 할 의무가 자유라는 이름으로 주어지는 것일 뿐이다. 국민에게 국가를 거역할 수 있는 권리 자체가 부여되지 않기 때문이다.

그렇다면 그것은 인간을 위한 자유가 아니라 국가를 위한 자유가 아닌가. 국민 개개인을 위한 자유가 아니라 국가에 추종하는 자유에 불과하지 않은가. 그렇게 되면 우리는 다른 세계로의 발전 가능성 없이 고정적이고 불변적인 자유 개념만을 반복하게 될 것이다. 국가에 복종하는 자유는 '울타리 안의 자유'라고 말할 수 있다. 국민에게는 복종할 자유만 부여하는 것이 어떻게 진정한 자유의 향유라고 말할 수 있겠는가. 강자를 위한 단순한 추종적 자유관에서 벗어나 진정한 자유를 깨닫고 그것을 삶 안에서 향수하고 실천할 수 있어야 하는 것이다. 그것이 진정한 자유의 의미이다.

3. 문화복리주의의 자유관

그렇다면 진정한 자유관이란 무엇인가. 진정한 자유는 국가를 위한 자유가 아니라 인간을 위한 자유여야 한다. 자유의 개념이 각 시대, 각 국가에 따라 달라져서는 안 된다. 그것은 진정한 자유가 아니다. 물론 자유의 형식은 다를 수 있다. 그러나 그 본질은 항상 동일한 개념으로 정립되지 않으면 안 된다. 하나의 인류임에도 불구하고 국가마다 서로 다른 자유의 내용을 내세운다는 것은 결코 옳지 않다.

진정한 자유의 개념은 개인과 국가 모두를 위한 자유이다. 좀 더 발전된 자유의 개념은, 국가 의사에 부합하는 자유만을 허용하는 인격적 자유관과도 일정한 거리를 둔다. 국가가 개인보다 앞서 있다는 것은 개인의 집합 혹은 총체라는 의미일 뿐 개인을 떠나서 국가가 독립된 인격성과 우월성을 가지는 것을 의미하지 않는다. 바꿔 말하면 국가는 국민의 필요 기관이지 국가의 필요에 의해 국민이 존재하는 것이 아니라는 뜻이다.

국민은 국가의 목적이 국민의 진정한 복리에서 벗어날 때 사회질서의 한계 내에서 국가에 협력하지 않을 수도 있어야 한다. 국가가 바른 길로 가고 있지 않을 때에는 새로운 주체를 구성하기 위해 의견을 창출할 수 있는 자유가 있다. 이러한 자유관은 기존의 자유관에서 발전된 개념이며, 따라서 발전적 자유관이라고 부를 수 있을 것이다. 발전적이라는 말은, 국가가 본위가 아니라, 인간이 본위인 자유 개념이며, 국가가 인민의 진정한 복리와 인권을 무시할 때에는 무조건 맹종만 하는 것이 아니라 이에 반대해 정상적인 인민 복지의 길로 고쳐 꾸밀 권리가 있다는 의미이다.

그러나 여기에서 중요한 것은 한 개인의 자유가 아니라는 사실이다. 우리가 말하는 자유란 '나의 자유'가 아니라 '우리의 자유'이다. 우리의 자유를 좀 더 살펴보면, 그 안에는 '나'의 자유(자아적自我的 자유)와 '뭇 나'의 자유(객아적客我的 자유)의 두 방면이 있다. 이에 대해서는 졸저 『민주주의 자유론』에서도 논한 바 있으며 여기에서는 그 요지만 간략하게 설명하고자 한다.

자아적 자유Subject Liberty란 공공을 위주로 하기보다 항상 내 자신을 위주로 하는 것이다. 미래를 설계하기보다는 현실을 중심으로 생각하며, 정신적인 것보다는 육체적인 것을, 합리적인 것보다 감정적인 것을 중시한다. 또 나 자신의 생명을 유지하고 존속시키며 발전시키기 위한 감성적 욕구에 의해 행동한다. 이 때문에 자아적 자유는 방종적 자유에 가깝다. 이에 반해 타아적他我的 자유Object Liberty는 이기적인 것보다 이타적인 것을, 방만한 것보다 건실한 것을 추구한다. 안일보다 근면을, 향락보다 건설을, 지나친 관용보다 영구적인 것을 중시한다. 나 자신만을 위한 이기적인 자유가 아니라 뭇 나의 자유를 인정하는 것이다. 자아적 자유가 이기적인 목적에서 비롯하는 것이라면 타아적 자유는 이타적인 목적에 기원을 둔다. '우리의 자유' 원리는 이상의 두 자유관, 자아적 자유와 타아적 자유를 동시에 인정하고 이것을 혼연일체로 만들어 합리적으로 조정하려는 데 있다.

하지만 자유에는 감성과 이성이 모두 존재한다. 인간은 감성을 통해 생生을 유지하고자 노력하고, 이성을 통해서는 사회의 협조와 발전을 향한 노력을 기울인다. 자아적 자유와 타아적 자유를 합리적으로 조정해 진실한 자유(전인적인 자유)를 얻어야 한다. 사실 자유란 존재적인 것이 아니라 당위적인 것이다. 따라서 개체와 전체(인간과 국가사회), 국가와 국제사회를 하나로 만들어 진실한 인류의 일원으로서의 인간의 진로를 밝히지 않으면 안 된다.

구체적인 예를 들어보자. 개인과 국가의 관계 속에서는 이러한 '나의 자유'와 '뭇 나의 자유'가 이해상반利害相反해 충돌할 수 있다. 그럴 경우에는 나의 자유는 뭇 나의 자유를 위해 양보해야 할 것이다. 물론 항시 어떤 상황에서나 그렇다는 것은 아니다. 진정한 국민의 복리를 위한 것이 아니라면, 절대 자유를 양보해서는 안 된다. 오히려 나의 자유를 발동함으로써 진정한 인간의 자유를 확보할 수 있다. 이러한 이중적 과정이 없다면 정상적인 민주주의 국가를 유지할 수 없다. 환언하면 '나의 자유'는 국가가 인민을 위해 길을 나아갈 때는 복종하고 협력해야 하지만 국가의 방향이 정당하지 않을 때에는 '뭇 나의 자유'를 떠나 '나의 자유'를 행사할 수 있어야 건설적인 미래가 도래할 수 있다.

그러나 자아적 자유이건 타아적 자유이건 간에 모두가 '나'를 위한 것이므로 결국은 '우리의 자유'가 될 것임은 분명하다. 이 '우리'라는 말 가운데에는 '나'와 '뭇 나'가 동시에 포함돼 있는 것이다. '우리'라는 것은 '나'도 그 속에 포함된 개념이기 때문이다. 자유는 반드시 나의 자유와 뭇 나의 자유를 포함한 '우리의 자유'여야만 한다.

이 자유는 고정돼 있는 것이 아니라 발전해 나아가는 가동성을 지닌다. 인민의 복리에서 벗어날 때에는 자유의 형식과 내용 또한 개편될 수 있다. 인민들을 중심으로 능동적으로 국가의 과오를 개편할 수 있고 발전시킬 수 있어야 하는 것이다. 인민들을 중심으로 가동적인 입장과 능력을 가질 때 비로소 진정한 자유가 주어진다.

발전적 자유란 한마디로 평면적인 자유가 아니라 입체적인 자유인 것이다. 이를 국가와 국제사회의 관계로 확장해도 마찬가지이다. 국가는 국제사회의 행동에 원칙적으로 따르지만 그것이 진정한 인류의 길을 무시하고 벗어나 있을 때에는 마땅히 반대하고 이를 고쳐 개선할 수 있는 권한의 자유를 보유하고 있어야만 한다.

그러나 앞서도 말한 바와 같이 우리의 자유는 심리학적인 인간의 무제한적인 자유나 혹은 도덕적인 선택의 자유를 의미하지 않으며 또한 선천적인 인간의 자유도 인정하지 않는다. 우리의 자유라고 하는 것은 마땅히 정치적인 의미에서의 자유이다. 봉건적 군수나 특수 계급들의 부보한 압제 또는 자본 선세로부터 인권을 보호하고 인간다운 생활을 확보시키기 위해 인정되는 필연적 민주주의의 요구에 의해서만 의미를 지닌다. 이 점에 있어서 자유는 선천적으로 인간에게 부여된 것이 아니라 후천적으로 인권과 이익을 무시하는 모든 압제를 제거해온 인간의 역사에 의해 형성된 개념이다. 인간다운 삶을 추구한 인류의 필요가 곧 자유의 개념을 낳은 것이다.

제3절 평등

만민평등 사상은 프랑스 혁명 이후 대두된 자유민권 사상과 함께 근대의 중심 사상으로 확산됐다. 평등사상은 전제자의 압박과 유린을 저지하고 배제함으로써 인민의 기본 권리를 보장하고 있다는 점에서 발생적 의의가 크다. 평등사상이 처음 발의됐던 근대 초기에는 거의 모든 곳에서 인간 평등을 주창했다. 프랑스 혁명의 인권선언문에도 "인간은 태어날 때부터 자유롭고, 존엄하며, 평등하다"고 기재돼 있다. 미국 독립선언문에는 "만민은 평등하게 창조됐으며 양도할 수 없는 권리를 부여받았다"고 적혀 있다. 이 모두 인간은 태어날 때부터 평등한 인권을 갖는다는 것을 적시한 것이다.

인간의 평등권은 자유권과 더불어 민주주의의 기본 원리이다. 그러나 우리 인간은 진정으로 평등한가. 또 평등의 개념은 무엇인가. 진정으로 평등하다는 것은 무엇을 의미하는가. 이러한 물음들을 성찰하는 것은 민주사회의 시민으로서 가장 기초적인 과정일 것이다. 이제 평등에 대한 입체적인 고찰을 시도해보고자 한다.

1. 무차별적 평등

평등의 첫째 의미는 소위 무조건적인 평등이다. 무조건적 평등이란 예외 없는 평등, 무차별적 평등을 의미한다. 평등의 보편성을 민권사상의 기본으로 이해하는 시각이다. 그러나 무조건적인 평등은 방종적 자유와 마찬가지로 일정한 오류를 내포하고 있다. 만일 인간이 모든 영역에서 똑같이 평등하다면 어떤 일이 발생할까. 본분과 능력의 차이가 무시되고 단지 사람이라는 이유로 모든 사람이 일체一體처럼 평등하다고 생각해보자. 무차별적 평등관은 불평등을 타파하고 평등을 확립하기 위한 슬로건은 될 수 있다. 그러나 사회에 구체적으로 적용할 수 있는 평등은 결코 못 될 것이다.

예를 들어 한 가정에 조부모와 부모, 초등학교와 유치원에 다니는 자녀 둘이 있다고 하자. 그리고 이들에게 떡이 열두 개가 있다고 하자. 무차별적인 평등을 주장하기 위해서라면, 가족 구성원 모두에게 공평하게 두 개씩 떡이 제공돼야 할 것이다. 그러나 이것이 과연 진정한 평등일 수 있을까. 노인과 성장기 어린이의 질적인 차이를 무시하고 공평하게 나누어주는 것이 평등인가. 각기 다른 체질과 건강, 기호에 대해 무시하는 평등이 과연 진정한 민주주의적 설자인가 묻지 않을 수 없다. 이는 무차별적인 평등이 지닌 한계를 잘 보여주는 예시이다.

2. 차등적 평등

차등적 평등이란 사람들의 본분과 능력을 고려해 차등적으로 부여되는 평등을 의미한다. 벤담은 모든 사람은 한 사람으로 계산해야지 그 이상의 대우를 받아서는 안 된다고 했고, 루터는 신 앞에 있어서는 인간은 모두 평등하다고 말했다. 또 아인슈타인은 모든 사람은 개인으로서만 존경을 받아야지 결코 개인 이상의 대우를 받아 우상시돼서는 안 된다고 했다.

그러나 이 말은 모든 인간을 일률적으로 대우해야 한다는 뜻이 아니다. 그 속에는 더 깊은 뜻이 담겨 있다. 개인이 지닌 고유 권한으로서의 평등권을 인정하면서도 각자의 역량에 맞게 차등적으로 대우해야 한다는 논리가 내재돼 있는 것이다. 어떤 면에서 차등적 평등관은 무차별적 평등관에 비해 진전된 논리라고도 말할 수 있을 것이다. 선인善人은 선인으로, 악인惡人은 악인으로, 근면한 사람, 태만한 사람, 유능한 사람, 무능한 사람, 기술자 등등 모든 사람이 각자의 신분과 능력 및 노력 정도에 따라 적당한 대우를 받아야 한다는 시각이다.

그러나 사람의 차이와 대우에 대한 논리를 타당성 있는 것으로 만들기 위해서는 명확한 기준이 필요하다. 그럼에도 실제로는 사람을 평가하는 데 어떤 기준과 한계를 정하는 것은 불가능하다. 일률적으로 하나의 평가 기준만을 적용한다면 그 결과는 틀림없이 심각한 차별을 낳고 말 것이다.

가령 수백 명의 사람들이 기차를 탄다고 하자. 일등급부터 마지막까지 서열화돼 차등적인 대우가 주어져야 하는가. 차별적 평등이 지켜져야 한다면, 각 사람마다 적합한 대우를 해줘야 할 것이다. 밥을 먹어도, 잠을 자도, 급료를 주어도, 교육을 시켜도 천차만별의 차등을 두어야 할 것이다. 그러나 이것은 실로 신이나 할 수 있는 일이다. 사실상 인간사회에서는 불가능한 일이다. 인간의 역량을 완벽하게 판명하고 차등화할 수 있는 기준 자체가 없기 때문이다. 그러므로 차등적인 평등관 역시 진정한 평등관은 아니다.

3. 문화복리주의의 평등관

인간이란 과연 태어날 때부터 평등한가. 왜 인간은 평등해야 하는가. 분명한 것은 인간은 태어나면서부터 선천적으로 평등한 것도 아니고, 능력과 신분에 따른 평등이 주어지는 것도 아니다. 현실적으로 본다면, 오히려 인간은 평등하지 않다. 그의 능력 조건, 환경에 따라 각인각색의 삶이 존재하며 대우 또한 결코 동일하지 않다. 그렇다면 인간은 이처럼 선천적으로 혹은 후천적으로 다른 능력을 가지고 살아감에도 불구하고 왜 평등한 존재로 인식해야 하는가.

인간의 평등권은 전제자의 억압으로부터 벗어나 인권을 유린하는 원인을 제거하기 위해 존재하기 때문이다. 만민이 평등하다는 말은 누구도 차별하거나 노예처럼 비인간적으로 대우해서는 안 된다는 의미다. 평등이란 절대적 동일함을 뜻하는 것이 아니다. 평등 개념은 평등해야 한다는 법률적 평등권이자, 인간으로서의 기본권을 보장하는 사회적·정치적 평등권을 의미한다. 다시 말해 아버지나 아들이나 대통령이나 국민이나 남자나 여자나 선생이나 학생이나 모두 다 일률적으로 평등한 것은 진정한 평등이 아니다.

물론 신분과 능력에 따라 차등적으로 평등한 대우를 해주는 것도 진정한 평등은 아니다. 진정한 평등이란 인간의 기본 권리를 인정하는 사회적·정치적·법률적 모든 부분에 대해서 존재하고 성립된다. 이것이 민주주의의 평등관이며 문화복리주의가 추구하는 평등에 대한 견해이다.

제4절 공영

1. 공영의 개념

공영은 공립共立·공생 혹은 공존공영共存共榮을 의미한다. 상호 분립分立되고 대립된 국가사회에서 침략과 착취를 멈추고 평화를 유지함으로써 공동 번영을 이룩하기 위해 맺는 불문율과 같다. 하이데거는 공영의 길은 인류 발전의 이지적인 길이라고 했다. 현상학파現象學派의 태두 후설[33]은 자기 영달의 공리적功利的 방법은 공영에 두어야 한다고 말했다.

물론 역사 속에서 공영이라는 개념은 세계 블록을 설명하는 의미로 사용된 것이 사실이다. 많은 국가들이 더욱 큰 세력을 형성함으로써 대세력大勢力을 장악하기 위한 수단가치로서 제창해 왔다. 그러나 그것은 진정한 의미의 공영이 아닌 왜곡된 개념일 뿐이다. 자국의 이익을 위해 공영이라는 제도를 이용하는 것이다. 그 대표적인 것이 일본의 대동아공영권이다.

오늘날은 그 어느 때보다 공영의 의미가 더 크고 중요하게 다가온다. 민족국가들 사이의 대립과 자본 제국주의가 만들어낸 폐해는 이루 헤아릴 수 없으며 아직까지도 그 여파가 남아 있다. 이제 우리 인류는 멸망과 공존이라는 두 갈래의 길 앞에 서 있다. 국가 간 극단적인 대립의 결과는 전쟁뿐이며, 전쟁은 인민에게 가혹한 전화戰禍와 압제만을 준다. 어찌 공존의 길을 선택하지 않을 수 있겠는가.

그렇다면 공영의 길이란 무엇인가. 공영의 세계, 하나의 세계

---

33 Edmund Husserl. 1859~1938. 독일 철학자. 현상학의 창시자. 엄밀한 학문으로서의 철학 추구. 노에마Noema는 의식의 객관적 측면, 노에시스Noesis는 의식 작용을 의미함.

는 마음속에서 꿈틀거리고 있지만 그 길이 구체적으로 무엇인지는 아직 막연하다.

공존하면서 모두가 발전할 수 있는 공영의 질서는 서로 흩어져 경쟁만을 일삼는 것보다 훨씬 더 효과적일 뿐만 아니라 윤리적이라는 것은 새삼 강조할 필요가 없다. 크로포트킨[34]은 이러한 맥락에서 상호부조론相互扶助論을 말한다. 인간은 상호부조하며 살아가는 가운데 문화를 이루고 빛나는 역사를 창조하고 또 고도로 발달된 사회에서 살 수 있게 됐다고 역설한다.

물론 경쟁이 없는 세계는 없다. 그러나 경쟁을 한다 하더라도 약육강식의 경쟁 논리보다는 공영을 위해 분업과 그 역할을 감당하는 건설적 경쟁을 택해야 한다. 그러나 이를 위해서는 하나의 선결 조건이 있다. 그것은 세계 인류가 하나가 돼 하나의 세계를 이루어야 한다는 것이다. 세계가 분열 없이 하나가 될 때 비로소 진정한 인류사회의 공영이 가능하다.

2. 공영의 내용

진정한 공영 정신은 민주주의 사회가 지향하는 '하나의 세계'에서 찾아볼 수 있다. 그것은 반전과 평화를 의미하며 복리주의를 일컫는다. 침략을 중지하고 평화를 유지함으로써 상호부조하며 공동 복리를 달성하자는 것에 대한 묵시적 합의를 담고 있다.

공영 정신은 민주주의의 정신이며 민주주의를 완성하기 위한 실질적 내용이다. 민주주의 사회가 추구하는 자유·평등이 그 형식적 내용이라면 공영은 실질적인 목적인 것이다. 공영이 있어야만 자유와 평등이 있을 수 있다. 자유와 평등이라는 가치를 충

34 Peter Kropotkin, 1842~1921. 러시아 혁명가. 무정부주의 이론가.

분히 발휘하기 위해서는 공영 정신이 토대가 돼야 한다. 어떤 의미에서 자유와 평등은 공영을 위한 조건이라고 말할 수 있다. 그 자체로서 목적이 될 수는 없다. 지금까지 많은 사람들은 자유와 평등이 민주주의를 실현하는 목적이라고 말하고 공영의 정신과 원리를 사회적으로 보장하고 확립해야 한다는 것에 대해서는 크게 중요하게 생각하지 않았다. 그러나 공영 없는 자유와 평등은 일종의 허위적·기만적 민주주의의 보장일 뿐이다. 공영을 무시한 민주주의는 진정으로 우리들의 욕구를 만족시켜줄 수 없다. 민주주의를 표방한 프랑스 혁명이 자유·평등·박애를 내세웠던 것은 그것이 그 시대의 사명이었기 때문이다. 그러나 오늘날과 같이 국가 간 경쟁에 의해 고통받는 시대를 막기 위해서는 그보다는 자유·평등·공영이 더 요구된다고 말할 수 있다.

공영 정신은 대립적인 관계 속에서는 실현될 수 없다. 모든 국가가 서로 화합하고 하나가 돼 평화로운 공존의 길을 모색할 때 비로소 공영이 가능해진다. 물론 그것은 민족 자본주의나 국가 제국주의가 아닌 만민이 평등한 민주주의 사회에서만 그의 실현이 가능하다.

공영 정신은 우리가 추구하는 문화복리주의의 본질이기도 하다. 그것은 공영사회 실현을 위해 합리적 방법으로 가능한 최고도의 힘을 결집시켜 문명사회를 형성하고 그 혜택을 우리 자신이 받는 것을 의미한다. 이 점에서 문화복리주의는 공영주의라고 할 수 있다. 민주주의의 궁극 목적은 인류 공영에 있으며, 이러한 목적을 달성하기 위해서는 문화를 최고도로 발전시켜야 한다. 그리고 그 혜택은 인류에게 고루 나누어져야 할 것이다. 물론 그 달성 방법은 민주주의적인 것이어야 마땅하다. 공영사회의 실현은 인류의 진리이며 사명이 아닐 수 없다.

3. 문화복리주의의 공영관

공영에는 두 가지 의미가 있다. 나를 위한 공영과 우리를 위한 공영이 그것이다. 나를 위한 공영이란 나를 중심으로, 나의 번영을 중심으로 타국을 이용한다. 우리의 공영이란 나를 우리의 범위 속에 포함시켜 공동의 번영을 달성할 뿐만 아니라 그 속에서 나의 번영도 얻는 것을 의미한다. 앞의 것이 세계 제국을 지향하는 것이라면 뒤의 것은 세계공화국(하나의 세계) 건설을 추구한다.

세계 제국은 로마나 진시황이 건설한 대제국과 같이 자국을 중심으로 국가 블록을 만들고 자국의 번영만을 기도한다. 일본의 대동아공영권도 마찬가지 개념이다. 일본이 주장한 공영권은 국가 간 완전한 평등을 기반으로 하지 않는다는 데 그 본질적인 모순이 존재한다. 국가들은 위계질서에 의해 서열화되고 차등적인 공영을 얻게 된다. 이는 자연적으로 나타난 결과라기보다는 인위적이고 무력적인 전제에 의해서만 가능하다.

그러나 '우리의 공영'이란 상호 대등한 입장에서 똑같은 번영을 위해, 다시 바꾸어 말하면 공동 목적을 실현하기 위해 결합한 공존공영을 의미한다. 앞서 말한 나를 위한 공영과 달리 자국의 부강만을 목적으로 하지 않는다. 전 세계 인류의 권리를 동등하게 인정하고 공통된 복리와 자유·평화를 성취함으로써, 침략 없이 인류의 세계를 만드는 데 그 목적을 둔다. 따라서 우리가 건설해야 하는 것은 '나의 공영'이 아니라 '우리의 공영'이라는 사실은 자명하다. 물론 그것은 민주주의의 사회 목적에도 부합된다. 이를 위한 합리적인 운영을 계획하고 실천하지 않으면 안 된다.

그러나 이러한 목적을 기계적으로 제시하는 것은 무의미하다. 실질적인 실천이 무엇보다 중요하다. 하나의 세계를 창조하고 문화세계를 지향함으로써 인류 전체가 진정한 복리를 성취하는 것에 가치를 두어야 한다. 어느 개인 또는 국가사회에게만 이익을 주거나 추상적인 것이 아니라, 우리 모두에게 실질적인 혜택이 돌아가는 공리적功利的인 달성 방법만이 진정한 공영사회를 이룩할 수 있는 유일한 방법이다. 이는 현 인류에게 부과된 세기적 과업이 아닐 수 없다.

서로 침략하고 착취하는 민족자본주의 국가체제에서는 생존경쟁을 위해 약육강식하는 사회만을 조장할 뿐이다. 민족국가들을 진정한 민주주의 국가체제로 재편하지 않으면 공영사회는 달성할 수 없다. 우리 모두는 공영사회를 확립함으로써 오히려 국민의 복리를 달성할 수 있다는 것을 깨달아야 한다.

제5절 정의

1. 정의의 개념

정의란 어떤 법칙과 사리事理에 순응해 그것과 일치시키는 행위를 의미한다. 정의는 옳음을 지칭한다. 목적과 이상에 합치되는 것을 지칭하는 선善이 윤리적인 것이라면, 정의는 논리적인 것이다. 진리가 합리적인 것이라면 정의는 합법적인 것이다.

정의에는 절대적인 것과 상대적인 것, 두 가지가 있다. 절대적 정의란 천리天理에 순응하는 것을 말한다. 모든 것이 우주 대자연의 보편적 법칙에 순응해야 한다. 그것에 거역하는 것은 정의가 아니다. 반면 상대적인 정의란 실제적이고 현실적인 세계관 위에서, 생활에 적합하고 유리한 것이 옳다는 생각에서 출발한다. 정의란 이러한 생각에 부합하고 이를 위한 실제 원리에 합치하는 것이다. 절대적인 정의관이 관념적인 데 대해 상대적인 정의관은 실리적이다. 전자가 무한한 정신을 토대로 하는 것이라면 후자는 유한한 육체와 물질을 토대로 현실을 논하는 것이다.

과거에는 정의를 공정公正이라고 정의했다. 천리의 보편타당성, 우주 이법에 합치하는 순종적인 인간 행위를 의미했던 것이다. 하지만 현대에 이르러서는 사회 목적에 순응해 행동하는 것이 곧 정의라고 말할 수 있다. 정의가 인류의 공도公道라는 것은 변함없이 옳다. 그러나 과거의 절대적 정의관에서 말하는 것처럼 우주 이법, 즉 신의 소리에 입각한 것을 정의라고 부를 수는 없다. 정의란 오직 민주주의의 원리에 따라 전체 인민들의 행복을 꾀하는 데 그 목적을 둔다. 민주주의적 실현을 통해 인류가 마땅히 걸어가야 할 길, 다시 말해 인간의 당위적인 사명에 순응하는 것이 곧 정의인 것이다.

정의는 선과는 다르다. 선은 인간 내면의 변화를 포함하는 것이지만 정의는 외면적으로 무조건 좇아야 할 능동적·명령적 요구이다. 선이 생각을 통해 의사를 결정하고 이로부터 얻어지는 내면적인 행위규범이라면 정의는 나 자신이 아니라 사회 전체가 타당하다고 인정하는 것을 행하는 것이다. 따라서 정의는 외적으로나 내적으로 그것을 따라야 한다. 개인적인 사념에 의해 이럴 수도 있고 저럴 수도 있는 그런 대상이 아니다.

2. 정의의 내용

정의는 학자마다 다르게 표현된다. 플라톤은 지혜와 용기와 예절의 삼원덕三元德이 조화를 이루는 것을 정의라고 말했다. 아리스토텔레스는 정의를 각자 개인의 능력에 따라 대우를 받는 분배적 정의와, 합의·비합의 관계에서 모든 배상을 공정하게 처리하는 평균적 정의로 나누어 이야기한다.

또 정의 개념은 시대적 차이가 있다. 그리스 시대에는 조화를 정의의 본원이라 생각했다. 로마 시대에는 용기를 정의라고 생각했으며, 중세에는 자비를 정의 개념으로 삼았다. 근세에 이르러서는 박애를 정의라고 여겼으며, 현대에 와서는 공정 자체를 정의의 본질로 규정했다.

이러한 개념들은 모두 그 나름의 역사와 사회적 배경을 가지고 있을 것이다. 그렇지만 이러한 차이에도 불구하고 공통점이 있다. 정의를 사물의 진리가 아니라 인간규범의 진리로 생각했던 것이다. 무엇으로 표현되든 정의는 상대적으로 변화하는 부분과 절대적으로 불변하는 부분이 존재한다.

절대적인 정의관은 기본적으로 우주세계를 주재하는 존재가 인간이 아니라는 사상에서 출발한다. 다시 말해 인간은 우주 질서를 추종하는 존재일 따름이다. 우주의 중심은 신이다. 따라서 자신의 삶의 목적과 의의를 신 안에서 발견하고 자신에게 부과된 삶에 순종하는 것이 곧 정의이다. 인간은 신의 피조물인 만큼 신의 세계 계획Weltplan을 이루기 위한 하나의 수단이다. 신을 위한 수단적 존재인 것이다. 이는 인간이 목적적인 존재가 아니라는 의미이기도 하다. 마치 우마牛馬가 인간을 위해서만 생生의 의의와 가치의 인정을 부여받을 수 있는 것처럼 인간도 신을 위해서만 존재 의의를 부여받는다.

이러한 시각 속에서는 선악 개념, 양심, 도덕, 정의 등 모든 행위규범이 인간의 필요에 의해서 만들어진 것이 아니다. 신의神意가 인간의 할 일과 해서는 안 되는 일을 정해주는 것이다. 따라서 정의란 신의를 따르는 행위 이외의 어떤 것도 아니다.

그러나 민주주의가 출현하면서 정의에 대한 생각 또한 변한다. 신의에 순종하는 것만이 정의로 인식되던 것이 달라지기 시작한다. 불교의 윤회설과 같이 선인선과善因善果·악인악과惡因惡果라는 생각도, 인간의 행동을 감시하는 절대자의 시선이 있다는 생각도 일체 부정된다. 신의에 의해 정의가 결정되는 시대는 더 이상 존재하지 않게 된 것이다. 신중심주의는 인간중심주의에 의해 그 가치가 감축됐다. 절대자의 뜻이 정의가 되고 이에 순종하는 것만이 정의라고 여기던 시대는 더 이상 존재하지 않게 된 것이다.

여기에서 배태되는 것이 상대적인 정의관이다. 상대적인 정의관이란 선천적으로 하늘이 부여한 선험적인 내용을 정의라고 생각하는 것에 반대한다. 후천적으로 경험에 의해, 주관과 객관의 요청에 따라 행위규범을 정한다. 정의는 바로 이러한 행위규범 자체를 의미한다.

상대적인 정의관에는 두 가지 시각이 존재한다. 힘이 정의라는 관점과 정당한 신념이 곧 정의라는 관점이 그것이다. 힘을 정의로 보는 시각은 다윈의 진화론을 그 예로 들 수 있다. 인간사회가 생존 경쟁의 법칙에 의해 우승열패로 자연도태되며, 따라서 생존 경쟁에서 승리하면 생生을 누릴 수 있고 패배하면 멸망만 존재한다. 따라서 약자에게는 옳음이 없다. 반면 강자에게는 모든 것이 옳다. 정의는 강자의 몫이다. 이러한 힘의 정의가 지배할 때, 인류에게는 생존 경쟁만 존재하고 타자에 대한 폭력적 억압과 복종을 강요하는 힘 만능주의가 지배할 것이다. 이는 동서양을 막론하고 강자의 질서이다. 말하자면 승리하면 왕이지만 실패하면 역적이 되는 것이다[成則君王 敗則逆賊].

크로포트킨은 상호부조론에 입각해 이러한 강자 위주의 정의관을 비판한다. 민주주의 사회란 강자를 위한 사회가 아니며 호혜적으로 서로 돕고 도의적인 문화세계를 만들어가는 것을 지향하기 때문이다. 따라서 민주주의 시대의 정의가 하나라고 말하는 것은 옳지 않다.

정의는 신념에 의해 다르게 다른 내용이 될 수 있다. 가령 민주주의 사회에서는 각 집단마다 그들 나름의 집단적 신념이 존재하고 이 신념에 맞는 정의를 요청한다. 같은 맥락에서 현재와 같이 분립된 국가사회에서는 민족국가마다 각기 다른 정의가 존재할 수 있는 것이다. 일본 제국은 타민족에 대한 침략을 정당화하는 정의가 있었다. 독일 나치 역시 마찬가지다. 공산주의 국가체제 역시 마찬가지로 자신을 정당화하는 정의를 가지고 있지 않은가. 모든 국가마다 각각의 정의가 존재할 수 있는 것이다. 그러나 그 신념들이 동일하지 않은 것처럼 정의가 다르며, 따라서 국가 간 상호 충돌하는 것은 피할 수 없는 일이 된다.

공산주의가 인민의 해방을 내세웠지만 실제로 그들이 한 것은 인민의 자유를 억압하고 또 전쟁을 일으킨 것밖에 없지 않은가.

준엄하게 묻지 않을 수 없다. 신념이 다르다고 해서 전쟁을 일으켜야 한다면, 인류는 어떻게 진리를 세우고 앞으로 나아갈 수 있겠는가.

이 점에서 적어도 정의에는 상대적인 차이가 있을지라도 한편으로는 반드시 시대와 사회에 따라서도 변하지 않는 보편타당한 어떤 것을 내용으로 하지 않으면 안 된다. 여기에서 생각할 것이 바로 '인류'라는 개념이다. 국가 단위의 좁은 편견을 벗고 인류 전체를 생각할 때 비로소 상대적인 정의를 넘어 보편적인 정의를 구할 수 있을 것이다. 인간의 정의는 항상 인류의 정의와 어긋나지 않아야 하며 한 집단의 정의가 전체에게도 옳은 것이 될 수 있도록 해야 한다. 절대적 정의관도 상대적 정의관도 진정한 정의관이라고는 말할 수 없다. 이 둘을 조화해 인류의 시각에서 진정한 의미의 정의를 세워야 하는 까닭도 바로 여기에 있다. 정의의 기반은 신의 뜻도, 권력도, 신념도 아니다.

이제 우리는 진정한 정의란 무엇인지 논의할 때에 도달한 것이다.

3. 문화복리주의의 정의관

일반적으로 정의란 옳은 것일 뿐만 아니라 이치에 맞는 것을 뜻한다. 사물의 합리성만을 정의의 내용이라고 말할 수는 없다. 정의의 이면에는 옳음을 실천하지 않으면 안 된다는 당위성이 존재한다는 것을 잊어서는 안 된다. 또 그 옳음 속에는 반드시 객관적으로 인간사회가 필요로 하고 요구하는 것이라는 대전제가 내포돼 있어야 한다.

따라서 정의는 우리들의 현실생활에 부합된 것일 뿐만 아니라 실현 가능한 객관적 요청에 기반을 둔 것이어야 한다. 진정한 정의란 단순한 관념적 합리성, 실현성 없는 옳음이 아니기 때문이다. 정의는 추상적일 수 없다. 이론상으로는 옳으나 실현성 없는 옳음은 정의가 될 수 없다. 따라서 정의란 추상이 아니라 현실에서 실현이 돼야 하며, 우리가 살고 있는 실제 생활에 부합하는 것이어야 한다. 그렇지 않으면 제아무리 위대한 개념이라도 가치를 부여할 수는 없다. 진정한 의미에서 정의란 현실을 떠나지 않으면서 오늘의 현실이 요구하는 지향과 목표에 합치하지 않으면 안 된다. 말하자면 인류사회가 요청하는 가능성 있는 정당한 당위적 신념이 곧 정의인 것이다.

그렇다면 정당한 정의관의 내용과 방향이란 무엇인가. 정의의 길은 인류사회의 문화와 문명을 고도로 발달시킴으로써 최대한의 복리를 향유하고 가치를 실현할 수 있는 민주주의 원칙에 부합하는 '국제의 도道', 즉 문화의 세계 창조에 합치해가는 과정이다. 인류의 문화세계의 건설에 합치하는 것이 정의이자 정의의 내용이다. 환언하면 정의란 사회 목적에 부합되면서도 옳은 것을 실행해야 하는 당위적 행동이다.

물론 정의 역시 앞서 살펴본 가치 체계들과 마찬가지로 절대적으로 영원불변하는 어떤 것은 아니다. 시대적 요청에 따라 정의의 내용 또한 달라진다. 그 점에서 정의란 각 시대마다 세워진 진리에 합치하는 것으로도 볼 수 있다.

중요한 것은 어느 시대, 어느 사회에서나 인류사회에는 하나의 시대 원리, 다시 말해 하나의 시대 진리가 존재해왔다는 점이다. 그것은 이 책이 시대적 요청으로 이해하고 또 강력하게 주장하는 문화복리주의에 대해서도 마찬가지이다. 문화복리주의를 건설하기 위해서는 우리 시대의 인류가 목적하는 바를 정의로 세우지 않으면 안 된다. 인류가 원하는 정의를 정립하고 유지하고 또 실현하기 위해 노력하는 것이 우리 시대의 원리이자 문화복리주의가 추구해야 할 방향성이다.

이렇게 볼 때 진정한 정의란 국가라는 범위 안에 머물지 않는 것임이 자명하다. 국가라는 토대를 벗어나 인류의 정의를 실현하는 것이 진정한 의미의 정의이기 때문이다. 이를 추찰하기 위해 앞에서 절대적 또는 존재적인 정의를 비판적으로 검토하고 상대적이면서도 당위적인 정의에 대해 살펴보았던 것이다.

이러한 성찰의 과정에서 얻은 결론은 하나다. 우리 인류가 시대적으로 소망하고 있는 정의는 인류가 하나가 돼 전쟁 없이 평화롭게 공존하는 것이다. 문화세계는 바로 이러한 현실주의적 이상주의에 의해 배태된 것이다. 어떤 의미에서 현재까지의 인류사는 문화세계라고 하는 하나의 세계를 건설하기 위한 도정途程이었다고 해도 과언이 아닐 것이다. 새로운 세기의 정의란 문화세계를 창조하고 문화규범을 통해 이를 실현하는 과정이 아니고 무엇이겠는가. 우리 시대의 정의란 인류가 요구하는 기본 조건을 유지하고 수호하면서 실천하는 행위 그 자체라고 말할 수 있다.

제6절 도덕

1. 도덕의 개념

도덕은 인간이 사회생활에서 지켜야 할 행위규범을 일컫는다. 오랫동안 인류는 신이 인간에게 지켜야 할 계명을 주었다고 믿었으며 이를 도덕가치로 생각해왔다. 도덕적 행위란 이러한 신의 명령을 따르는 것이며, 도덕을 위반하면 신의 음성이라고 할 수 있는 양심이 작용한다고 믿었다. 물론 그것은 앞서 살펴본 바와 같이 현재 우리가 살아가고 있는 시대의 도덕과는 다른 의미이다. 그러나 중요한 것은 그것이 어떤 내용이든 간에, 사회질서 유지를 위해 법률이 있는 것과 마찬가지로 인간에게는 도덕이 있다는 점이다.

도덕은 인간을 내적으로 정화시키는 역할을 담당해왔다. 도덕은 인간과 인간과의 상호 관계뿐만 아니라 인류 전체를 위해 필요한 행위규범이다. 따라서 도덕을 지키지 못하는 인간은 사회의 일원이 될 수 있는 자격을 상실할 뿐만 아니라 인간으로서의 직책을 감당할 수 없는 비인간적 존재가 되고 만다. 도덕생활이 인간과 동물을 구별해주는 표지일 수 있는 것은 그 때문이다. 도덕을 통해 인간은 사회적 집단생활과 정치생활을 영위할 수 있게 된다. 따라서 도덕은 앞으로 인류가 건설해 나아가야 할 문화세계의 또 하나의 중요한 기반이다.

도덕의 내용은 다음과 같이 정리할 수 있다. ① 선을 내용으로 하는 도덕 ② 의무를 내용으로 하는 도덕 ③ 덕德을 내용으로 하는 도덕 등 세 가지다. 첫째, 선을 내용으로 하는 도덕이란 합목적적인 행위, 즉 사회의 표준에 부합되는 행위가 선이라는 상대적인 도덕관이다. 둘째, 의무를 내용으로 하는 도덕이란 신의 명령에 순종하는 인간의 행위, 즉 절대적 권위자의 위신에 복종하거나 혹은 절대자가 명령한 의무를 충실히 이행하는 것을 의미한다. 셋째, 덕을 내용으로 하는 도덕이란 금욕주의적인 견지에서 인간의 한계를 극복함으로써 고통을 극기하는 도덕을 의미한다.

이 각각의 시각들은 인간의 의무와 표준을 정하는 것에서는 일정한 차이를 드러낸다. 그러나 도덕이 규범에 따르는 것이라고 정의한 점에서는 서로 동일하다. 도덕을 인간으로서 마땅히 해야 할 행동, '당위'로 간주한 것이다. 그 점에서 당위성은 도덕의 조건이자 그 기원이라 할 수 있다.

그렇다면 도덕은 어떻게 발생하게 됐는가. 도덕의 기원에 대해서는 네 가지 설이 있다. 첫째, 친화적 도덕설이다. 인간이 공동생활을 하게 된 동기는 자기 씨족(혈족)들이 모여서 인간 이외의 딴 동물의 침해를 방지하고 타 씨족의 침공을 방지하기 위함이었다. 집단적 내부의 관계가 혈족 중심으로 돼 있어 존속과 비속의 차별로부터 오는 충돌 때문에 예절이 필요하게 된다. 같은 항렬 간에도 상호 간 협조하고 양보해야 할 일이 생겨난다. 또 인간으로서 할 일과 해서는 안 될 일이 나타나게 된다. 친화적 도덕설은 이처럼 인간관계에서 합당한 구획을 정하고 이를 지키기 위해 설정된 규범이 도덕이 됐다고 생각한다.

둘째, 협정적 도덕설이 있다. 인간은 공동생활을 하게 돼 있으므로 일정한 협정이 필요하다. 상호 간의 살상을 중지하고, 침탈을 막고, 약속을 체결하기 위해 협정을 맺게 되는 것이다. 이러한 타협이 없다면 우리는 모두 서로의 생명을 위협하게 될 것이고, 안전을 책임질 수 없는 상태에 빠질 것이다. 따라서 자연스럽게 서로의 관계를 정립하고 보호하는 모종의 협약이 발생하게 되는데, 협정적 도덕설은 도덕의 근원을 바로 여기에서 찾는다.

셋째, 군주도덕설君主道德說이 있다. 인간사회는 태초로부터 추장이라든가 부족장을 중심으로 모인 집단체이다. 권력자에 순종한다는 것을 전제로 상호 간의 침략을 억제하고 질서와 예절을 지키며 살아왔다. 이러한 생각을 근간으로 성립되는 것이 군주도덕이다.

넷째, 신을 중심으로 인간은 상호 간 호혜적으로 관계를 맺고 침략하지 말라는 신의 계명을 따르며, 이에 순종하던 행동이 도덕의 기원이 됐다는 주장도 있다.

이상의 도덕기원설에서도 하나의 공통점이 발견된다. 그것은 도덕이 발생하게 된 배경이 사회생활을 계속하기 위해서라는 점이다. 인간들 사이의 상호 간의 충돌을 피하고 안전하게 삶을 유지하기 위해서는 일정한 행위 준칙이 필요하며 그것이 바로 도덕 발생의 모태라는 것이다. 인간생활에서 도덕을 제거한다면 인간과 동물이 하등 다를 바 없을 것이다. 문화도, 문명도, 역사도, 과학도 있을 수 없다. 도덕이 없었다면 강자는 약자를, 영리한 사람은 우둔한 사람을 침해하는 일이 일상사가 되고 말았을 것이다. 인류의 사회생활은 하루아침에 파탄을 맞이하고 말 것이다. 인간은 도덕 때문에 인간적인 삶과 그 지위를 지속할 수 있었던 것이다.

사람이 사람 되는 소이所以도, 우리 인류가 문화를 이루고 살 수 있는 소이도, 이 모두가 도덕을 지키고 상호 협조하기 때문이다. 만일 인간이 뿔뿔이 흩어져 단독으로 살아간다면 이 모든 것은 바랄 수도 없고 이룰 수도 없다. 도덕이란 공동으로 사회를 이루어 살아가는 인간의 기본 요건이자 필수 조건이다. 도덕을 잘 지키면 서로가 협력하는 좋은 사회를 만들어 문화도, 문명도, 경제도, 예술도 발전시킬 수 있으며, 궁극적으로 행복한 사회로 나아갈 수 있다.

반면 도덕을 준수하지 않고 이기적이고 교활한 마음으로 간계한 술책만을 일삼는다면 이 사회는 더 말할 나위도 없이 타락하고 문란한 곳이 되고 말 것이다. 우리들의 안전과 행복 또한 기대할 수 없을 것이다. 도덕을 준수하고 자신과 사회의 발전에 기여할 수 있는 삶을 도모하는 것은 인간 자신을 위한 일이라고 말할 수 있다.

2. 도덕의 본질

'도덕은 지켜야 한다. 그러나 도덕에 사로잡힌 인간이 돼서는 아니 된다.' 우리는 선인先人들과 같이 도덕규범을 우상화해 미신하는 몽매한 인간이 돼서는 안 된다. 도덕에 대한 본질적인 성찰과 과학적인 세계관을 가짐으로써 항시 바른 이해를 갖추어야 한다. 이것은 현 과학사회에 살고 있는 문명인에게는 절실히 요망되는 일이자 시급한 일이다.

만약 인간이 절대선을 설정하고 무조건적으로 추종하며 절대복종한다면 그것은 도덕을 준수하는 것이 아니라 도덕에 사로잡히는 것이 될 것이다. 공자나 맹자도, 또 예수도 도덕에 대한 무조건 복종을 설명했다. 도덕의 길에서 한 치라도 벗어나서는 안 된다고 설파했다. 도덕을 어기는 것은 죄를 짓는 일이다. 죄를 짓는 자를 기다리고 있는 것은 벌책뿐이다. 이러한 설명들은 일견 타당해 보인다. 그러나 교시教示처럼 설파된 도덕의 내용을 잘 살펴보면 수긍할 수 없는 부분이 있음을 알게 된다.

봉건사회의 도덕은 보편적 원리에 입각할 수 없다. 소위 전제자를 찬양하고 위하는 행위가 충신으로 인정되고 또 국가를 위하는 것이 되는 사회이기 때문이다. 선 자체가 절대군주를 위한 행위에 불과하다. 이러한 사회에서 도덕 원리란 군주를 중심으로 모든 사상과 행동규범이 조직된다. 사회 지도자와 도덕가들은 모두 군주를 위해 존재한다. 이는 독재사회라고 다르지 않다. 오히려 도덕이라는 규범에 의해 인민이 인권을 유린당해도 이를 따르지 않으면 안 된다.

그러나 현시대는 민주주의 시대이며 인민 자신들을 위한 시대이다. 옛 선조들은 현실과는 달리 천도天道에 따르는 것이라고 생각하고 그 길만이 옳은 것으로 믿었다. 집권자나 군주의 명령이라면 옳고 그름을 떠나 무조건 따라야 했던 것이다. 그러나 민권사회로 바뀌게 되면서 집권자에게 무조건 따르고 그를 위해 사는 것은 부당한 것이 됐다. 민주주의적 계몽사상에 담긴 생활이념은 남을 위해 사는 것이 아니라 나 자신을 위해 사는 것이라는 생각이다. 따라서 민권사회는 군주를 위한 도덕을 부정하고, 자신의 생활 질서에 도움이 되는 것을 도덕으로 삼고자 한다. 이제 비로소 도덕은 하늘에서 내려준 행동규범이 아니라 인간에 의해 인위적 필요에 따라 존재하게 된다.

그렇다면 과연 도덕의 본질은 무엇인가. 신의 길이 아니라 인간의 길이며, 군왕이나 특수자를 위한 길이 아니라 인민 전체의 행복을 위한 길이다. 근래의 도덕관은 군주사회 혹은 신권神權사회의 도덕을 설명하는 절대적 도덕관과 천부인권 사회를 설명하는 상대적 도덕관의 두 가지로 나누어볼 수 있다. 그러나 과학을 통해 절대적인 것과 특수적인 것이 부인됐으며, 이에 따라 특수 도덕을 부인하는 민권사회의 도덕관이 진리가 되지 않을 수 없다. 따라서 우리들은 그 사회의 세기적 진리가 무엇인가를 앎과 동시에 어느 것이 과연 진리인가를 깨달아야 한다. 그런 연후에 우리들의 도덕 이행에 대한 태도를 결정하는 것이 가장 옳은 길이다.

따라서 우리는 맹목적이고 맹신적인 도덕 관념을 타파하고 진정한 도덕관을 찾고 또 세워야 할 것이다. 도덕과 풍습의 노복奴僕이 돼서는 안 된다. 도덕을 조종하고 풍습을 정화하는 인간이 돼야 하겠다. 도덕을 조종할 줄 아는 사람은 그야말로 가치를 창조하는 사람일 것이다. 우리가 도덕을 위반할 때 느끼는 양심의 가책도 신을 두려워해서가 아니라 자기의 직책을 다 지키지 못한 데서 오는 것이어야 한다. 인간에게 당위로 부과한 규범을 수행해야 한다는 의무감에서 양심이 작동해야 하는 것이다. 따라서 우리 모두는 도덕의 진정한 의미를 판단할 수 있는 과학적인 시각을 갖춘 민주주의적 인간이 되지 않으면 안 된다.

3. 문화복리주의의 도덕관

이상에서 도덕이란 무엇이며 또 그의 내용이란 무엇인지 살펴보았다. 그렇다면 진정한 도덕 원리를 어디에 세워야 하는가. 도덕이란 절대적인 입장에서 개시하고 또 폐기할 수 없는 어떤 대상이 아니다. 타율적이고 추종적인 행위 또한 도덕이라고 말할 수 없다. 진정한 의미의 도덕이란 한 시대의 문화 풍속과 정치적 요구에 적합한 원리에 입각해 구성된다. 뿐만 아니라 민주주의적 목적 원리에 부합되고 인류를 행복하게 하는 것이 아니면 가치 있는 도덕이라고 말할 수 없다.

이와 같은 의미에서 진정한 의미의 도덕 원리란 인류사회의 질서를 유지하고 안녕과 복지를 도래하게 하는 도덕이어야 할 것이다. 앞 시대가 그랬던 것처럼 도덕을 지킬수록 자기 자신을 희생하게 되는 것은 도덕이 아니다. 절대자에게 굴종하기만 하는 도덕도 바람직한 도덕일 수 없다. 참된 도덕이란 무조건적인 복종과 실천을 의미하지 않는다. 인간 스스로의 행복을 위해 요구하고 의義를 실천하며 인간 자신이 원하는 바가 도덕이 돼야 한다. 도덕의 진정한 출발점은 나 자신이다. 나의 행복과 안녕을 위한 곳에서 도덕은 비로소 그 존재 의미를 획득하게 된다.

더구나 민주주의 사회에서 요구하는 도덕은 도덕 그 자체를 위한 도덕이 돼서는 안 된다. 민주주의 사회가 인류를 문화적으로 가치 있고 행복하게 만드는 문화세계를 지향해야 하는 것처럼, 도덕 역시 이에 부합하는 도덕이 돼야 한다. 이를 위해 인류는 인류 자신을 진실로 행복하고 가치 있게 해줄 수 있는 문화규범을 세워야 할 것이다. 문화사회 창조를 보호하고 조장하기 위한 새로운 도덕을 정립하고 그 임무와 원리를 세워야 하는 것이다.

제7절 진리

1. 진리의 개념

보통의 경우 진리란 인간의 사유와 외계의 사물 사이에 이치가 합일하는 상태를 말한다. 객관적 조건과 주관적 요구가 서로 부합해 충족될 때 우리는 가치 있다고 말한다. 마찬가지 시각에서 주관의 추정과 단정이 객관적 사실에 합치되는 주관과 객관의 관계를 진리라고 말할 수 있을 것이다. 진리는 인간과 사물 사이에서 발생하는 원리를 뜻한다. 어떤 의미에서 인간의 역사란 이처럼 인간과 사물 사이의 관계를 통해 진리를 구축하고 실현해 온 과정이었다고도 말할 수 있을 것이다.

사실 어떤 일이 성공적이라고 하는 것은 그것이 진리이면서 주관의 판정과 객관적 사실이 일치하는 것을 의미한다. 그렇다면, 그것은 불변하고 보편타당한 것만이 진리는 아니라는 사실을 입증해준다고 하겠다. 진리란 특수한 사실과 그 자체 속에 잠재돼 있는 어떤 것으로 보아야 하는 것이다. 진리는 선험적으로 존재하는 것도 아니다. 인간의 경험에 의해 후천적으로 구성된다. 그 점에서 진리란 절대적이고 변하지 않는 보편성이 아니다. 시대와 사회에 따라 상대적으로 만들어지는 특수성을 지닌다. 때문에 진리는 하나가 아니라 여럿이 될 수 있다. 전 우주의 원리로서 진리만 존재하는 것이 아니라 특수한 사실들 속에 존재하는 개별적 진리가 존재할 수 있는 것이다. 따라서 진리란 본질계라고 할 수 있는 실재계實在界에만 존재하는 것이 아니라 이 세상 우리가 살아가는 어느 곳에라도 존재할 수 있다. 진리가 참이라는 것은 진실한 이치라는 뜻이며, 백 가지 사물이 있다면 백 가지의 특수한 진실이 있을 수 있기 때문이다.

가령 봄이면 꽃이 핀다는 것도 하나의 진리이며 강물이 높은 곳에서 낮은 곳으로 흐른다는 것도 진리이다. 모든 생명이 시간이 지나면 늙고 죽는다는 것도 진리이다. 진리는 하나의 이름이지만 그 내용이 각기 다른 것이다. 기온이 차면 나뭇잎과 꽃이 떨어졌다가 따뜻해지면 다시 잎이 돋고 꽃이 핀다는 것은 초목의 진리이다. 물 자체가 무게를 갖고 있다는 사실과 지구는 핵심부를 중심으로 인력引力을 가지고 있어 물이 높은 곳에서 낮은 곳으로 흐른다는 것은 진리이다. 사람도 동물인 만큼 수명이 있어 이 세상에 나서 자란 후 신체가 노쇠해지면 활동이 정지해 죽는다는 것은 인간의 진리일 것이다. 이러한 세 가지 특수한 사실들 속에 각각 다른 진리가 존재한다. 이러한 진리의 특수성 때문에 진리는 하나가 아니라 여럿인 것이다.

그러나 진리는 참이라는 의미에서는 하나다. 이 세상에서 진정한 진리란 둘이 있을 수 없다. 오직 하나다. 얼핏 생각하면 전술한 것과 모순되는 것 같다. 하지만 진리가 하나라는 것은 보편적인 의미에서가 아니다. 개별적인 특수 사실에 있어서 그 일 자체에 관해서는 진리가 둘이 있을 수 없다는 의미에서 하나라고 하는 것이다. 횡적으로 진리를 관찰할 때에는 진리는 여럿이다. 그러나 종적으로 시찰할 때에는 진리는 역시 하나인 것이다. 그렇다면 인간사회에서의 진리는 무엇인가. 인간은 다른 존재와 관계를 가지면서 살아가야 한다. 이 관계는 조화와 협력을 가져올 수도 있지만 충돌과 파괴 또한 가져올 수도 있다.

그렇다면 인간사회에서 적합한 진리란 무엇인가. 그것은 바로 인간 자신에게 가치를 줄 수 있는 것이어야 한다. 바꾸어 말하면 인간 삶에 부응하는 것이 진리가 될 수 있다. 인간에게 직간접의 도움을 주고 객관적 사실로서의 진리성眞理性을 겸비할 때 비로소 진리가 될 수 있는 것이다.

관념론자는 실제로 가치가 없어도 진리를 인정할 것이다. 그러나 과학적이고 민주주의적인 시각에서 본다면 현실과 분리된 관념적 가치란 진리가 될 수 없다. 앞에서 말한 것처럼 진리란 절대적인 어떤 것이 아니라 특수한 것이기 때문이다. 인간의 주관과 사물과의 관계에서 인간사회의 진리가 성립돼야 하는 것이다. 진리는 신의 진리도 동물의 진리도 아닌 인간의 진리여야 한다. 인간과 인간의 삶에 가치와 진실성을 부여할 수 없는 것이라면 진리가 될 수 없다.

인간사회의 진리는 인간사회에 즉응한 이치를 의미하며, 그 속에 내포된 가치는 인간이 생生을 유지하고 발전시키도록 돕는다. 진리는 삶에 빛을 주며 가장 자연스러운 사물과의 관계를 알려준다. 이 자연스러운 사물과 인간과의 관계 속에 진리가 존재한다. 부자연스러운 것은 진리가 될 수 없다. 삶에 빛을 줄 수 없는 것은 진리가 아니라 허위이다.

2. 진리의 내용

진리의 내용은 절대적인 진리관과 상대적인 진리관 두 관점에서 살펴볼 수 있다. 절대적인 진리관에서 보면 우주는 하나다. 우주는 대자연의 섭리에 의해 절대 불변하는 철리哲理와 보편타당한 원리를 가지고 있다. 때문에 모든 것의 참은 오직 유일하며 이 하나인 진리를 중심으로 삼라만상이 흩어지고 모인다. 세상 모든 것이 진리 가운데에서 현현顯現하고 변화한다.

여기서 말하는 참이란 절대적인 진이자 선이며 미이고 성이다. 진·선·미·성 같은 이 우주의 진리는 영원불변하며 아무리 인위적으로 없애거나 변화시키려 해도 그렇게 하는 것 자체가 불가능하다. 진리는 자연 그대로 엄존儼存한다. 이 불변성이 곧 참이요 진리의 원인이다. 따라서 인간은 이 무한한 정신적인 생활에 있어서 모든 현상적인 파생가치를 버리고 우주의 근본가치를 형성하고 있는 본질적인 가치를 추구하기 위해 노력하고 건설하지 않으면 안 된다. 이러한 불변의 진리를 인간의 삶에 구현하는 것이 곧 참다운 삶이다.

반면 상대적 진리관은 진리란 참인 것만은 사실이지만 선험적이고 절대적인 가치가 아니라 특수하고 소극적인 경험에 의해서 얻어진다고 주장한다. 일반적인 사리事理가 곧 진리이다. 따라서 진리는 객관적 사실, 대자연 속에 내포돼 있는 어떤 이치만을 진리라고 할 수 없다. 진·선·미·성과 같이 주관적 사실인 우리 정신 활동의 표준을 진리로 부를 수도 없다. 오직 주관적 단정이 객관적 사실의 이치와 부합이 될 때 비로소 진리로 인정받을 수 있다. 만약 우리가 객관적 사실의 제諸 이치를 진리라고 한다면 그것은 이미 죽은 진리이며 무용한 한낱 물리物理에 지나지 않는다. 그것이 인간의 진리가 될 수 없다는 사실은 지극히 자명하다.

상대적 진리관은 이러한 논거 위에서 진리를 생활과 직간접 관계를 가질 수 있는 이利·쾌快·효效·용用과 같은 것으로 이해한다. 오늘날 철학은 선험적 유리론唯理論으로부터 경험적 실증철학으로 이동했다. 이제 신의 진리가 인간의 진리가 될 수 있었던 시대는 사라졌다. 민주주의 정체 속에서의 인간의 삶은 더욱더 그러하다.

진리란 관념의 유희가 아니라 실제적으로 인간에게 도움을 줄 수 있는 진실한 가치를 가지고 있을 때 비로소 진리가 될 수 있다. 듀이도 이와 같은 견지에서 진리를 선험적·절대적인 것이 아니라 상대적·경험적인 것으로 인식했던 것이다. 신의 섭리라는 차원이 아니라 인간의 실험에 의해 확보된 정확한 결과만이 진리라는 이름을 얻을 수 있다.

물론 진리에 대한 실험은 어떤 특수한 것만을 실험해서는 안 된다. 그래서는 참 진리를 얻을 수 없다. 삶이라는 경험 전체에서 얻을 수 있는 보편성 속에서 실험돼야 한다. 일상생활 속에서 경험하고 획득하는 산 체험의 전부를 통해 진리가 유추될 수 있어야 하는 것이다.

이렇듯 상대적 진리관에서 보면 인간의 진리는 보편적인 원리가 아닌 특수한 경험에 의해 획득된다. 구체적인 사실에서 얻어지는 체험 전체가 곧 진리의 내용이다. 추상적인 관념론자들이 생각하는 절대적 가치는 참된 진리가 될 수 없다. 인간에게 실제적으로 도움과 영향을 직간접으로 미치는 것만이 진리가 될 수 있다.

종합하면, 절대적 진리관은 진리를 선재先在하는 것, 즉 선험적인 것으로 본다. 인간 이전부터 진리가 존재하기에 인간은 연역적 사유를 통해 진리를 깨달아가야 한다. 반면에 상대적 진리관은 사물보다 우월한 존재인 인간의 입장에서 사물의 제반 관계를 귀납적으로 이해해나갈 때 진리에 도달한다는 주장이다.

다시 말해 절대적 진리관은 진리를 인위적 노력에 의해 변할 수 없는 불변의 존재로 인식한다. 자연물 속에 실재해 있는 모든 물리적·종교적(절대적) 관계를 진리로 인정하는 것이다. 하지만 상대적 진리관은 진리를 후천적·경험적인 것으로 인식한다. 인간은 진리 인식의 주체일 뿐만 아니라 진리를 진리일 수 있게 하는 존재라는 견지에서 출발한 것이다. 따라서 진리를 상대적이고 가동적이며, 변화하는 인간 도리와 효용 속에 존재하는 것으로 이해한다.

이 두 진리관은 인간에 대한 철학적 사유 체계 자체가 다르다. 절대적 진리관은 자연의 우주 이법이 진리의 본원이므로 인간도 자연의 속성에 속하며, 우주 이법에 따라 변함없는 진리의 지배를 응당히 받는다고 생각한다. 하지만 상대적 진리관은 진리란 인간의 필요와 효용성이 있는지 여부에 따라 인정되므로 인간과 사물과의 관계에 진정으로 부합하는 것이 진리이며, 따라서 그것은 불변적인 것이 아니라 가변적인 것일 수밖에 없다는 시각이다. 그러나 절대적 진리관이 지닌 뚜렷한 한계가 상대적 진리관에서도 발견된다. 진리 자체를 효용가치로 보는 것은 하나의 오류가 될 수 있다. 진리와 효용은 반드시 일치하는 것은 아니기 때문이다.

3. 문화복리주의의 진리관

진리는 관념적인 목적가치가 아니라 실제적 효용가치와 진실성에 의해 인정돼야만 진정한 진리이다. 절대적 진리관의 내용인 진·선·미·성과 같은 추상적인 생활 표준으로는 우리가 도달한 과학의 세계를 설명할 수 없다. 인간생활을 가능하게 하는 물질적인 이치 또한 설명해줄 수 없다. 과거에는 물질과학이 삶의 영역에서 중시되지 않았다. 윤리적인 선, 논리적인 진, 예술적인 미, 종교적인 성만이 인간의 중요한 원칙이었으며, 이것 이외에 다른 가치 체계를 필요로 하지 않았다. 과학의 진리, 물리의 진리에 대해서는 주목하지 않았을 뿐만 아니라 오히려 이러한 일을 비천시하고 경멸했다.

또 상대적인 진리관은 어떠한가. 추상적인 관념이 아닌 실제 살아 있는 삶의 영역을 중대시하고 물질과학을 통해 그 원리를 설명하고자 했다는 점에서는 일정한 의미를 부여할 수 있다. 그러나 그 진리의 효용성과 무관하게 정신적 지향성을 무시하는 것은 단점이 아닐 수 없다. 인간을 정신적인 것으로만 설명할 수 없는 것처럼, 인간은 물질만으로는 살 수도 설명할 수도 없다. 인간은 감성과 이성 모두를 가지고 있기 때문이다. 이성만으로 혹은 감성만으로 인간을 설명한다는 것은 불완전한 설명에 불과하다. 인간은 유한한 육체로써 물질생활을 영위하는 동시에 무한한 정신의 힘으로 교양과 지성을 바탕으로 하는 정신생활을 수행한다. 따라서 인간은 '유한한 무한'의 존재자인 동시에 '무한한 유한'의 존재이다. 이러한 관계에 대해 요시다 세이치는 인격(인간)이란 유한과 무한 사이의 긴장의 체현이라고 말한 바 있다.

그러나 여기에서 우리가 분명히 해두어야 할 한 가지는 정신과 육체의 상호 관계가 완전히 단절된 이원적인 것이 아니라는 점이다. 육체와 정신은 단절되지 않은 일원元 관계이다. 육체가 실재하듯이 정신도 실재하는 것으로 오해해 이 둘의 관계를 완전히 독립된 두 개체의 대립으로 이해해서는 안 된다.

정신은 육체 위에 근거한 활동 형식이다. 엄밀한 과학적 입장에서 논한다면, 정신은 선험적인 것이 아니라 육체에 부수적으로 존재하는 생生의 현상이다. 다른 생물들과 비슷하게 인간의 정신 역시 육체적 조건에 따라 있을 수 있는 의식 작용인 것이다.

정신은 종교가들이 말하는 것과 같이 영원불멸 영생하는 것이 아니다. 육체적인 모든 기능이 완전히 정지하면 정신 역시 사멸하는 생生의 현상이다. 인간이 죽은 후에도 독립해서 존재할 수 있는 영혼이란 없다. 이에 대해서는 과학적으로 입증하거나 설명할 필요조차 없으리라.

육체는 객관적 자극에 의해 반응하고 움직인다. 정신은 이러한 육체의 반응을 수용하고 이를 반영해 만들어지는 의식적 현상에 불과하다. 보면 느끼고, 보지 않으면 느끼지 못하며, 봐야 알고, 보지 않으면 알 수 없다. 폭포수를 보면 장쾌하다고 느끼며 더러운 물건을 보면 불쾌하게 느낀다. 사랑하던 사람이 죽으면 비애를 금할 수 없다. 이 모든 것은 정신이 육체와 분립된 독립생활을 하고 있는 것이 아님을 증명해준다. 오관五管을 통해 느끼고 자극돼 정신이 작용하는 것이다.

진정한 진리관은 정신과 육체의 변증을 통해 얻어진다. 정신이 육체적 감각에 입각해 활동하고 있다고는 하지만 정신의 활동이 육체의 활동과 다른 것만은 확실하다. 진·선·미·성 같은 것을 지향하는 정신적인 면은 진실성을 통해 설명해야 한다. 반면, 이利·쾌快·효效·용用 같은 육체적 면은 효용성을 통해 설명해야 할 것이다.

이 점에서 진정한 진리관은 진실성과 효용성을 구비하고 있는 것이어야 한다. 진실성과 효용성 중 어느 하나라도 갖추지 못하면 그것은 완전한 진리가 될 수 없다. 물론 진리는 항상 인간과 사물 사이에서만 인정되는 것이 아니다. 사람과 사람의 관계에서도 규범적인 진리가 존재한다. 이 규범적 진리는 나라는 주관과 다른 사람들에 의해 당위적으로 성립이 된다. 이 경우에는 나 이외의 다른 사람들이 객관이 된다고 말할 수 있을 것이다. 인간과 인간과의 관계에서 진리는 인간의 주관적 행동이 우리들의 객관적인 인간관계와 합치하는 곳에 있다 하겠다. 다만 그 성격에서 조금 다르다. 물리와 같이 인간과 사물과의 관계는 존재Sein적 진리라면, 인간과 인간의 관계에서 요구되는 규범들은 당위Sollen적 진리이기 때문이다.

삶의 의미는 인간의 진정한 자유·평화·복리를 달성하는 데 있다. 거듭 말하거니와 그것은 문화세계의 실현을 통해서만 가능하다. 그리고 이러한 문화세계는 민주주의의 원리에 따라 구현될 수 있다. 따라서 지금 인류사회는 문화세계 창건을 하나의 당위적 진리로 제시하지 않을 수 없다. 문화세계 건설을 돕고 이에 협력하는 것이 바로 우리 시대에 부여된 진리인 것이다. 인류의 궁극적 발전 형태인 문화세계를 창건한다는 것은 현 인류의 유일한 당위적인 진리가 아닐 수 없다.[35]

35 [원주] 절대적인 진리관은 진리 그 자체로서 가치가 있을 수 있다고 하나 상대적인 진리관은 진리 그 자체로서는 가치가 없고 오직 인간에게 어떠한 효용가치를(관계를 가짐) 직간접 주는 것이 아니면 진리가 아니라고 한다. 그러나 전자인 절대적 진리관이 그 자체로서 가치가 있다고 하는 것은 진리의 성립 조건으로 미루어보아, 즉 진리라고 하는 것이 주관과 객관적 사실의 합치에서 비로소 성립되는 것이기 때문에 옳을 수 없는 것은 재언을 불요하고 후자인 상대적 진리관은 인간에게 효용가치를 부여하여야만 진리일 수 있다고 하는 것은 효용과 진리와는 성질이 동일하지 않다는 이유로 그의 부당성이 지적되는 바이다. 진정한 진리라고 하는 것은 인간과 사물과의 관계인 만큼 인간에게 직간접으로 효용가치를 가져야 한다는 것은 전술한 성립 요건으로 미루어보아 당연한 일이라고 하겠지만(효용성) 아무리 효용가치가 있어도 진실성이 없다면 그것은 진리가 아닌 것이다. (가령 일례를 들면 여기에 수요되는 빵이 있다고 하면 효용성 그 자체로서 진리가 아니라 인간과 빵과의 관계, 즉 인간이 빵을 먹음으로 말미암아 살 수 있다는 이 진실성이 구비되어야만 진리일 수 있는 것이다.)

제8절 세계

철학의 최고 문제는 인생과 우주에 관한 문제이고 철학의 최고 형식은 주관과 객관의 논리이다. 또한 철학의 최고 과제는 정신과 물질과의 상호 관계의 이해와 해결에 있다. 정신과 물질의 상호 관계는 인생 최고의 원리인 동시에 근본 문제이다. 그 상호 관계를 밝히는 것은 인생 파악과 우주세계 이해에 있어서 근본 요체이며 관건이다. 이 소중한 문제를 이해하기 전에 세계와 우주를 논하고 인생과 사회를 논한다는 것은 위험천만한 일이다. 우물 안 개구리처럼 편견과 좁은 지식을 가지고 대자연을 논하는 꼴이다.

정치철학을 논하고 국가정치가 마땅히 가야 할 길을 계시하기 위해서는 우주의 근본 원리를 바로 파악하지 않으면 안 된다. 정치철학을 논하기 전에 먼저 주장하는 학설의 철학적 근거를 천명하지 않으면 안 된다. 이러한 성찰 없이는 주장하는 바의 진부眞否를 믿을 수 없다.

1. 일원론

유일한 원리 혹은 견지에서 세계의 다양성을 설명하는 시각을 단원론, 또는 일원론一元論이라고 부른다. 일원론은 크게 주관의 원리와 객관의 원리로 분류할 수 있다. 그러나 일원론이라고 해서 그 시각이 완전히 일치하는 것은 아니다. 스피노자, 헤겔, 쇼펜하우어 등은 '단원적單元的 일원론'을 주장했다. 하지만 라이프니츠, 데모크리토스 등은 '다원적 일원론'을 의미하는 일원론을 내세운다. 또 일원론을 하나하나 열거하면 탈레스의 수水, 아낙시메네스의 공기, 헤라클레이토스의 화火, 라이프니츠의 모나드,

아낙시만드로스의 아페이론[36](무제한의 의義) 같은 매우 다양한 시각이 존재한다. 어쨌든 이것들은 주관의 원리와 객관의 원리로 설명될 수 있으므로 차례에 따라 통찰해보기로 한다.

(1) 주관의 원리

주관의 원리란 우주의 본체가 정신에 있고 만물은 정신의 영사물이며 물질계는 예지계叡智界의 유출이라고 보는 시각이다. 이러한 견해를 주장한 철학자들은 피히테와 실러, 라이프니츠와 쇼펜하우어를 위시한 일련의 학자들이 있다. 그들은 우리의 정신을 영원불멸의 실재라고 생각하고 물질은 정신의 반사물일 뿐만 아니라 그것의 현상이라고 생각했다.

가령 물체는 무상하므로 있다가도 없고 없다가도 있다. 또한 그것은 정신이 투사된, 정신이 밖으로 나타난 형태라고도 말할 수 있다. 우주의 모나드(라이프니츠의 실체 혹은 단자單子)는 정신에 존재하며, 이 정신을 통해 이룰 수 없는 것은 없다. 정신은 모든 것을 알 수 있는 완전함을 지녔다. 그 점에서 인간의 정신은 신성神性을 닮았다. 정신은 인간의 천리안이라고 말하는 것도 그 때문이다.

따라서 허무하고 유한한 물질계에 사로잡히지 말고 영원하고 무한한 정신생활을 중심으로 그것을 완성하는 것만이 의미 있는 일이다. 인격을 고양시켜 완전한 삶을 갖는 것이 인간생활의 목적이 돼야 하는 것이다. 이 주관의 원리(유심론)는 인간을 만물 이상으로 끌어올려 절대적이고도 보편타당한 원리에 입각해 전인적인 인간을 형성하고 이를 통해 목적의 왕국을 이루려고 하

36 apeiron. 그리스 철학자 아낙시만드로스가 주장한 무한하고 비결정적인 제1실체(제1실체의 운동을 통해 다양한 요소들이 분화).

는 것이다. 정신을 실재實在로 인정하며 이를 인간뿐만 아니라 우주 전체로 확대해 설명하고자 한다.

(2) 객관의 원리

객관의 원리는 주관의 원리와 반대로 우주의 본체를 정신이 아니라 물질로 본다. 물질이 본질이므로 정신은 물질의 산물이라는 것이다. 정신은 물질의 그림자이며 물질이 있는 곳에는 반드시 그의 그림자가 있어 만물이 제자리를 얻을 수 있다. 이러한 견해를 주창한 사람들에는 그리스의 철학자 에피쿠로스, 고대 로마의 루크레티우스,[37] 중세 스토아 학파, 근세에 와서는 영국의 홉스,[38] 독일의 포이어바흐,[39] 엥겔스, 슈트라우스,[40] 마르크스, 러시아의 레닌 등이 있다.

객관의 원리는 정신의 절대성이나 영원불멸을 믿지 않는다. 이 세상의 실재는 물체와 육체뿐이다. 정신이란 물체가 존재하는 동안만 존재하며 물체의 활동이 중단되면 사라진다. 그러나 정신이 없어진 후에도 물체와 육신은 남는다. 따라서 물질은 끊임없이 변화하지만 그 근본만은 없어지지 않고 항상 존재한다.

이러한 의미에서 물질은 만물의 실재이자 진실이다. 영원히 변할 수 없는 진리이자 전 우주를 형성하고 있는 실재이다. 따라서 관념의 그림자를 제거하고 물질의 실재를 원리로 세워야 한다.

37 Titus Lucretius Carus, BC 99~BC 55, 고대 로마의 시인, 철학자. 에피쿠로스 철학 연구자.

38 Thomas Hobbes, 1588~1679, 영국 정치철학자. 민주적 사회계약론의 창시자. 주요 저서는 『리바이어던』(1651)(서구 근대 정치철학의 토대로 평가).

39 Ludwig Andreas Feuerbach, 1804~1872, 독일 철학자.

40 David Friedrich Strauss, 1808~1874, 독일 프로테스탄트 철학자, 신학자.

2. 다원론

병합의 원리에는 병합적 다원론과 통합적 다원론, 상관상제설相關相制說이 있다.

(1) 병합적 다원론

다원론이란 단원론에 대칭하는 용어이다. 다수의 근원적 실재(원리)를 인정하여 세계를 설명하려는 것이다. 이러한 병합적 다원론을 주장하는 사람들에는 엠페도크레스[41](지수화풍地水火風의 4원소)와 아낙사고라스(물의物議와 종자의種子義), 헤르바르트,[42] 라이프니츠 등이 있다. 로체나 데카르트의 이원론도 다원론에 속한다.

우주의 근본 요소는 하나가 아니라 여럿이라는 생각은 아낙시메네스[43]의 기氣에서 찾아볼 수 있다. 그는 아낙시만드로스의 아페이론(탈레스의 사상을 계승하며서도 우주의 근원을 물보다는 비경험적인 아페이론에서 찾았다. 아페이론은 우주의 실재로서 모든 개체는 모두 이 속에서 나와 다시 이 속으로 환원하는 무한의 순환 작용을 하고 있다. 이 우주의 근원인 아페이론은 반대의 성질을 가진 한寒·난暖·건乾·습濕 등을 분출해 이 자연을 창조하고 변전變轉하게 한다는 학설이다)과 탈레스의 물을 종합한 것이 우주의 실재이자 원리라고 말했다.

---

41 Empedokles. BC 493~BC 433(?). 그리스 철학자. 만물이 흙, 물, 불, 공기 4원소로 이루어졌다고 주장.

42 Johann Friedrich Herbart. 1776~1841. 독일 철학자, 교육자. 19세기 리얼리즘을 주도한 근대 과학 교육학의 창시자.

43 Anaximenes of Miletos. BC 545년경. 그리스 자연철학자. 탈레스와 아낙시만드로스와 함께 밀레토스의 세 현인 중 한 사람. 탈레스가 물, 아낙시만드로스는 '무한자'를 우주의 실체로 이해했으나 아낙시메네스는 아이르aer(안개·수증기·공기)를 우주의 근본으로 제시.

아낙시메네스의 이론은 기氣로부터 만물이 생겨나는데 이 기가 이합집산하면서 산도 되고 나무도 되고 물도 빛도 되지만, 때로는 흩어져 없어지기도 한다고 주장했다. 또 이 기가 모여서 하늘로 올라가면 비가 되어 내리기도 하고, 이렇게 내린 물들은 없어져서, 다시 말해 기가 되어 하늘로 올라가 구름도 되고 번개도 되며 뇌성이 되어 천지를 진동하게도 한다는 것이다. 동양의 음양오행설과 비슷한 관점이다. 그는 지구가 원형임을 주장하고 태양이 지하로 떨어져 들어간다는 속견에 대해 반대하기도 했다. 그리스의 기상학은 그로부터 시작했다고 할 수 있다.

이렇게 다원론은 이 우주의 근본 실재가 하나가 아니라 여럿이며, 이와 같은 다원소多元素가 서로 모여 작용하는 가운데에서 새것을 만들기도 하고 질을 변화시키기도 하며 이 세상을 이룬다고 주장한다.

(2) 통합적 다원론

통합적 다원론이란 정신과 물질의 대립을 그 이상의 제삼자에 의해 통합할 수 있는데, 이 통일적 실재를 우주의 근본이라고 간주한다. 통일적 실재란 단순한 하나가 아니라 일면 이상二相을 가지고 있으며, 이면二面 작용의 발현이 우주의 근원을 이루고 있다고 주장한다. 따라서 유물론이나 유심론에 치우치지 않고 정신과 물질을 대립시킨 후 포괄하는 통일 과정을 인정한다.

플라톤은 이것을 이데아Idea와 메온Meon으로 구별해 통일체의 성립 요건을 설명했고, 아리스토텔레스는 형상Eidos과 실료實料, Fure로 완전을 설명했다. 칸트는 예지계(이성계理性界)와 현상계(감성계感性界)로써 인간을 설명했다. 또 이러한 작용을 후설은 노에마Noema와 노에시스Noesis로 설명했고 그린은 경제적 의식과 영구적 자아의식으로 설명했다. 퇴니스[44]는 게마인샤프트(공동

사회)와 게젤샤프트(이익사회)를 들어 선택의지와 본질의지를 설명했다.

이는 주관과 객관을 동시에 인정하면서 통일적인 실재實在의 통합을 인정하는 것으로, 단순한 단원론도 아니고 또 단순한 다원론도 아닌 제삼의 통일체로 나아간다. 이를 일컬어 통합적 다원론이라고 부를 수 있다. 일례로 인간에게는 정신과 육체가 있으며, 그것이 분립해서는 어떤 존재 의의도 가질 수 없다. 오직 병합을 통해서만, 정신과 육체가 일치해 어떤 통일적인 행동을 하게 될 때에만 비로소 인격을 가진 인간이 되는 것이다.

(3) 상관상제설

상관상제설이라고 하는 것은 생성Welden을 의미하는 것으로 주관과 객관이라는 것은 분립도 종합도 아닌 특수한 유기적 관계를 가지고 있다. 정신과 육체가 혹은 주관과 객관이 상관相關·상제相制함으로 말미암아 주관도 아니요 객관도 아닌 존재를 나타낸다. 그것은 주관에 의해 선택되고 또 선택된 주관은 객관의 영향에 의해 생성된다는 의미이다. 다시 말해 주관은 객관에 의해, 객관은 주관에 의해 상관·상제된다. 인간이란 객관적 환경의 자극(상관)에 의해 어떤 마음이 생기고 또 그 마음이 주관에 의해 어떠한 작용과 영향(상제)을 받는다. 그리고 마침내 객관적 환경을 다시 새로운 방향으로 유도한다.

예를 들면 사람이 맛있는 음식을 보면 마음에 자극을 주어 주관으로 하여금 그 음식을 먹고 싶은 마음이 들게 한다. 또 음식을 먹으면 배가 불러 만족감을 주어 유쾌한 기분을 가지게 해주

44 Ferdinand Tönnies. 1855~1936. 독일 사회학자. 주요 저서는 『공동사회와 이익사회』. 사회를 공동사회와 이익사회로 구별.

며 신체 활동을 가능하게 한다. 따라서 인간은 다시 음식물을 찾는다. 주관은 객관에게, 객관은 주관에게 상호 간 영향을 미치게 된다. 이 점에서 상관상제설은 무엇인가를 만들고 만들어진다는 의미에서 '생성의 원리'라고도 한다(멸생滅生, Entwerden은 아니다).

따라서 이 세상 만물 중에는 완전히 독립된 존재는 없다. 모두가 상호 관계를 맺고 서로서로 만들고 만들어진다. 꽃을 보면 아름다운 마음이 생기고, 아름답다는 마음은 인간을 유쾌하게 하므로 꽃을 가꾸게 되고, 이 꽃은 또다시 인간에게 아름다움의 감정을 유발하게 될 것이다. 이처럼 세상 모든 것은 홀로 존재하는 것이 아니라 서로 관계를 맺으며 서로의 존재 의미를 생성시키고 있는 것이다.

주관의 원리나 객관의 원리 또는 병합의 원리 가운데 생성의 원리가 가장 합리적으로 인간과 우주의 문제를 설명해주는 듯하다. 인간과 세계를 생성의 원리로 보고 있다는 점에서 그 시각이 정당할 뿐만 아니라 입체적이라고 말할 수 있다. 실제로 인간은 어떤 것을 보면 이에 대해 느낌을 갖는다. 무언가를 들으면 또 그 사물의 속성을 이해하게 되는 것이다. 사물과 마음 사이에서 무엇인가 끊임없이 생성되고 있음을 알 수 있다. 견물생심見物生心이라는 말처럼, 사물을 보면 마음이 생기고, 이 마음이 사물을 끌어당기는 것이다. 이로 말미암아 물과 인간의 관계는 각기 독립해 존재하는 것이 아니라 서로 영향을 주고받으면서 무엇인가를 생성시키는 일련의 과정으로 존재한다. 그러나 이러한 생성의 원리, 다시 말해 상관상제설은 몇 가지 결함을 내포하고 있다. 다음에서는 이를 살펴보고자 한다.

3. 주의적 상대생성의 원리

'주의적 상대생성相對生成의 원리'라는 말은 내 자신이 명명한 용어이다. 앞에서 설명한 상관상제설, 즉 생성 원리를 지양하고 새로우면서도 완전한 우주 원리를 설명하기 위한 이론이다. 주의적 상대생성의 원리란 의식의 지도성指導性에 의한 상대생성 원리를 의미한다. 삶과 우주의 관계가 주관과 객관의 상호 관계에서뿐만 아니라 의식의 지도성에 의해서도 이루어질 수 있다는 시각이다.

그러나 주의적 상대생성의 원리는 주객관의 이원론이 아니다. 그렇다고 해 주객관의 병합 원리도 아니다. 정신과 물질, 인간과 우주의 관계가 주객관의 생성 관계뿐 아니라 의식적 지도성에 입각해 진실성을 설명할 수 있다. 철학도, 과학도, 우주세계도 신과 우주와의 관계가 아니라 인간과 우주와의 관계라는 엄연한 사실을 역사 과학적으로 인식하고자 한다. 이 점에서 상대생성의 원리는 종전의 사유 체계와 다르다. 생각하는 근거지가 다르기 때문이다. 주의적 상대생성의 원리는 신이나 동물의 철학관이 아닌 인간의 철학관을 세우고자 하는 관점이며, 따라서 과학이라는 정확한 확대경을 통해 이를 명철明哲히 시찰하고 파악하고자 한다.

생성의 원리는 정신과 물질만 있으면 된다. 견물생심처럼 객관적 환경만 주어지면 마음은 반드시 이에 반응한다. 사물과 인간 사이의 상호 관계가 맺어지고 이를 통해 마음과 실천이 생성된다는 것이다. 그러나 이러한 원리에는 일정한 한계가 있다. 인간과 우주 자연과의 관계를 설명하기에는 지나치게 단순하다. 주관이 있고 객관이 있으면 그것에 대한 심리적 자극이 생기고 인간은 이를 느끼고 행동한다. 이는 명백한 사실이다. 그러나 이처럼 사물과 인간 사이에는 표면적인 상호 영향 관계만 있는 것이 아니다. 이것만으로는 우주 만물과 인간의 관계를 전부 설명할 수 없다. 주의적 상대생성의 원리는 바로 그 이상의 지점을 설명하기 위해 제시된 것이다. 그것은 인간의 의식적 지도성에 의해 모든 것이 더 완전해질 수 있다는 견지이다.

가령 의식과 객관 환경만 있으면 반드시 언제 어디서나 동일하게 느껴지는 것일까. 그리고 물이 존재하기만 하면 느낌이 항상 존재하는 것인가. 인식하는 사람의 차이에 따라 다르게 생성될 수는 없는가. 주의적 상대생성의 원리가 보고자 하는 것은 바로 이 점이다. 우리가 꽃을 보면 아름답다고 느끼는 것은 일반적으로 공통된 반응일 것이다. 그러나 이것이 과연 꽃에 대한 진정한 느낌이라고 말할 수 있는가. 그것은 어떤 의미에서 내용이 없는 느낌이나 마찬가지이다. 이와 다르게 시인은 같은 꽃이지만 다르게 느낀다. 예를 들어 시인은 꽃 한 송이에서도 대자연의 이치를 발견한다. 인생의 본질을 발견할 수도 있다. 일반인이 느끼는 것과 동일하지도 않으며 평범하지도 않다. 그렇다면 이 둘 중, 어떤 느낌이 더 진실한 것인가.

또 자선가나 소설가가 본 길가에 누워 있는 걸인에 대한 인식과 의사나 목사 또는 과학자나 정치가가 본 걸인에 대한 인식도 판이하다. 자선가는 걸인을 동정하는 마음을 가질 것이고 소설가는 인생의 비극이라는 견지에서 극적으로 관찰할 것이다. 의사는 생리학적으로, 목사는 구원의 마음으로 대할 것이다. 또 과학자는 문명의 미약함을 한탄할 것이다. 정치가라면 정치의 결함이 무엇인지를 탐색하리라. 만일 여기에 평범한 사람이 지나가다가 이 걸인을 보았다면 어떻겠는가. 아, 또 걸인이 있구나 하는 정도의 느낌밖에는 없을 것이다.

마찬가지 예로 우리가 물속에서 놀고 있는 물고기를 본다고 가정하자. 같은 물고기이지만 그것을 보는 사람에 따라 느낌은 다르게 나타날 것이다. 생물학자, 화가, 시인, 소설가, 염세가, 종교가, 교육가, 부자, 빈자 등등 보는 사람에 따라 사물에 대한 관점 자체가 다르다.

어떤 객관적인 환경이 있어도 모두가 동일하게 느끼는 것은 아니다. 사물에 대한 지식 또는 교양이 없으면 느낄 수 없거나 느낀다 해도 동일하지 않다. 앞서 설명한 생성의 원리는 이러한 차이에 대해 간과했던 것이다. 환경과 정신만 있으면 모든 인간이 반드시 느낀다고 설명했기 때문이다. 그러나 그것은 사태에 대한 평면적 관찰일 뿐이다.

우리가 이 자연과 인간과의 관계를 바로 이해하고 인식하기 위해서는 과학적 기초를 가진 의식적 지도성이 반드시 필요하다. 그것이 없으면 인간은 결단코 그 무엇도 정확하고 정당하게 인식할 수 없다. 의식적 지도성이 활동하지 않으면 인간은 자신은 물론 환경에 대해서 결국 바르게 느낄 수 없고 인식할 수 없다. 어떤 사물이건 관계이건 간에 그것을 정당하게 이해하고 관찰하기 위해서는 의식적으로 어떤 주관을 세워놓았을 때 비로소 그것을 정확히 볼 수가 있다. (교육이 필요하고 지식이 필요한 원인이 바로 여기에 있다.)

앞에서 예로 든 것과 같이 한 떨기의 꽃을 보고 느끼는 것은 각인각색이다. 생물학적·예술적으로 각자 가지고 있는 지식과 교양을 기초로 해서 사물을 바라보기 때문이다. 어떤 지식적 기초가 없이는 결코 정확한 인식을 수행할 수 없다. 생물학적으로 보아야 할 사람이 종교적으로나 예술적 태도로 관찰해서는 절대로 올바른 인식을 갖지 못한다. 바로 그 때문에 의식적 지도성이 필요한 것이다.

따라서 우리가 대자연과 인간과의 관계 혹은 정신과 물질과의 관계를 논하기 위해서는 먼저 과학적으로 그것을 논해야 하는 것이다. 자연과 인간의 관계를 분석하고 관찰한 연후에야 비로소 존재의 본질에 다가설 수 있기 때문이다. 과학적 분석 과정 없이 종교적으로 인간과 자연을 신 중심으로 이해하는 것은 인식의 오류이다.

가장 먼저 할 일은 실제적이고도 확실한, 부정할 수 없는 현존, 다시 말해 자연이나 인간 자신을 논거로 그 내용을 살펴보는 것이어야 타당하다. 대상을 차례차례로 연역하고 귀납해 논하면서 본질을 깨달아가는 것이다. 말하자면 같은 달이지만 그것을 보는 사람의 마음에 따라 유쾌하게도 보이고 슬프게도 보일 수 있다. 각자의 편견 때문에 달이 이러저러하게 보이는 것이다. 그러나 사물을 이해한다는 것은 이러한 마음의 충동에 사로잡히지 않고 사태를 과학적으로 분석하는 데서 출발한다.

그렇기 때문에 어떤 의식적 지도성을 통해 생성의 원리를 이해하면서도 근본적으로 과학적 세계관을 기초로 해 '사실'을 중심으로 논해야 한다. 신이 아닌 인간적인 입장에서 관찰해야 하는 것이다. 그러나 그 구체적 방법은 물질에 한해서는 과학으로, 인간 상호 간의 관계는 물질에 토대한 정신 작용으로 생성되고 있다는 견지에서 관찰해야 한다. 물질과 정신의 상호 관계를 입체적으로 이해해야 한다.

이렇게 문화복리주의는 유심이나 유물 어느 일방에 치우치지 않고 또 그렇다고 해서 다원적 입장이나 종합적 입장도 취하지 않는다. 왜냐하면 인간사회란 대자연(물질)으로만 조성된 것이 아니기 때문이다. 또 단순히 정신적 표상으로만 구성된 것도 아니다. 유심이나 유물 어느 일방으로 인간사회의 제諸 원리를 이해하려는 것은 편협하다. 오류를 피하기 어렵다.

진정한 의미에서 인간사회는 물질만을 의미하는 것도, 자연을 떠난 단순한 인간만을 의미하는 것도 아니다. 인간사회의 본질은 인간사회의 구성 요소, 자연과 인간, 인간과 인간, 인간과 단체, 단체와 단체 사이의 모든 관계를 포함한 유기적 집단체의 관계이다.

따라서 문화복리주의는 정신을 중심으로 하는 주관의 원리도, 물질을 중심으로 하는 객관의 원리도 채택치 않는다. 또 정신과 물질이 서로 관계하고 제지한다는 상관상제설도 취하지 않는다. 오로지 문화복리주의라고 하는 의식적 지도성에 의한 상대생성의 원리에 의거해 '문화세계'를 건설하고자 한다. 인간이야말로 존재Sein에 기초하지만 정신을 통해 당위Sollen적인 것을 지향하고 실천하는 존재가 아닌가.

2

문화세계의 이념

서설

세기의 진리

어떤 시대를 막론하고 그 사회를 운영해나가는 데는 가장 보편타당한 근본진리가 있다. 각 시대마다 사회적 특성과 고유성이 존재한다. 사회를 운영하는 핵심 원리, 즉 세기의 진리를 구유하고 있는 것이다. 역사학자 랑케[45]는 하나의 사회는 시대에 따라 특이성을 지닌다고 말한다. 정치, 경제를 포함한 모든 문화가 시대적 고유성과 원리를 가지고 있다는 것이다. 봉건주의, 자본주의, 민주주의 등 각 시대의 문화의 형식과 내용은 그 시대만의 고유한 특이성을 지닌 채 발전하고 또 완성된다. 랑케는 이렇게 완성된 사회의 문화는 신에게로 연결된다고 말한다. 따라서 어떤 사회의 도덕과 문화·풍속은 그 사회에서만 타당할 것이며, 다른 사회에 그대로 적용할 수는 없다.

이렇듯 문화는 시대적 이채異彩를 지니며 모든 사회를 단순화해 종적인 관계로 이해할 수는 없다. 특정 사회의 문화를 해득解得하기 위해서는 그 시대의 지배적인 보편 원리, 즉 세기의 진리

45 Leopold von Ranke. 1795~1886. 독일 역사가.

가 무엇인가에 대한 근본적인 이해가 선행되지 않으면 안 된다.

그런데 사회의 시대적 변천은 단편적일 수 없다. 완성적이고 종합적인 흐름을 가지고 나아간다. 세기의 진리도 마찬가지이다. 하나의 세기는 어떤 시대적 흐름에 입각한 역사적 현실에 기초해 발전해가고 있는 것이다.

그렇다면 그 발전하는 단계, 변천의 과정이란 무엇인가. 일반적으로 발전은 인간의 선천적이거나 경험적인 모든 의욕에 기반을 두고 좋은 것, 나은 것을 희구하는 인간의 심리와 관련이 깊다. 그러한 마음의 작용을 '선함을 추구하는 보편의지universal will to be good'라고 부를 수 있을 것이다. 각 사회는 한 시대의 보편의지에 의해 변천해왔다. 그러나 시대적 변천이란 단순히 과거나 현재와 전혀 다른 어떤 것의 비약적 발전만을 의미하는 것은 아니다. 모든 변화는 실제로 그때까지의 문화적 총체 위에서 만들어진다. 과거의 결점을 보완하면서 새로움이 출현하는 것이다.

따라서 다음에 도래할 세기의 문화란 완전히 예측 불가능한 어떤 것이 아닐 것이다. 사회는 그동안 축적된 문화를 배경으로 역사적 필연성 속에서 과거의 폐단을 제거하면서 발전한다. 따라서 역사에 대해서도 미래에 대해서도 입체적인 시각이 요구된다. 역사적 현실 속에 시대의 진전된 기운을 보충하는 것이 도래할 미래의 사회형태이다.

우리가 살아가는 사회는 위대한 철인哲人의 사유가 아니라 사회의 일반적인 필요에 의해 움직여 앞으로 나아간다. 이론이 현실을 개조하는 것이 아니라 현실이 이론을 요구하는 것이다. 이렇게 발전된 이론은 다시 현실을 이끌고, 현실은 이론을 근거로 새로운 발전을 꾀한다.

다시 말해 진정한 의미의 발전이란 전면적인 변화를 뜻하는 것이 아니다. 발전의 근본은 '세기의 진리'에서 찾아야 한다. 세기의 진리를 무시한 발전은 진정한 동력을 얻을 수 없다. 각 시대나 각 사회는 그 사회에 적합한 문화와 풍속, 도덕과 법률을 운영하는 성문법成文法과 불문법不文法이 있기 마련이다. 이 원칙에 벗어나는 것들은 법의 제재를 받고 억제된다. 발전이란 기본 원칙에 입각하면서 거기에서 파생되는 개선을 출발점으로 삼는다.

그렇기 때문에 역사의 발전은 이미 존재하는 것들을 모두 부정하고 새로워지는 것을 의미하지 않는다. 발전이란 개량이다. 어떤 역사도 과거와 현재 없이 비약할 수 없다. 한 시대의 결점을 보완하는 것이 곧 변혁이다. 그 이상의 개혁이란 급진적 파괴를 의미할 것이다.

각 시대마다 구성되는 특정 사회의 제도·풍습·문화가 존재하며 이는 각기 다른 특수한 성격과 범위를 가지고 있다. 우리는 이러한 문화의 범위 안에서 자유롭게 행동할 수 있다. 말하자면 한 사회와 문화는 사회 구성원들에 대해 주권적 이미지를 지니고 있다. 따라서 하나의 시대는 하나의 진리만을 지닌다. 역사는 동시에 여러 문제를 해결할 수 없다. 어떤 의미에서 본다면 문화·자유·도덕 역시 이러한 시대적 진리 위에서 이루어지는 지엽과 같다. 현실을 토대로 변화와 발전을 기획해야 한다는 것이다.

현실을 명확하게 파악하기 위해서는 현시대에 대한 과학적 인식과 역사적 현실에 대한 근본적 이해가 요구된다. 현실은 과거 역사의 총체적 귀결이며 동시에 미래의 출발점이다. 미래의 방향은 불가해不可解한 미지의 세계가 아니라 과거 역사의 총체적 귀결 속에서 현실의 특수한 사정을 가미한 것이다. 역사는 미래의 출발점이자 나아갈 방향의 시초인 것이다.

시대에 대한 통찰은 현재는 물론 미래로의 진전을 위해 반드시 필요하다. 하나의 시대와 사회 속에 잠재된 기본 원칙을 성찰함으로써 그 시대, 그 사회가 나아갈 방향과 진리를 깨닫게 되는 것이다.

이에 시대의 흐름에 따라 전개돼온 인류의 다양한 문화 원리에 대해 대략 여섯 가지로 분류해 고찰해보겠다.

첫째, 고대사회의 문화 원리다. 고대사회는 인류 역사에서 확실한 과학적 논거가 태동하기 시작한 사회이다. 추장이나 집권자의 힘에 의해 통치됐으며 도덕적 근거나 풍속·문화, 생활양식 등 모든 것이 힘과 권력에 의해 구성됐다. 원시 촌락의 추장, 부족국가의 부족장 또는 부족 연맹국가의 왕은 신민을 죽이고 살리는 생사여탈권을 장악하고 있었다. 고대사회의 도덕관은 그 시대 원리에 맞게 통치자를 위한 생활양식과 순종의 풍습이 주를 이루었다. 고대사회에서 진리는 힘에 의해 형성되고 힘을 위해 조직된다. 약육강식 우승열패의 사상이 절대적으로 합당한 진리로 자리 잡았다. 힘이 정의이자 진리였으며, 사회의 근본원리였던 것이다.

둘째, 봉건사회의 문화 원리다. 봉건사회는 인간 자신이 아닌 신이나 절대자에게서 삶의 만족을 얻는다. 따라서 신과 절대에 대한 추종과 희생을 정당화하고 인간은 노예적이고 타율적인 존재로 인식하는 도덕관이 정립된다. 엄숙한 형식주의적 도덕사회가 도래한 것이다. 철학자 칸트에 의해 규정된 두 번째 정명인 존엄한 인간 자체의 목적성을 인정받지 못했으므로 인간 자신을 위한 생生이 아니라 신의 세계 계획이나 군주의 통치를 위한 생이 되지 않을 수 없었다.

세계는 신이 인간을 시련하는 시험장이며, 제왕이 신민을 농락하는 유희장에 불과하다. 인간은 오직 신을 존엄하게 하고 제왕의 생을 의미 있게 하는 부수적 존재일 뿐이다. 후대 사람들이 봉건사회의 도덕을 노예도덕이라고 비판하는 것은 그 때문이다. 이 시대의 도덕은 군주나 귀족·승려 등의 특권계급을 위한 복종의 지도 원리였고, 복종을 거부하면 형벌이 내려졌다. 봉건사회에서의 시대적 정의는 특권계급의 이익을 대변하고 옹호하는 데 있었다. 이 사회의 도덕은 절대자에게 무조건 추종하는 굴종의 진리다.

셋째, 자본사회의 문화 원리가 있다. 근대적 인간은 계몽을 통해 자신의 존재 의미를 스스로 발견하게 된다. 국민으로서 자각을 가질 뿐만 아니라 자연권으로 부여된 인권 개념을 이해하게 된다. 이러한 사회 변화의 동력은 인문·지리의 발달과 그로 인한 대외 무역의 발달이다. 중상주의가 발호하고 이로써 자본사회의 원리가 정립되기 시작한다. 이는 내세를 위한 금욕주의나 절대자를 위한 굴종주의를 부정하고 인간 자신의 행복을 추구하고자 했던 시대적 정신과 맞물려 사회의 주요 원리로 자리 잡는다. 현실주의·쾌락주의·합리주의·공리주의功利主義가 뿌리를 내리고 이에 맞춰 새로운 세계관과 인생관이 확립된다. 앞 세대까지 진리였던 맹목적 굴종이나 노예 정신은 타파되고 인간 스스로 자신의 삶을 설계하고 주관하는 시대가 됐다. 이제 절대자를 위한 복종이 아니라 인간 자신의 행복과 향락을 추구하는 행동이 정의가 된다. 자본사회의 근본진리는 최대의 이익 추구를 통해 최대의 향락을 도모하는 것이다.

그 결과 개인은 개인으로서, 국가는 국가로서 부를 집적하고 권력을 장악하고자 한다. 어떤 의미에서 다윈의 진화주의가 이 세계의 도덕 원리로 작용할 수 있었던 것은 그 때문이다. 개인은 재벌이 돼 실권을 좌우하고, 국가는 제국을 형성해 세계를 제패하려는 것이 이 시대가 지향한 이상이었다고 말할 수 있다. 이로써 자본사회의 형성과 아울러 민족주의는 완성되고 지방분권은 강력한 중앙집권제로 응결돼 대내적으로는 개인 자유주의로 대외적으로는 민족 제국주의로 발전하게 된다. 부와 권력을 토대로 자연도태와 적자생존, 약육강식의 원리가 지배하기 시작한다. 이제 세계는 강자들 중심의 제국주의를 형성하게 된다. 따라서 이 사회의 도덕은 강자의 도덕이며 정의는 생존 경쟁에서의 승리를 의미하는 것이 된다. 이를 전취戰取하는 수단은 단순한 무력이나 완력이 아니라 시장경제를 통한 자본의 축적과 정치적 투쟁을 통한 권력의 집중이다. 경제와 정치가 상호 불가결한 요소로 자리 잡게 된다.

넷째, 자본민주주의 사회의 문화 원리다. 민주주의 사회에서 기본 원칙과 행동 원리는 약자의 보호와 강자의 견제에 있다. 삼권분립제도, 사법의 민주화 제도 등이 그 예이다. 이 시대의 변화는 형벌 체계가 목적주의와 교육주의로, 간접민주제에서 직접민주제로, 다윈의 진화주의에서 크로포트킨의 상호부조의 정신으로, 마키아벨리의 군주국가관에서 루소의 자연권 사상에 기반을 둔 사회계약설 등으로 변한 것에서 잘 알 수 있다. 근대 민족국가 발전에 원동력이 된 중상주의는 자본주의를 통해 재벌을 낳았다.

시간이 흐르면서 부의 집중은 정치적 권력과 결합하고, 사회 전반에서 변화를 가져온다. 제도와 법률이 합법적으로 자본가의 이익과 권리를 보장하고, 서민인 약자들은 권익을 보장받지 못하는 현상이 초래됐다. 그러나 이러한 경제 질서와 함께 정치적으로는 민주주의가 정착된다. 민주주의는 법률 제정을 통해 약자에 대한 강자의 착취를 억제하고 부의 편재偏在를 막고 경제적 평등과 권력의 분립을 확립하고자 한다. 만민이 평등하고 인권을 보장받으며 자유로운 세계를 이상으로 한다. 그 역사적 배경에는 만민평등 사상을 표방한 프랑스 혁명이 가로놓여 있다. 이를 실현하는 것이 곧 사회정의이며, 민주사회의 진리라고 말할 수 있다.

다섯째, 사회주의의 문화 원리다. 자본 민주주의 사회에서는 자유와 평등에 대한 성문화된 법률적 보장만으로는 자본주의의 폐해를 근본적으로 해결하기는 어렵다. 법 자체만으로 자본가의 권력 집중과 전횡을 근절시킬 수는 없다. 그 결과 평등과 자유라는 개념이 실질적인 실천이 담보되지 않은 형식적 자유와 평등에 불과할 수도 있다는 한계를 드러냈다. 사회주의는 이와 같은 자본민주주의 사회의 한계를 극복하고 실질적으로 인민의 인권을 보장하고 경제적·사회적 평등을 이룩하고자 하는 논리이다.

사회주의 사회에서 진리는 경제 평등과 함께 이를 실질적으로 보장하는 데 주안점을 둔다. 경제적 평등은 사회주의 사회에서 세기의 진리였다고 말할 수 있다. 민주주의가 프랑스 혁명과 미국 독립 혁명을 통해 인권선언을 함으로써 법적으로 자유 평등을 확보했다면, 소련과 같이 사회주의 사회에서는 노농혁명에 의해 권리선언을 함으로써 실질적인 경제 평등을 보장하고자 했다.

그렇다면 이러한 변화 다음에 오는 새로운 시대의 진리란 무엇인가. 레닌은 카우츠키[46]의 민주주의관을 비판하면서 민주주의의 변증법적 발전 과정을 논한다. 그는 전제정치에서 부르주아 민주주의로, 부르주아 민주주의에서 프롤레타리아 민주주의로, 프롤레타리아 민주주의에서 '아무것도 없는 민주주의'로 발전한다고 주장한다. 만일 지금의 세계가 프롤레타리아 민주주의까지 도달했다고 한다면, 그 다음에 올 '아무것도 없는 민주주의'란 과연 무엇인가.

레닌의 역사 발전 과정을 통해 현시대를 성찰해보자. 다음에

---

46 Karl Kautsky, 1854~1938. 독일 마르크스주의 이론가로 사회민주당 지도자.

올 사회는 어떤 사회인가. 그것은 어떠한 정치 이념에 기초하는가. 주지한 바와 같이 역사는 현실을 토대로 해서만 발전한다. 따라서 도래할 미래는 불가해不可解한 미지의 어떤 것이 될 수 없다. 역사에 대한 충실한 성찰과 명확한 현실 인식이 곧 다가올 미래를 예견하게 한다. 레닌이 말한 아무것도 없는 민주주의 사회란 우리 시각에서 본다면 민주사회일 것이다. 그런데 민주사회란 민주주의가 완성된 형식의 사회를 의미한다. 진정한 민주주의가 발현하고 문화문명이 발달된 사회를 지칭한다. 궁극적으로 고도로 발달된 문화국가 사회라고 말할 수 있다.

그렇다면 고도 문화국가란 존재할 수 있는가. 만일 존재한다면 어떤 형태의 민주주의를 표방하는가. 이에 대한 해명이 요구된다. 앞에서 우리는 각 사회마다 문화 원리가 존재하고 이것이 완성되면서 새로운 세계로 연계됐음을 살펴보았다. 고유한 문화 개념과 원리가 한 시대의 진리로 자리매김된 것도 보았다. 그렇다면 앞으로 다가올 문화 원리는 무엇이며 세기의 진리는 무엇인지 고민해야 할 때이다.

문화국가는 경제 평등을 추구하는 사회도, 법적 권력분립만을 추구하는 사회도 아니다. 유럽의 인민민주주의나 영국의 사회민주주의, 중국의 삼민주의三民主義를 다음에 올 민주주의로 생각할 수는 없다. 진정한 민주주의란 우리 시대가 말해온 정치적·경제적 민주주의만으로는 해명될 수 없다. 다가올 세기의 진리는 새로운 민주주의를 필요로 하는 것이다. 물론 그 역시 이제까지 축적된 역사 위에서 출발해야 한다. 역사에 대한 단순한 종합을 의미하는 것은 절대 아니다. 종합하면서 새로운 방향이 정립돼야 한다. 그래야 길을 트고 나아갈 수 있다. 만일 그렇지 않다면 지금의 사회 원리와 다를 것이 무엇이 있겠는가. 새로운 민주주의가 아니라 개량된 민주주의에 불과할 것이다.

기존에 존재하는 민주주의는 권력의 분립과 경제 평등에 목적을 두고 있다. 따라서 새로운 민주주의가 그와 동일한 원리의 목적과 이상을 모방할 수는 없다. 기존의 것을 개조하는 데 목적이 있는 것이 아니기 때문이다. 진정으로 도래한 세기에 적합한 민주주의를 생각하지 않으면 안 된다. 현실을 연역적으로 추찰하면서 동시에 현실에 즉응해 귀납적으로 사유하지 않으면 안 된다.

이에 진정한 민주주의란 정치적·경제적 민주주의를 지양하면서 그 기초 위에 과학을 중심으로 문명을 발전시키면서도 문화를 본위로 하는 민주주의를 건설하는 것이다. 이것은 무엇을 의미하는가. 과학을 중심으로 한다는 것은 과학적 근거로써 물질문명을 발전시킨다는 것이요, 문화를 본위로 한다는 것은 과학을 근거로 하면서도 정신적인 요소를 도외시하지 않는다는 것이다. 과학적 토대 위에 도의와 법치, 문화적 치국治國을 겸한다는 뜻이다. 인권을 무시하지 않고 야만적 폭력 수단과 행위를 일절 배격하며 순화되고 융합된 정신을 통해 민주주의를 지향하는 것을 의미한다.

20세기는 과학의 세기다. 그러나 우리가 나아가야 할 21세기는 과학을 토대로 한 문화의 세계가 아니면 안 된다. 이 문화·과학세계는 인류의 이상이며 민주주의의 완성 형태이다. 인권 보장과 사회 평등이 완성되고 과학과 문화를 토대로 한 역사관이 존재한다. 문화사회는 하나로 통합된 세계이므로 대립이 없고 분열이 없으며, 계급이 없다. 타자에 대한 억압과 착취가 없으며, 만민 공생의 자유·평등·공영만이 존재한다. 세계가 둘로 분열될 수 없으므로 다른 국가에 대한 침략이 없을 것이며, 무기 제조도 중지될 것이다. 전쟁에 집중되던 경제가 문화 발달과 과학 진흥을 위해 집중될 것이다. 재산과 권력을 불리기 위해 싸우고 경쟁을 일삼는 원시적이고 소모적인 삶도 사라질 것이다. 문화가 최고도로 발전함에 따라 인류 복지가 실현된다. 생활양식 전체가 고도의 과학 체제로 전환될 것이다. 다가올 세기의 진정한 진리, 문화세계의 이념이란 바로 그런 것이다.

제1장

민주주의와 문화복리주의

1. 민주주의의 역사

문화복리주의란 무엇인가. 이를 알기 위해서는 먼저 민주주의의 발생 경위와 성격을 해명할 필요가 있다.

민주주의란 군주주의君主主義와 대립된다. 전제적 절대군주에 대한 거부를 통해 민주주의가 발의됐다. 봉건사회에서 군주는 신의神意에 따라 정해진 신의 사자使者로 간주됐다. 군주신권설은 군주의 권한을 신성불가침의 영역으로 만들어버린다. 전제정치는 철저하게 위계화된 질서 속에서 특권계급을 옹호할 뿐이다. 인민의 인권을 보장할 수 있는 근거 자체가 마련돼 있지 않다. 따라서 정치란 절대자만을 위한 굴종의 정치일 뿐이었다. 민권사상은 이렇게 억압당해온 인민이 스스로의 힘으로 자신의 인권을 되찾고 행복과 권리를 추구할 수 있는 정치를 꿈꾸게 된 데서 출발한다.

이러한 사상적 변화가 생겨난 역사적 배경에는 인간 자신의 존재 의미를 각성하게 한 르네상스와 신과 인간의 관계를 재규정한 종교개혁이 있다. 또 산업혁명과 계몽사상도 이 시대의 변화를 이끈 주요 동력이었다. 다윈의 진화론은 신의 세계 계획에 의한 우주 경영이라는 관념을 전복시켰으며, 루소의 사회계약설은 만민이 평등하게 어느 누구에게도 양도할 수 없는 권리를 갖고 태어난다는 천부인권설로 종래의 군주신권 사상을 부정했다.

그러나 민권사회를 가능하도록 만든 객관적 조건은 산업혁명에서 시초한다고 말할 수 있다. 계몽운동이 인문 지식의 발달을 추동했다면 산업혁명은 경제체제의 혁신을 가져왔다. 경제적으로 성장한 국가들은 중상주의를 더욱 강화해나가면서 시장을 자국의 경계를 넘어 미개 지역으로 확대해갔다. 네덜란드, 스페인, 포르투갈, 영국 등 근대 식민주의를 표방한 국가들이 그 대표적인 예이다.

근대 초기 중상주의는 경제를 각 국가들의 국부國富를 불리기 위한 수단으로 전락시켰으며, 무엇이든 허용되고 방임되는 무한 자유경쟁 체제를 만들어냈다. 사회적으로는 사유재산제도가 인정되면서 상인 출신의 신흥계급이 형성되고 자산계급은 부를 바탕으로 확고한 정치적 지반까지 얻게 된다.

이러한 자유방임주의를 기초로 하는 자본주의는 리카르도의 경제 이론과 애덤 스미스의 국부론, 맬서스와 밀의 경제학적 논거가 그 토대를 이룬다. 이 초기 경제 이론들은 모두 약자가 아닌 강자를 위한 경제 이론에 가깝다. 이는 개인은 물론 국가적 차원에서도 마찬가지이다. 자유경쟁 체제는 국가 간 대립을 조장할 수밖에 없으며, 이런 상황에서는 타국가의 침략에 방어할 수 있는 강력한 국력을 요구하게 된다. 이에 따라 봉건국가들은 서로 결합해 강력한 통일국가를 지향하게 되는데, 그 결과 근대 민족국가가 형성되기 시작한다.

근대 민족국가는 경제적으로 중상주의를 택했으며, 시장과 원료 공급지를 확보하기 위해 타국에 대한 무력간섭을 병행하게 된다. 근대 민족국가에서 제국주의로 발전하게 된 것이다. 민족주의는 자본주의를 토대로 배양되고, 그것은 또 제국주의적 침략주의로 나아가게 된다.

근대 민족국가는 근본적으로 민족중심주의와 자본주의를 기반으로 성립된다. 이 때문에 근대국가는 본질적으로 세계 패권을 지향하는 제국주의로 전화轉化하지 않을 수 없었다. 따라서 이러한 무한 경쟁을 일삼는 자본주의와 타민족에 대해 배타적인 자민족중심주의를 버리지 않고는 인류의 평화와 번영을 기대할 수는 없을 것이다.

래스키는 정치가 경제력의 집중적 표현이라고 말했다. 이러한 사회에서는 실질적인 경제력을 장악한 자산계급이 일정한 세력을 형성하며 제왕의 무모한 학정虐政에 반대하고 전세를 거부하기 위해 투쟁하는 주도 세력으로 부상한다.

프랑스 혁명을 예로 들면, 자산계급이 성장하면서 형성된 신흥계급이 당시 재정을 낭비하고 학정을 일삼는 전제군주에 직접적으로 반기를 들게 된다. 그러나 이들은 봉건적 지주와 특권계급의 압제 아래 고통받는 인민의 삶을 해방시킨다는 명분을 취했다. 정치적으로 폭력적 봉건정치를 비판하고 이에 대한 인민의 투쟁을 실행한 것이다.

그래서 봉건사회의 투쟁에 가담한 사람은 신흥계급만은 아니었다. 노동자·농민·소시민은 물론 일부 귀족과 승려도 그 속에 포함돼 있었던 것이다. 이렇게 볼 때 프랑스 혁명은 크게 본다면 보수 세력과 신진 세력 사이의 정치적 투쟁으로 이해될 수 있다. 그러나 이미 다 알고 있듯이 시대는 새로운 변화를 요구했고 인민의 뜻 또한 그러했다. 이렇게 해서 시대의 진리를 타고 프랑스 혁명이 성공함으로써 군주신권설을 무너뜨리고 천부인권설을 확립할 수가 있었다. 이것이 바로 정치적 민주주의의 발생 배경이라고 말할 수 있다.

혁명의 결과 인민은 절대군주에 예속된 삶을 벗어나 주체적으로 자신의 생활을 설계하고 건설할 수 있는 권리를 획득하게 된다. 자율적이고도 현실적인 인간사회를 만들 수 있게 된 것이다.

그러나 이 혁명의 실질적인 주체는 인민이었지만 혁명의 혜택이 모두 인민에게 돌아간 것은 아니었다. 이 혁명은 경제적 성공에 힘입어 이미 사회적으로 실권을 차지하고 있던 자산계급에 의해 주동됐다는 점에서 인민의 권익보다는 자산계급의 권익에 더 초점이 맞춰질 수밖에 없었던 한계가 있다.

이 점에서 오늘날 프랑스 혁명은 부르주아 혁명으로 평가되고 있다. 혁명 이후 자산계급은 모든 세력을 장악하고 조직과 제도를 재편성했다. 이 과정에서 자산계급의 욕망이 투사될 수밖에 없었다. 반면 노동자와 농민은 혁명의 진정한 주체였음에도 불구하고 법적으로 신분 해방과 자유를 얻은 것 이외에는 진정한 권리를 보장받지 못하게 된다. 자본주의 발전이라는 대전제 아래 노동자와 자본가 사이의 관계가 성립됐다. 노동자에게는 노동의 자유와 상품화라는 약속만이 남겨졌다.

한편 자산계급은 민의와 군주독재를 막는다는 명분하에 입법권의 독립을 주장했다. 나아가 행정권과 사법권의 독립을 실현시켰다. 이제 군주의 통치권은 입법권과 사법권에 대한 모든 권한을 잃고 단순한 행정권, 즉 집행권만 남게 된다. 이는 군주의 독재와 전횡을 억제한다는 점에서는 의미가 크다. 그러나 군왕의 횡포는 사라졌지만 새로운 자산계급이 그 자리를 대신하게 된다. 이들은 교활하고 이지적理智的일 뿐만 아니라 합법적이고 합리적인 수단으로 무장한 신흥 지배계급이었다. 인민은 군주를 패퇴시킨 대신 또 다른 착취와 억압의 삶을 얻게 된 셈이다.

군주는 법 없이도 인민의 인권을 장악하고 재정적 부담을 가할 수 있었다. 인민은 군주가 명령한 과세를 거부할 수 있는 권한 자체가 없었던 것이다. 반면 의회를 장악한 자본계급은 민의를 반영한다는 합법적인 논리 아래 법률에 의거해 인민을 착취하고 학대했다.

법은 이들의 권력을 지켜주는 안전장치와도 같았다. 자신들의 이익과 지위를 보장할 수 있는 법을 제정하고 이를 통해 봉건 세력을 제거했다. 또 법의 이름으로 노동자·농민을 자신들의 권익을 위해 이용할 수 있는 근거들을 마련해갔다. 모든 인민이 평등하다는 선전 문구는 실제로는 철저한 우열 관계를 감추기 위한 지배 전략으로 오용되고 있었던 것이다.

의회의 기능 역시 유명무실했다. 의회의 인준을 기다리는 인민의 소리란 실제로는 자산계급의 이익을 대변한 것에 불과했다. 의회를 통해 자산계급의 주장은 국부책國富策으로 보호·장려됐으며, 그들의 사업 계획은 곧장 국가 산업 정책으로 인식됐다. 모든 것이 자산계급을 위한 의회요, 법이었던 것이다. 법은 자산계급의 이익을 지키기 위한 합법적인 수단에 불과했다. 이러한 맥락에서 래스키는 그의 정치학 개론에서 국가 활동의 내용이 일반적인 정의 또는 일반적인 실익을 추구하는 것이 아니라 오히려 가장 넓은 의미의 사회적 지배 계층의 이익을 추구하는 것이라고 말했던 것이다.

이러한 사회 분위기에서 인민들의 자유와 행복을 기도한다는 것은 한낱 허울 좋은 기만적 선전에 불과했다. 모든 이권과 사회조직은 인민들의 세력을 약화시키고 인민을 착취하는 제도와 조직으로 변해갔다. 군왕의 폭력이 사라진 대신 영리한 자산계급에 의한 합법적인 폭력이 인민에게 부과된 것이다. 인민대중에게 자유·평등 개념은 실질적인 변화가 없는 공허한 외침에 불과하게 됐다. 이를 각성한 노동자·농민은 자산계급에 대한 사회적 불만을 토로하고 그들의 착취와 억압을 규탄한다. 노동쟁의를 일으키고 파업과 태업으로 자산계급의 폭력에 대항했던 것이다. 그러나 래스키가 노동계급의 모든 운동은 소득을 얻기보다는 자신들의 경제적 안정을 오히려 위험에 빠뜨리는 경우가 많다고 했던 것처럼, 그들의 저항은 이미 강고해진 사회 지반을 변화시키기 못한 채 희생되고 말았다.

그러나 자본주의의 발전은 많은 문제점들을 배태했으며, 사회적 대혁명을 야기한다. 이 혁명은 러시아 제정에서 촉발됐다. 당시 러시아 제정은 부패한 정치로 인민의 삶을 파탄으로 몰아넣고 있었다. 이에 대한 사회적 분노가 응집해 결국엔 10월 혁명이 발발하게 된다.

10월 혁명은 소위 무산자 혁명으로서, 인민이 주체가 된 또 다른 혁명이었다. 영국의 산업혁명은 가내수공업을 빠른 속도로 대규모 공장공업으로 변화시켰다. 그에 따라 자연스럽게 노동력에 대한 수요는 감퇴하고 당연히 실업자가 대거 양산된다. 이 과정에서 기계공업화를 통한 생산수단의 개량과 생산량의 증가, 생산비 체감遞減에서 생기는 막대한 이윤은 자산계급의 몫이 됐다.

반면 노동자·농민은 점점 더 무산자 처지로 전락하고 경제적으로 궁핍한 삶을 벗어날 수 없었다. 노동자계급이 생존의 고통에 내몰릴 때 이들의 노동력을 착취하는 자본가는 호화로운 삶을 영위해갔다. 이러한 자본주의의 모순이 무산자 혁명을 가능하게 했던 사회적 배경이라고 말할 수 있다.

자본계급의 폭력적인 착취에 대한 노동자계급의 저항은 인류사적 시각에서 본다면 지극히 정당하고 당연하다. 그들의 저항은 세기적 진리이자 사회정의의 실현이 아닐 수 없었다. 이제 인류는 정치적 민주주의에서 한 번 더 나아가 경제적 민주주의를 인식하게 된다.

프랑스 혁명이 주창한 평등의 참뜻은 전제자의 압제에 대한 해방을 목적으로 한다. 군주의 압제로부터 벗어나 자유와 해방을 기도한 것이다. 군주와 인민의 평등을 주장했다기보다는 인간으로서의 자유 자체를 구한 혁명이었다. 다시 말해 프랑스 혁명은 자유 혁명이었다. 반면 10월 혁명은 정치적 평등이 아니라 실질적인 경제적 평등을 목적으로 한다. 다시 말해 이익에 대한 자산계급의 독점이 조장해온 경제적 불평등을 제거하고 평등한 분배를 요구한 평등 혁명이다.

프랑스 혁명이 자유 혁명이라는 것은 억압된 노예적 굴종 생활을 벗어나 '모든 것 위에 자유를 달라'고 한 인민의 외침 때문이다. 10월 혁명을 평등 혁명이라 부르는 것은 경제적 평등 분배를 주장함으로써 '너만 먹지 말고 나도 같이 먹고 같이 살자'는 외침 때문이다. 자유 혁명이 비교적 소극적 혁명이라면 평등 혁명은 적극적 혁명이라고도 할 수 있을 것이다. 따라서 프랑스 혁명과 10월 혁명은 각기 다른 혁명의 의의와 시대적 진리를 내포한다.

현금의 세계는 정치적 민주주의와 경제적 민주주의의 양자로 크게 나눌 수 있다. 전자는 군주의 횡포와 압제로부터 인민을 구원한다는 논리에서 자본 전제사회를 만들었다. 후자는 자본가의 착취에서 무산대중을 해방시킨다는 논리에서 공산주의 국가를 건설했다. 그러나 우리가 다 알고 있듯이 공산주의는 그 명분과 달리 더 많은 자유의 억압과 폭력을 배태했다. 공산주의는 사회주의 이념을 관료주의적 계급독재로 변질시키고 인민의 자유를 박탈하는 감옥 같은 사회를 만들어냈다.

그렇다면 우리는 무엇을 지향해야 하는가. 이제 누구에게도 우리의 삶을 의뢰하거나 해결해달라고 말할 수 없다. 스스로 생활을 설계하고 세계를 건설하지 않으면 안 된다. 스스로의 힘으로 새로운 길을 개척해 나아가야 하는 것이다. 권력자의 의지에 따라 마음대로 전용되는 민주주의는 우리의 길이 아니다. 새로운 민주주의를 건설해야 한다. 물론 그것은 이상도 허구도 아니다. 실제 우리의 삶 안에서 구현할 수 있기 때문이다.

반복해서 말하건대, 정치적 민주주의를 실현하는 방법은 민주적이었지만 근본 목적이 비민주적이었다. 경제적 민주주의는 목적은 민주적이었으나 실현 방법이 민주적이라고는 말할 수 없었다. 인민의 진정한 행복을 끝까지 보장한 진정한 민주주의라고 말할 수 없다. 따라서 목적과 수단이 모두 민주주의적인 삶의 개혁이 필요하다.

2. 지양된 민주주의

문화복리주의는 역사적 현실이 요구하는 바에 의거해 문화세계를 지향한다. 앞서 '세계의 원리'에서 살펴본 것처럼, 문화복리주의는 정신과 물질, 혹은 질료와 형상 둘 중 어느 하나에만 치우치지 않는다. 단순히 양 세계관을 절충하거나 이원적으로 종합하는 것도 아니다. 유물사관도 유리사관도 아닌 문화사관을 주장하며, 새로운 인간의 당위적인 규범에 의거해 사회를 규제한다. 또한 문화복리주의는 자유와 평등 어느 하나에만 치우친 민주주의가 아니다. 정치적 민주주의와 경제적 민주주의 모두를 지양한다. 그러나 이 둘을 단순히 절충해 종합하고자 하는 것도 아니다.

문화복리주의는 정치적 민주주의와 경제적 민주주의를 포함하면서도 변증법적으로 발전시킨 형식이다. 기존 사상에 대한 지양이면서 새로운 것을 배태하는 새로운 형식의 민주주의라고 말할 수 있다. 여기서 주의할 것은 변증법 자체를 단순화시키지 않는 것이다. 변증법을 단순화시키는 이들은 이를 단순히 대립되는 것 사이의 정반합의 트라이어드Triad로 오해한다. 또 변증법적 발전을 대립하는 것 사이의 투쟁 속에서 승리한 쪽의 행적이라고 믿어서도 안 된다. 뿐만 아니라 이러한 생각에 기초해 대립하는 모든 것을 합일시키고자 노력하는 것은 무모한 일이다.

이는 변증법 자체를 자기 식대로 오용하는 것이나 다름없다. 진정한 변증법이란 부정과 동시에 새로운 것의 정립이라는 지양의 오묘한 진리를 의미한다. 따라서 정치적 민주주의와 경제적 민주주의의 장점을 따면 그것이 곧 합이며 지양한 것이라고 오단해서는 안 된다. 이 변증법적 지양은 결코 종합이나 절충과는 본질적으로 다르다.

(1) 문화복리주의의 입장은 단순한 절충이 아니다.

가령 갑은 4×5는 18이라 하고 을은 4×5는 24라고 한다고 가정하자. 만일 이 둘 사이의 절충이라고 하면 21이 타당할 것이다. 같은 이치로, 갑은 4×5는 20이라 하고 을은 4×5는 30이라 하면 이 둘을 절충한 25가 답이 될 것이다. 그러나 누구나 알고 있듯, 이는 명백한 오류이다.

민주주의 사회에서는 이보다 더 복잡하고 난해한 문제들이 산재해 있다. 다수결주의를 기본으로 하는 여론정치를 또 다른 예로 들어보자. 다수결 원칙에 따른다면 구성원 중 3분의 2가 25라고 주장하면 갑은 아무리 정확한 해답을 내어도 그 의견이 수렴될 수 없을 것이다. 이처럼 우매한 일이 또 있을까. 따라서 다수결주의란 우매한 집단이나 사회에서는 지극히 위험한 결과를 초래할 뿐이다.

(2) 문화복리주의는 양 주의의 중간노선이 아니다.

중간노선이란 갑도 아니고 을도 아닌 그 중간 형태가 진실이라는 논리인데, 실제로 이러한 존재는 있을 수 없다. 건강하지도 않고 앓고 있지도 않으며, 죽지도 않고 살지도 않은 상태, 동하지도 않고 동하지 않지도 않는 그런 중간적 형태가 과연 있을 것인가. 정치적 민주주의와 경제적 민주주의를 절충해 장점만 모아놓는다고 해서 진정한 민주주의일 수 있겠는가. 그것은 옳은 것도 아니고 그른 것도 아니며, 길지도 않고 짧지도 않은 꼴이다.

(3) 문화복리주의는 정치적 민주주의와 경제적 민주주의의 역사적 조류에 입각해 시대의 변천에 즉응한 요청에 따라 이루어진 통정된 민주주의이다.

문화복리주의는 두 개의 민주주의 사상과 전연 다른 민주주의가 아니라 이 두 사상에 기초를 두고 성립된 것이다. 또한 이 둘을 지양한 새로운 민주주의이다. 지양이란 정반正反의 통합이면서도, 단순한 합에서 찾아볼 수 없는 새로운 것의 정립이 존재한다. 새로운 민주주의란 종래의 민주주의에 기초하되 새로운 싹을 자라게 함으로써 새로운 방향을 지향하는 것이다.

봉건사회에서 중상주의가 배태돼 자본주의적 근대 민족국가가 형성됐다. 근대 민족국가에서 자본주의의 발달과 아울러 개인 자유주의적 초기 형태의 민주주의가 발생했으며, 자유경쟁을 용인하는 자산계급적 민주주의 사회에서 경제 평등과 사회적 공정을 표방해 사회주의 사회가 출현했던 것이다. 그렇다면 다음 단계의 새로운 역사를 창조할 새 원리는 현 단계의 단순한 종합이 아니라 그에 기초한 이론이 돼야 할 것이다.

쑨원의 삼민주의, 마오쩌둥의 신 민주주의, 유럽식 민주주의, 영국의 사회적 민주주의 등 수많은 민주주의 이론이 출현했지만, 이 모두는 기존의 것을 종합하고 개량한 것에 불과하다. 새로운 민주주의라고 할 만한 것이 없다. 이상의 민주주의 이론들은 모두 정치적 민주주의나 경제적 민주주의와 같이 그 최고 이상을 경제 평등과 사회적 공정에 두고 있다. 기존의 이론을 취사선택해 종합한 것에 불과하다. 새로운 세기에 적합한 새로운 민주주의 이론을 제시하지 못하고 있는 것이다. 중요한 것은 과거를 단순히 종합하는 것이 아니라 총체적으로 통합해 새로운 것으로 지양해가야 한다는 점이다.

그러나 문화복리주의는 기존의 민주주의 이론들을 절충하고 개량하는 데 그치지 않고 새로운 지향점을 제시한다. 새로운 세기를 창조하고 이에 맞는 문화와 이념을 제시하는 민주주의 이론이다. 기존에 제기된 경제 평등과 사회적 평등에 대한 이론은 하나의 토대가 되며, 나아가 이를 바탕으로 문화세계라는 새로운 지표를 세우고 문화주의라는 민주주의 파입을 지향해간다.

민주주의란 본디 특정 계급이 아니라 인민대중과 그들의 복리를 위해 국가 독립의 의의와 활동의 가치를 인정한다. 관념적인 추상과 내세를 추구하는 것이 아니라 과학적이고 실제적인 인식 속에서 현실의 삶을 추구하는 현실주의다. 미래를 위해 현재를 희생시키지도 않는다. 진정으로 완성된 민주주의로서의 문화복리주의는 단순한 부의 집적이나 권력의 집중, 권력과 경제력의 평등 분배가 아니라 고도의 과학 발전과 문화 향상을 통해서만 이루어질 수 있다. 문화를 통해 인간의 삶을 고양시키고 이 모든 이상을 현실 안에서 실현하고자 하는 것이다.

문화복리주의가 추구하는 인간형은 문화인이다. 문화인이란 민주주의를 삶의 목적으로 하고, 자유경쟁에 의한 권력과 부의 집중보다 상호부조에 의한 협력을 목적으로 하는 존재이다. 사회 공정을 표방하되 경제 평등이나 사회 평등과는 다르고, 문화문명의 발달을 최대 목표로 삼는다. 따라서 문화복리주의는 '문화의 전당 과학의 왕국'이라는 표어와 부합한다. 민주주의의 진정한 목적은 인민이 행복하게 살 수 있는 복지국가를 건설하는 것이 아닌가.

새로운 세기의 지도 원리 또한 이러한 목적에 부합해야 함은 말할 것도 없다. 미래에 도래해야 할 세계란 문화세계이자 과학세계이다. 그리고 그렇게 되도록 이끌어가는 우리 시대의 지도 원리는 문화주의여야 한다. 단순히 기존의 문화중심주의가 아니라 사회적 문화주의를 의미한다.

문화복리주의는 문화세계 건설을 이상으로 삼는다. 20세기 전반기를 풍성하게 했던 사회 진리 전체를 지양해 인류사회를 고도로 발달시키는 문화국가로 나아가야 한다. 이렇게 새로워진 사회에 적합한 민주주의란 종래의 민주주의와는 확실히 다른, 새로운 방향을 지향하는 민주주의일 수밖에 없다. 현 세기의 진리와 내용을 지양한 새로운 민주주의가 요구된다.[47]

3. 진정한 민주주의

그러나 문화복리주의라 해도 기존의 민주주의와 단절된 것으로 생각해서는 안 된다. 오히려 민주주의의 완성이라고 말하는 것이 옳다. 진리를 따르는 데 자유롭고 정의의 실천에 구애가 없다는 점에서는 같다. 다만 사회적 활동이 곧 인류의 행복을 건설하는 데 직간접적으로 공헌하는 데 집중된다는 점이 다를 뿐이다. 로크는 국가의 근본 직능職能은 국민의 행복을 기도하는 데 있고 개인의 자유를 충분히 보장하는 데 있다고 말했다. 문화국가 역시 마찬가지다. 문화문명을 고도화함으로써 인류의 행복을 성취

47 [원주] 경제 평등을 기본 토대로 한다는 것과 경제 평등을 목적으로 한다는 것에 혼동된 해석을 해서는 안 될 것이다. 전자는 이미 실현된 사실이요 후자는 경제 평등을 이제부터 법에 규정하여 그를 실현하려는 것이다.

하는 데 목적을 둔다.

우리 모두는 법률적으로 정치적 자유와 관용, 평등이 보장돼 있는 나라에 살고 싶다. 정치적 자유란 자신의 정치적 신념을 말하고 쓸 수 있는 자유를 의미할 것이며, 관용이란 개인의 의견을 존중하는 것이며, 평등이란 사회적 평등을 의미한다. 인간사회의 근본 목적은 최대한의 행복을 향수하는 것이다. 부와 권력을 소유하는 것이 인간의 목적이 될 수는 없지 않겠는가. 역사에 대한 성찰이 필요한 것은 그 때문이다. 역사는 이미 인류가 무엇을 지향하고 행동해야 하는지, 그 사명을 말해준다.

세상에는 건설적인 것과 반동적인 것 두 가지가 있다. 전자는 인류의 고도 문화문명의 발전을 통한 진정한 행복의 사회 건설을 표방하는 일체의 활동을 말한다. 반면 후자는 인간을 살육하는 기구의 설치와 방법의 연구 내지는 타국가를 침략하기 위한 일체의 준비 또는 비합법적인 폭력 행위 등을 통해 인류의 문화 발전과 참다운 자유·평등·평화를 침범하는 행동을 말한다. 현 인류의 과업은 이러한 문명사회 발전을 저해하는 요소들을 근절시키는 일부터 시작돼야 한다.

현실적 맥락에서 의식주를 풍요롭게 하는 것은 물론 과학적인 인식이 겸비돼야 한다. 정치 역시 이러한 원리 속에서 새로운 지도 원리를 세우지 않으면 안 된다. 문화세계를 창건하기 위해 우리가 해야 할 일이 너무도 많다. 그런데도 한갓 전쟁을 위해 무기를 개발하고 힘을 쏟는 것이 옳은 일인가 묻지 않을 수 없다. 문화복리주의는 바로 이러한 비판적 성찰 위에 건설적인 이상을 실현하고자 하는 정치 이론이다.

이러한 문화복리주의의 이론은 다음 다섯 개의 논의로 집약될 수 있다.

(1) 문화복리주의는 문화주의에 입각해 일체 반동문화와 반동조류를 배격한다.

문화복리주의는 전쟁을 반대하며 자본주의적 전제정치를 거부한다. 아울러 노농 독재 역시 배척한다. 침략적 군국주의와 그 국가체제를 거부하며, 문화로 힘을 모으는 새로운 문화주의를 제창한다. 이는 우리의 세계를 평화국가 체제, 복지국가 체제, 문화국가 체제로 전환하기 위함이다.

지금의 국가체제는 침략을 하거나 이를 방어하기 위해 국가재정의 태반을 군비로 사용하고 있다. 전쟁 비용은 삶의 질을 높이는 복지에 대한 재정과 비교하면 확연하게 높은 수치이다. 군사훈련을 위해 낭비되는 탄알들을 생각해보라. 국민이 비축해놓은 국력이 무기로 변하고 있는 것이다. 전쟁 준비는 결국 우리가 살아가야 할 이 땅, 산과 들을 파괴하고 마침내 인간의 생명까지 위협하고 있다. 삶을 풍요롭게 하는 방안들을 왜 생각해내지 못하는가. 인류 전체가 두뇌를 모아 문화를 향상시키고 복지를 위해 과학을 발달시켜나간다면 인류는 지금보다 더, 몇 백 배 더 행복해질 수 있을 것이다. 진정으로 자유롭고 행복한 질서 속에서 살아가게 될 것이다.

(2) 문화복리주의는 문화규범에 의해 가치판단의 표준을 일원화한다.

가치판단에 대한 두 개의 표준이 있다. 하나는 절대적이고 관념적인 세계관인 유리사관이며, 다른 하나는 상대적이고 현실적인 세계관인 유물사관이다. 이 두 사관史觀은 모두 극단과 극단을 걷고 있다. 이러한 대립은 결국 우리 사회의 또 다른 폐단이 되고 있다. 서로가 서로를 이단시하고 대립함으로써 불필요한 분열을 낳고 있기 때문이다. 각자의 원칙에 따라 서로를 벌하고 비판한다. 진위와 선악을 자신의 논리에 근거해서만 생각한다. 두 개의 표준은 모두를 불안과 불행에 빠뜨리고 있는 것이다. 그렇다면 근본적으로 이 두 개의 표준이 잘못됐다고 말할 수 있지 않을까.

둘 사이의 모순을 제거하고 진정으로 옳은 하나의 표준을 세울 필요가 있다. 보편타당하고 세계 원리에 의해 확립된 표준이 아니면 이제까지의 문제들을 해결할 수 없다. 그렇다면 그 표준이란 무엇인가. 인간은 신이나 어떤 절대자를 위해서도, 어떤 계급이나 주의, 사상을 위해서도 생을 받은 것이 아니다. 따라서 진정한 정치는 인간의 행복과 가치를 최대한 실현하고 이를 보장하는 데 목적을 둔 것이어야 할 것이다. 인간의 행복을 추구하는 이념을 세우고 거기에 부합되는 규범과 가치판단의 표준을 세우지 않으면 안 되는 것이다.

전술한 바와 같이 인류의 목적이 최고도의 문화문명을 발전시켜 최대한의 행복을 누리는 데 있다면 인류의 행복을 실현할 수 있는 문화·문명과 자유·평화를 보장하고 발전시킬 수 있는 표준이 필요하다. 유리사관이나 유물사관이 아닌 '문화사관文化史觀'에 의거해 행위를 판단하는 가치판단 표준을 세워야 하는 것이다.

(3) 문화복리주의는 문화정치로 진정한 민주주의를 실현한다.

문화정치란 '문화를 위한, 문화에 의한, 인민의 문화정치'를 말한다. 그 목적은 인민의 진정한 문화를 위하는 데 있고, 이를 실현하는 방법도 문화적인 방법에 의거한다. 이를 위해서는 방법과 목적 모두 옳아야 한다.

우리는 역사적 경험을 통해 자본주의와 현실 사회주의를 통해 그 목적과 방법 중 어느 하나가 잘못될 경우 폐단을 가져올 수 있다는 것을 이미 배워 알고 있다. 사상이 좋아도 방법이 나쁘면 의미가 없다. 그 반대도 마찬가지이다. 합리적이고 합법적이며 민주주의적인 방법에 의해서만 좋은 목적이 설립될 수 있다. 따라서 진정한 민주주의는 언제나 '좋은 목적과 좋은 방법' 모두를 고민한다.

(4) 문화복리주의는 문화혁명에 의해 이지적이고 합법적으로 혁명이 아닌 혁신을 기한다.

어떤 사회를 막론하고 영구히 보편타당한 정치란 있을 수 없다. 그 시대, 그 사회의 특성에서 비롯하는 세기의 원리에 의거해 정치형태를 달리하게 된다. 보수 세력이 현실의 진전을 거부하고 자신의 신념을 고집할 때에는 혁명이 도래한다. 역사적으로 이제까지의 혁명은 대개 평화적이지 않았다. 전쟁과 투쟁과 같이 폭력적으로 문제를 해결하며 인명의 살상과 시설의 파괴를 수반했다. 인류에게는 하나의 진전인 한편 또 다른 비극이 아닐 수 없다.

왜 이런 잔혹한 방법에 호소해야 하는가. 합법적으로, 평화적으로, 문화적으로 개혁할 수는 없는 것일까. 폭력적 혁명은 혁명의 본의에서 어긋난 것이 아닌가. 그것은 인류를 파괴해 퇴폐시킬 뿐이다. 세기의 원리에서 유래하기보다 개인의 이욕을 충족시키려는 투쟁이라고 볼 수 있다.

야만적인 폭력 혁명이 아닌 문화적 혁명이 요구된다. 예를 들면, 의회에서 논의하고 여론과 투표를 통해 제반 제도와 조직을 개혁하는 평화적 방법이 있지 않은가. 무력에 의한 희생 없이도 합법적으로 세계를 변화시킬 수 있는 것이다. 삶을 진정으로 개혁하기 위해서는 폭력이 아닌 '문화혁명'으로 나아가야 한다.

(5) 문화복리주의는 문화주의에 의해 최고도의 정신문화와 물질문명을 발전시켜 문화의 왕국을 건설한다.

문화세계를 건설하는 데는 두 가지 생활양식이 필요하다. 첫째, 건설적인 열정의 소비다. 이욕과 영리 추구만을 위한 열정이 아니라 인류를 위한 생산과 정치가 필요한 것이다. 대중은 국가사회 경영에 오불관언吾不關焉하는 자세일 때가 많다. 소극적으로 침묵하는 것은 민주사회 건설에 도움이 되지 않는다.

둘째, 올바른 과학 진흥이다. 진정으로 인류를 위한 과학을 만들어야 한다. 인류 전체의 삶을 풍요롭게 할 수 있는 과학을 발전시킬 때 비로소 문화세계의 건설이 가능해진다. 인류는 역사속에서 원시적인 농본주의적 경제체제에서 과학산업 체제로 전환했다. 인류 생존은 자연에서뿐만 아니라 과학을 통해 유지될 수 있었다. 문화세계 건설이 꿈이 아니라 현실이라는 것은 이러한 과학을 통해 그 기틀을 마련하기 때문이다. 과학의 전당이 곧 문화의 왕국으로 가는 지름길이다. '과학의 고도화'를 통해 인류가 행복해지는 것이 문화세계의 기본 목표이다.

그러나 여기에서 엄격히 짚고 넘어가야 할 것은 문화세계가 기독교 사회주의나 공상적空想的 공산주의, 무정부주의가 주창하는 인류의 천국과는 전혀 다르다는 사실이다. 이것들은 관념적이고 공상적인 세계지만 문화세계는 앞서 말한 바와 같이 현실적이고 과학적인 기초 위에 건립된다. 현실을 벗어나 정신세계로서의 문화세계 창조에는 의미가 없다. 문화세계를 단지 행복한 장소로만 이해해서는 안 된다. 거기에는 구체적인 삶이 있고 희로애락이 있으며 죄와 벌이 있다. 또한 삶과 죽음이 있다. 그렇기에 문화세계에서 말하는 영원한 삶이란 종교적 의미의 영생과 결코 같을 수 없다.

제2장

문화복리주의의 강령

제1절 문화복리주의는 열린 민족주의다

1. 민족의 개념

민족이라 할 때 그것은 대체로 역사 및 문화의 공동성共同性을 중심으로 하는 사회적 결합을 의미하는 것이 보통이다. 동일한 언어와 문화, 동일한 관습과 역사 및 동류의식을 가지고 있는 집단을 민족이라 부른다. 학자에 따라서는 민족의 정립 요건으로 동일 신앙과 동일 종족을 말하기도 한다. 그러나 반드시 그런 것만은 아니다.

일부 사회주의 논자들이 이야기했듯 민족 관념을 자본주의 국가의 대두와 함께 발생한 것만으로 볼 수는 없다. 자본주의 이전에도 민족과 비슷한 개념이 존재했기 때문이다. 가령 이족異族이니 이방異邦이니 하며 타민족을 배격, 천시했다. '사이四夷'와 '중화中華'라는 사상까지 생긴 것을 보면 민족 관념이 반드시 자본주의 국가 발생과 병행된 것만은 아니었음을 알 수 있다. 그것은 민족과 민족국가를 동일한 관념으로 이해하는 것과 같은 오류이다. 또 자유 관념이 마치 근대국가에서 비로소 생겼다고 생각하는 것과 같다. 근대적 개념으로서의 자유는 아닐지라도 자유 이념 자체가 과거에는 없었던 것으로 치부할 수는 없다.

그러나 근대화 이후 국가 간 교류가 빈번해지고 국가체제가 분권적 봉건국가에서 중앙집권적 민족국가로 변하면서 민족의 의의가 새롭게 부각된 것은 사실이다. 근대 민족국가들은 자신들의 민족의 정체성을 설명해주는 혈연이나 전통을 지키기 위해 노력한다. 같은 민족이라는 의식하에 정치적 집단을 이루고 자신들이 만든 국가의 번영을 꾀한다. 민족이란 국민국가가 국민을 지배하기 위한 하나의 정치 단위로 인식됐으며, 국가체제는 이를 공고히 해왔던 것이다.

그렇다면 민족은 어떻게 형성됐는가. 민족 기원에 대한 역사적 고찰에는 많은 학설들이 있다. 다윈은 인류가 단일한 조상에서 분산됐다고 주장한다. 동일한 선조에서 출발해 장구한 세월 동안 각기 다른 환경에서 살아가면서 모습을 달리한 것으로 본다. 환경에 순응해 살아가는 인간으로서는 당연한 일이다. 환경에 맞춰 음식을 개발하고 의복을 입고 생활양식을 만들고, 점차 언어와 풍습 또한 다르게 변했을 것이다. 땅속에 묻힌 나뭇조각이 시간이 흘러 화석이 되는 것처럼 인간도 시간과 환경의 차이에 따라 다른 언어, 다른 피부를 가지게 된 것이다. 다시 말해 민족이란 선천적으로 존재하는 것이 아니라 후천적으로 만들어진다. 다른 민족을 배타적으로 대하고 자민족 중심적인 사고를 하는 것은 부당한 일이다. 하물며 타민족을 정복해 식민지화하는 것은 더욱 옳지 않다. 인류 전체에서 본다면 그것은 큰 죄가 아닐 수 없다.

2. 민족주의의 본질

민족주의란 근대 민족국가를 설명하는 특징들 가운데 하나이다. 중세 봉건사회가 봉건적 영토를 기반으로 주종 관계를 맺고 인민을 통치하는 체제였다면 민족국가는 국민을 강력한 민족 통일체로 결합해 국가의 일원으로서의 정치적·문화적 사명을 자각하게 한다. 대내적으로는 공고한 중앙집권제 정부와 통일적 법률제도하에 국력의 충실을 도모한다. 또 대내외적으로 국가는 최고 권력기관이다. 국가들 사이에서 독립적이고 우월한 주권을 확립한다.

이에 따라 민족주의는 배타적인 시각에서 자국우월주의를 가지게 되며, 이는 결국 다른 나라를 정복하고 지배하는 제국주의의 근본 원리로 작동한다. 자민족중심주의는 제국으로 발전할 수 있는 소지가 항상 존재한다. 민족국가들은 자국의 부강을 위해 다른 민족, 다른 국가를 정복하고 식민지화하고자 한다. 식민지는 주로 지배국에서 생산되는 상품을 소비할 새로운 시장으로 개척되는 경우가 대부분이다. 이러한 방식으로 민족주의와 자본주의, 침략주의는 민족의 발전이라는 슬로건 아래 삼위일체 관계를 맺게 된다.

민족주의를 좀 더 근본적으로 분석해보자. 자본주의는 시장에서의 자유방임과 자유경쟁을 원칙으로 개인과 국가의 부를 달성한다. 이와 마찬가지로 민족주의에서도 국가 간 자유방임의 원칙을 따른다. 민족적 우월주의는 다른 나라를 배척하거나 침략하는 것을 정당화한다. 타국가에 대한 정복은, 자본시장에서 성공하는 것과 같이 영예로운 승리로 이해된다. 자유방임의 원칙에 따라 하나의 국가가 다른 국가를 실력으로 정복하는 것은 정당한 일이 되는 것이다. 자민족중심주의는 민족을 최고의 가치로 보고, 국가와 민족 위에 더 큰 법은 없다고 생각하기 때문이다. 이러한 생각은 초기 자본주의 시대에만 해당되지 않는다. 오늘날에도 그 여세餘勢가 사회를 관류하고 있다.

보댕은 국가주권에 대해 절대적으로 우월하고 유일한 것이라고 말했다. 그러나 이 때문에 오히려 민족국가는 민족적 우월주의로 쉽게 변환될 수 있다. 국가는 항상 옳다. 그것이 설령 인류를 파멸로 몰아넣는 해를 끼친다고 해도 말이다. 국민은 국가가 시키는 일은 무엇이든 수행하지 않으면 안 된다. 국가에 대한 충성은 국민으로서의 의무이다.

이러한 사회에서는 국가 정의는 있어도 국제 정의는 있을 수 없다는 것이 문제다. 국가 도의는 있어도 국제 도의(인류도人類道)는 존재하지 않는다. 자민족중심주의는 타민족을 침략하는 적극적인 방식으로도, 쇄국주의와 같은 소극적인 방식으로도 나타날 수 있다. 세계 제패를 꿈꾸며 다른 나라를 폭력적으로 침략하고 지배하고자 하는 침략적 제국주의도 이러한 자민족중심주의에서 출발한다고 말할 수 있다.

개인적 차원에서 극도의 자유방임이 문제가 됐듯이 국가 차원에서도 자유방임주의는 많은 문제를 양산한다. 또 한편으로는 국가 무정부주의를 초래할 수도 있다. 자민족중심주의에 기반을 둔 민족국가들은 상호 침탈을 멈추지 않을 것이며, 인류는 마침내 생존을 위한 쟁탈만을 반복하게 될 것이다. 제2차 세계대전을 생각해보라. 국가제일주의가 몰고 온 결과는 인류 전체에게 파멸적인 것이었다. 자국만을 위한 민족주의 또는 국가제일주의는 전체 인류를 도탄에 빠뜨릴 수도 있다. 역사가 증명해주고 있듯이 이제 자국중심주의는 그 정당성 자체를 확보할 수 없다.

국가 자체를 목적으로 하거나 신성시해서는 안 된다. 그것은 국가의 목적이 될 수 없다. 이제 인류사의 차원에서 국가라는 개념은 재고돼야 한다. 국가 자체를 목적으로 할 때 인민이 얻는 것은 과연 무엇이란 말인가. 그 점을 깨달아야 할 것이다. 국가는 민권民權적인 견지에서 국민의 복리를 기하기 위한 존재이며 또 그것을 달성하기 위해 만들어진 기관일 뿐이다. 국가의 목적은 다른 국가 또는 민족을 침략하고 정복함으로써 국민이 요구하는 것 이상의 목적을 추구해서는 안 된다. 자국만의 이익을 얻기 위해, 자국민의 복리 증진을 달성하기 위해 타국을 침해·정복하는 것이 어찌 국가의 목적이 될 수 있겠는가.

모든 국가들은 영원한 것이 아니다. 흥망성쇠가 있다. 흥하면 쇠한다는 역사의 철리哲理를 잊어서는 안 된다. 타국을 침략해 성공한다 해도 그것은 결국 자국 또한 언제나 다른 국가로부터 침략당할 수 있다는 것을 의미하는 것이다. 또 다른 나라와 전쟁을 일으켜 승리하기 위해서는 얼마나 방대한 국민의 희생이 소요되는지 잊어서는 안 된다. 인민의 희생 없이는 어떤 전쟁도 불가능하다.

따라서 우리는 서로 침략하고 공격하는 민족국가 체제로부터 일대 전환을 시도하지 않으면 안 된다. 자국의 진정한 복리와 안전을 얻기 위해서도 꼭 필요하다. 인류사적 큰 시각에서, 자국의 울타리를 벗어나 국제적 입장에서 사유하지 않으면 안 된다. 국가들이 상호 간 원조를 통해 인류 공영의 원칙을 세우지 않는다면 세계 안전과 평화, 복리는 도저히 바랄 수 없을 것이다.

그러므로 이렇게 말할 수 있다. '순수 민족주의는 민주주의와 대립된다'라고. 순수 민족주의가 자아 독존의 원리에 근거한 데 대해 민주주의는 만민평등을 논거로 하고 있기 때문이다. 순수 민족주의는 만민 공생과 상호부조를 원리로 작동하는 민주주의의 발전을 저해할 수 있다. 이 둘이 병립한다는 것은 불가능한 일이다. 민족주의를 고집하면 민주주의는 무시될 수 있다. 여기에 민족주의의 자가당착이 생긴다. 과거 자유방임주의에 의해 개인들이 생존 경쟁, 약육강식, 자연도태에 빠질 수밖에 없었던 것처럼 자기 국가만 위하는 것은 결국 국가방임주의로 전입되지 않을 수 없다.

그러나 많은 문제점 때문에 개인 자유방임주의 시대 역시 사라진 지 오래이다. 그런데도 오늘날과 같은 시대에 순수한 민족주의를 주창하는 사람이 있다면 그는 시대에 뒤떨어진 낡은 사상의 소유자이다. 조소의 대상이라 할 만하다.

현시대는 바야흐로 민주주의의 성장기이다. 나만의 영달이 아니라 인류 전체의 공영을 도모해야 할 때다. 민족지상주의나 민족자결주의라는 구태의연한 논리에서 벗어나 여러 민족 가운데서 내 민족의 행복을 창출해야 하는 것이다. 그것이 바로 통정統整된 민족주의이며, 이를 통해서만 비로소 민족은 서로 공존하며 살아갈 수 있다. 인류 또한 함께 번영할 수 있다. 진정한 의미의 민주주의는 바로 이와 같이 민족과 인류, 국민과 국가라는 모든 관계를 동시에 인정하면서 양자를 합리적으로 조정하는 데 있다 하겠다.

3. 통정統整된 민족관

진정한 의미의 민족주의란 열린 민족주의가 돼야 한다. 통정된 민족관이 돼야 하는 것이다. 통정된 민족관이란 자기 민족의 개성을 잃지 않으면서도 전체 인류 국가를 무시하지 않는 국가의 개념을 말한다. 통정된 민족 관념은 민족 지상을 부르짖는 순수 민족주의나 국가주의가 아니다. 그렇다고 해서 범세계주의나 막연한 사해동포주의도 아니다. 따라서 통정된 민족주의는 자국의 이익만을 생각하는 것이 아니라 전체 인류 속에서 국가의 활로를 찾는다. 물론 전체 인류의 국가체제에서도 각 민족은 존중돼야 한다. 국가와 인류가 상호 존중되는 체제로 구성돼야 하며, 독일의 비스마르크 제국과 같은 자국우월주의나 일본의 팔굉일우八紘一宇식 자국 권력의 세계화 정책 등은 일체 배격해야 한다. 진정한 국가관으로서 통정된 민족관을 수립한다는 것은, 민족의 정당한 지위와 입장에서 민족과 전체 인류와의 관계를 상호 규제하는 데 목적이 있기 때문이다.

따라서 문화복리주의는 진정한 민주주의의 다른 이름이다. 문화복리주의가 진정한 민주주의 원칙에서 민족을 논의하고 이해하기 때문이다. 문화복리주의는 지금까지 말한 순수 민족주의는 물론, 한때 전 세계를 풍미한 민족자결주의와도 일정한 거리를 둔다. 민족자결주의가 민족지상주의에 비하면 진보된 사상이라고 할 수 있으나 어디까지나 과도적 현상에 불과하다. 민족의 절대 사상을 유지하기 위한 미봉책인 것이다.

다시 말해 민족국가 간의 침략 관계를 배제하기 위해서는 단순히 국가 간 평등만을 주장하는 것만으로는 부족하다. 국가 간 분립에서 한 걸음 더 나아가 국가들이 서로 단합하고 통합할 수 있는 진정한 여건이 마련돼야 한다. 민족 차별과 침략을 제거하기 위해서는 어떠한 의미에서도 민족중심주의적 사유 자체를 근절하지 않으면 안 된다.

또한 같은 이유에서 막연한 세계주의나 계급주의 또한 거부해야 한다. 각 민족의 공존공영을 기할 수 있는 통정된 민족주의를 통해서만 인류의 공동 조국인 문화세계가 이룩될 수 있다. 자국중심주의를 버리고 모든 국가들이 문화세계라는 하나의 통일된 세계를 이루어야만 한다. 그렇지 않으면 민족주의가 불러올 또 다른 전쟁과 파멸을 멈출 수 없을 것이다. 문화세계의 창조, 행복한 인류세계를 수립한다는 것은 지금 우리 세대에게 주어진

시대적 소명이다.

따라서 문화복리주의는 인간의 동일성과 만민 공영의 원리를 제창한다. 만민은 평등하고 우리는 이를 실천해야 할 의무가 있다. 피부색에 따라 차별을 받아서도 안 된다. 민족적 차별을 서슴지 않는 표현들은 이제 사라져야 마땅하다.

지금 인류세계는 도의적으로는 하나의 세계이면서 사회적·정치적으로는 다원화되고 분열돼 있다. 아직도 자국의 이익을 위해 경쟁과 파괴를 멈추지 않고 있다. 그러나 미래 세대를 위해서는 이처럼 분열된 국가들의 경쟁 상태를 민주주의의 완성이라는 형식 속에 통합하지 않으면 안 된다. 그것이야말로 현 인류에게 부과된 세기의 진리가 아닐 수 없다. 우리 모두는 이미 단순한 일개 민족의 구성원으로서만 존재하는 것이 아니기 때문이다. 과학인·예술인·도덕인·기술인 등의 한 사람으로 이미 국제사회의 일원으로 참여하고 있는 것이다. 따라서 우리는 과거 세대처럼 단순하게 민족이라는 관점 속에 갇혀 있어서는 안 된다. 국제적 일원이자 사회인으로서 인류라는 대大존재로 확대된 관념을 가져야 하는 것이다.

이제 민족이란 절대적으로 견고하고 신성한 성채城砦가 아니다. 민족이라는 관념에 사로잡히는 것은 이제 편협하고 퇴영적인 낡은 생각에 불과하다. 세계사적 관점에서 민족의 경험을 이해하지 않으면 안 되는 것이다. 어느 누구도 한 나라의 역사가 이미 인류사의 일부라는 사실은 부인할 수 없을 것이다.

하지만 문화복리주의는 문화세계라고 하는 인류사적 관점을 취하면서도 민족사상을 무시하는 세계주의에 반대하고 민족을 지지한다. 그것은 문화복리주의가 민족 자체에 대한 이해, 민족 개성에 대한 역사·과학적 현실을 인정하고 지지하는 시각이기 때문이다. 문화복리주의는 민족의 개성을 존중하면서도 전체 인류사회의 진정한 복리를 확립하는 데 공헌한다. 따라서 순수한 민족주의에 반대할 수밖에 없는 것이다. 인류의 공동 조국인 문화세계를 창건하고자 하는 큰 목적에서 본다면, 순수 민족주의는 방해물이 될 뿐이다.

또한 문화복리주의는 투쟁과 착취가 없는 인류의 공동 복리를 추구할 수 있는 하나의 세계를 건설하고자 한다. 따라서 우리가 실현하고자 하는 문화세계에서는 민족 관념의 특색은 세계적 색채를 지니고 있으면서도 자기 고유의 민족 개성을 상실하지 않는다. 배타적인 편협한 민족주의 사상을 극복하고 인류 전체가 협조하고 동화同化할 수 있는 그런 삶을 추구한다.

제2절 문화복리주의의 기반은 경제적 평등이다

1. 경제의 임무와 역할

의식주는 생生을 유지하는 기본 조건이다. 인간 또한 생존을 위해 노력하며 살아가야 하는 존재이다. 무엇보다 먼저 의식주를 해결하는 것은 기본적인 삶의 바탕이다. 의식주가 안정되지 않는다면 일할 수도 없고 가치 인생을 건설할 수도 없다.

중세 시대 기독교인들은 금욕주의를 신봉해 먹고 즐기는 행위를 비천하게 생각했다. 근대에 이르러서는 이를 부정하는 경험적이고 실증적인 인생관이 출현했다. 벤담, 밀, 콩트, 베이컨 등과 같은 사상가의 공리주의가 자리를 잡았다. 개인도 국가도 잘 먹기 위해 살아야 한다는 생각이 전파됐다. 관념적인 삶이 아닌 현실주의가 주요 인생관이 된 것이다. 이에 따라 실용주의와 도구주의가 사회적으로 넓게 수용됐다. 그리고 정치적으로는 민주주의가 전개됐다.

잘 먹고 잘사는 것은 여전히 중요한 일이다. 하지만 인간은 단순히 생生 자체에 집착하며 살아갈 수는 없다. 잘 먹고 잘살기 위해서만 살려는 인간이 돼서도 안 된다. 우리가 민주주의 시민으로 살아가는 한 '더 잘 먹고, 더 잘살기 위해' 살아야 할 뿐만 아니라 거기에 한 가지 더 첨부해서 '더 값있게 살기 위해' 살아야 한다. 고도의 문화문명을 진전시켜야 하는 것이다.

경제 문제는 단순히 생의 유지를 위한 먹고 입고 주거하는 의식주 문제 해결만을 목적으로 하는 것은 아니다. 경제는 생의 유지뿐만 아니라 인간이 추구하는 가치를 구현할 수 있는 토대를 마련해준다. 그 때문에 경제는 실로 중대한 인간의 기본 문제라고 말할 수 있다. 실제로 인류사에서 경제가 지니는 지위는 매우 중요하다.

인류가 진행해온 경제의 역사는 어떤 것인가 살펴보자. 태고사회의 경제원칙은 자급자족의 원칙이다. 고대 씨족사회와 부족국가에서는 상호 간 분업적 협업으로 경제행위를 수행했다. 물물교환을 거쳐 영리적 상행위로 전환되며 조개껍질이나 동, 은 같은 화폐제도도 생성됐다. 분업 경제가 시작되고 상거래가 활발해지면서 화폐제도가 발달한다. 상행위를 통해 이윤을 추구하는 영리 정신과 거래상 운반이 편리하다는 점에서 화폐가 출현하게 된 것이다.

화폐는 경제활동에서 매우 중요한 역할을 하고 있다. 그런데 시대의 변천과 함께 어느 사이엔가 화폐는 인간을 훨씬 능가하는 힘과 독자성을 가지게 됐다. '인간을 위한 화폐'가 아니라 '화폐를 위한 인간'이 돼버린 것이다. 왜냐하면 화폐는 그 자체로서 인간의 욕망을 충족시켜줄 수 있고 인간의 생生을 유지시켜줄 수 있으며 인간의 온갖 행위를 가능하게 하기 때문이다. 그뿐 아니라 화폐는 그 자체, 자본으로서도 이윤을 낼 수 있다. 경제활동의 편리를 위해 만들어졌지만 화폐는 이제 인간사회의 실권을 쥐었다고 해도 과언이 아니다. 화폐는 암묵적으로 인간의 모든 실질적인 힘을 장악해가고 있다. 화폐가 제정될 때의 목적과 임무에서는 현저히 어그러진 것이다.

민주주의가 군권신수설을 반대하고 전제와 억압을 물리쳤으나, 현대 자본주의는 폭군 이상의 전제자인 '황금왕'이라는 폭군을 맞이하게 된 것이다. 이제 돈은 인간을 지배하는 전제군주와 같은 위치에 놓이게 됐다. 황금만능주의가 도래한 것이다.

화폐는 인간의 욕심과 결합해 더 많은 불행을 낳고 있는 것이 사실이다. 돈은 인간에게서 나왔으나 인간적인 부분 중 어느 하나도 지니지 않았다. 우리의 인격은 이제 그의 사상과 행동 자체만으로 표현되지 않는다. 인간을 표상하는 것은 그야말로 돈이 됐다. 돈은 인간의 본성을 바꾸었을 뿐 아니라, 인간의 본성 자체가 돼가고 있다.

이러한 사회는 당연히 배금주의를 낳을 수밖에 없다. '무엇보다도 돈이 제일'이라는 기현상을 이루어 종래에는 사람이 돈을 사용하던 것이 돈이 사람을 지배하게 된다. 인간이 자신이 만든 돈에 사로잡히고 만 것이다. 따라서 인간을 위한 경제란 한갓 추억이 됐다. 현대인은 화폐라는 황금왕에게 사로잡혀 경제를 위한 인간이 돼버렸다. 이에 따라 황금왕의 수중에 생사가 달라진다. 죽고 사는 것이 돈에 의해 좌우된다. 아비규환이 아닐 수 없다. 돈이 없으면 선량한 인격 자체도 기대할 수 없게 된 것이다. 의리, 효, 도덕, 적선은 말해 무엇하겠는가. 인간은 돈 앞에서 동물처럼 갸륵한 처지가 된 것이다. 인류가 제거한 전제군주의 자리에 돈이 들어앉은 셈이다. 돈이 인간을 조정하는 사회가 돼버린 시대에 우리는 무엇을 할 것인가.

물론 경제는 중요하다. 인간을 인간답게 만들기 위해서는 무엇보다 경제활동이 필요하다. 그러나 언제부터인가 돈은 하나의 인격체처럼 살아 움직이는 존재가 됐다. 선인善人을 악인으로, 거지를 부자로, 부자를 걸인으로, 병자를 건강한 사람으로, 건강한 사람을 병자로 만들고 있다. 돈은 마치 의지를 가진 존재처럼 사회제도도 문화 풍속도 변화시켰다. 문화세계 건설을 앞둔 우리로서는 돈과 경제에 대해 깊이 사유해보아야 한다.

2. 경제가 인간에게 미치는 영향

인간의 의욕은 객관적 사실에 의해 형성된다. 맛있는 것을 보면 먹고 싶고, 좋은 물건을 보면 가지고 싶은 것이 인간이다. 심리학자 제임스와 랑게[48]가 말하지 않았던가. 슬프니까 우는 것이 아니라 우니까 슬프다고. 인간은 객관적인 자극에 의해 감정이 지배된다. 유심론자들은 정신만이 실재이고 물질은 정신의 표현이며 심적 영향이라고 말한다. 유물론자는 인간의 정신은 물질의 산물이요 형식의 노예라고 생각한다. 그러나 인간은 객관적 환경에서 자극을 받고 마음의 태도를 고치며, 희망에 의해 객관적 환경을 개선하기도 한다. 객관이 마음을 변화시키고, 반대로 마음이 환경을 변화시킬 수도 있는 것이다. 실제로 인간생활은 자극이 없으면 발전이 없고 환경의 변화가 없으면 자극이 없다.

예를 들어 '왕자와 거지' 같은 우화를 생각해보자. 거지 소년을 왕자처럼 깨끗이 단장을 시키고 군복, 군모, 권총을 차려준 다음 대장의 휘장까지 달아주면 그 아이는 자기도 모르는 사이에 가슴을 젖히고 활보를 하며 '차렷' 하고 호령을 할 것이다. 반대로 부유한 소년을 걸인의 복색을 시킨 다음 깡통을 들려주면 이 소년은 자신도 모르는 새에 밥을 달라는 시늉을 할 것이다. 인간은 본능적으로 객관적 환경에 순응하려 한다. 마음이 객관적인 환경에 영향을 받는 것이다. 어른도 마찬가지이다. 깨끗한 환경 속에서 깨끗한 복장을 하면 자연히 마음도 단정해진다. 더러운 환경 속에서 추한 옷을 입고 살아가면 마음도 음침하고 우울해지기 마련이다. 자식을 위해 좋은 환경으로 이사를 가는 '맹모삼천지교' 이야기는 결코 우스운 우화가 아닌 것이다.

이처럼 인간은 객관적 환경의 요구와 필요에 따라 그에 적응해 행동한다. 그것이 곧 인간의 본성이라고 말할 수 있다. 그러면 우리 인간의 객관적 환경과 경제 관계는 어떠한 관련을 맺고

48 제임스-랑게 이론은 지각이 정서를 형성한다. 다시 말해 지각에 의해 자극이 발생한다는 주장. 웃기 때문에 행복하고, 울기 때문에 슬프며, 도망가기 때문에 두려움을 느낀다고 설명함.

있는가. 이 둘은 실로 밀접한 불가분의 상호 관계를 맺고 있다. 인위적인 객관적 환경은 대체로 경제에 의해 지배된다. 이럴 때 인간은 지극히 자연적인 것까지 경제에 의해 영향을 받는다. 경제가 풍족하면 좋은 환경을 만들 수 있고 부족하면 나쁜 환경을 가지게 되는 것이 당연하다. 우리는 인간이 태어날 때는 똑같이 맨몸이지만 자라면서 어떤 경제적 능력을 갖느냐에 따라 인격이 변한다고 생각한다. 요는 경제적 능력이 좋은 인격을 만들기도 하고 그 반대가 되기도 한다는 이야기다.

그렇다면 인간의 근본적인 차이는 무엇인가. 인간은 본디 선하지도 나쁘지도 않다. 인간의 차이를 만드는 것은 후천적인 것들이다. 그중에서도 경제적 능력 여하에 따라 사람은 이렇게 되기도 하고 저렇게 되기도 한다. 경제 문제는 일차적으로 인간생활의 필수 불가결한 조건이라 할 수 있다. 먹고사는 문제가 해결되지 않으면 그 이상 나아갈 수 없다. 돈은 인간의 인격을 형성하는 데 절대적인 것은 아니나 기본적인 바탕이다. 교양 있는 신사도 악독한 살인귀도 먹고사는 문제가 해결되지 않고서는 살아갈 수 없다. 그러나 경제 문제가 갖는 더 중요한 의미는 경제활동을 토대로 더 바른 인간, 더 교양 있는 인간, 고도의 문명사회를 이룰 수 있는 인간을 만드는 데 있다.

좋은 환경을 가지면 자연스럽게 좋은 사람이 될 수 있는 가능성은 커진다. 그 반대도 마찬가지이다. 그래서 완전한 존재가 아닌 인간으로서 좋은 환경을 갖춘다는 것이 중요하다. 돈을 중시하는 것은 인간 자신의 한계 때문이다. 돈이 있음으로써 객관적 조건이 좋아지고 개량될 수 있다. 이를 토대로 좋은 일도 실행할 수 있을 것이다. 경제적 여건이 충족되면 생生에 대한 만족 또한 커지는 것은 당연한 이치이다. 실제로 돈은 죽을병도 고치고, 걸어서는 한 달 걸려도 갈 수 없는 곳까지 단 몇 시간 만에 데려다

줄 수 있다. 돈이 인간의 고통을 덜어주는 것은 부인할 수 없는 사실 아닌가. 이처럼 인간의 거의 모든 행위는 돈과 분리될 수 없다. 경제 문제를 떠나서 돈 없이는 인간의 삶 자체를 생각할 수 없는 것이다. 인간을 사회적 동물이라고 하지만, 근본적으로 말해 인간은 경제적 동물이다.

경제 문제를 무질서하게 자유방임적인 환경 속에 방치하는 것은 결코 인간에게 이로운 일이 아니다. 인간답게 사는 것이 민주주의의 목적이며 철리哲理라면 경제 문제를 소홀히 할 수 없다. 경제 발전이 인간의 삶에 가져온 풍요를 생각해보라. 다만 경제 중심 사회가 배태하는 다양한 문제에 대해서는 심각하게 논의할 필요가 있다. 얼마나 많은 사람이 경제로 인해 좋은 사람이 되기도 하고 나쁜 사람이 되기도 하는가. 세상에는 먹지 못해 영양실조에 걸려 죽는 사람이 있다. 얼마나 많은 사람들이 돈 때문에 싸우고 분열하는가. 돈 때문에 모이기도 하고 돈 때문에 흩어지기도 한다. 다 비극이 아닐 수 없다. 돈이 없기 때문에 일생을 우마牛馬처럼 고역苦役만 하면서 살아가는 사람도 있다. 자식의 교육도, 부모 공양도 못 하고, 심하면 자신의 생명을 끊어버리는 일까지 있지 않은가. 이러한 비극의 책임은 누구에게 있단 말인가.

많은 말이 필요하지 않다. 해결책은 먼 데 있지 않다. 경제란 인간을 위해 존재한다. 인간이 경제에 종속돼서는 안 된다. 인간을 위해, 인간의 문화문명을 위해, 지고한 행복을 위해 인간을 위한 경제로 다시 옮아가지 않으면 안 된다. 물론 그것은 개인의 문제가 아니라 국가적 문제이자 과제일 것이다.

3. 진정한 경제관

경제와 삶을 분리해서 생각하는 것은 불가능하다. 황금만능주의도 위험하지만 금욕주의도 마찬가지로 경계해야 한다. 인간을 위해 만든 경제가 인간을 도구로 만들고 노예화하는 것은 막아야 한다. 경제를 이용하되 경제를 위한 인간이 돼서는 안 되는 것이다. 경제는 경제로서 사명이 있고 그 목적이 있다. 경제가 그 이상의 분야에서까지 지배적인 힘을 가져서는 안 된다. 우리 또한 황금의 노예가 되어 살아가서는 안 된다.

기실 인간의 기본 생활에 필요한 최소한의 경제생활만 충족되면 되는 것이 아닌가. 돈에 대한 욕망은 그 정도를 넘어 이제 인류문화 발전과 복리사회 건설에 장애를 주고 있다. 실로 경제의 자유방임은 부를 소유하고자 하는 욕망을 무한대로 확장시킨다. 경제의 의미가 변질되고 있다.

이러한 경제방임주의는 결국 국가들에게 세계 지배욕과 우월성을 심어주는 악영향을 끼친다. 돈에 의해 모든 것이 좌우되는 삶을 그대로 내버려두어야 옳은가. 중요한 것은 경제의 진정한 의미를 깨닫고 실천하는 일이다. 돈이 없다는 이유 하나로 굶고 헐벗고 추위에 얼어 죽는 사람이 생겨서는 안 된다. 돈이 없어서 교육의 혜택을 받지 못하고 질병을 치료하지 못한다는 것은 우리 세계의 비참이 아닐 수 없다.

이를 해결하기 위해서는 경제적 불공평과 모순을 제거하기 위한 노력이 필요하다. 부를 관리할 수 있는 국가의 역할 또한 절실하다. 경제적으로 공평하고 정당하게 부를 집행할 수 있도록 체계를 세워야 한다. 조잡하고 원시적인 자연 그대로의 자유방임적인 경제조직을 수정하고 개편하지 않으면 안 된다. 인간을 위한 경제가 인간을 지배하도록 방치해서는 안 되지 않는가. 경제는 인간을 인간답게 살 수 있도록 하는 데 필요한 도구이다. 또 건전한 인류 발전과 문화 진전을 위해 노력하는 데 부자유하지 않고 결핍되지 않을 정도로만, 현실적 요청에 근거한 경제 권리를 향유하면 되는 것이다.

경제적 궁핍 때문에 더 좋은 사회로 발전해갈 수 없다면, 그것은 아무리 좋은 정치라 해도 허위요 무가치한 일이다. 현 사회는 어떠한가. 자유를 숭배하는 정치적 민주주의 사회에서도 부의 편재偏在가 당연시되고 있다. 경제의 보이지 않는 전제를 부당하다고 생각지도 않는다. 아니 오히려 가난한 자의 결핍을 태만과 낭비의 소치라고 생각해 멸시하기도 한다.

그러나 과연 가난의 책임이 개인에게만 있는 것일까. 정치적으로 민주화가 이루어진 사회에서도 가난을 책임져야 할 국가의 책임에 대해서는 침묵하고 있는 것이다. 눈을 바로 떠서 이 사회를 해부하고 삶의 모든 영역을 개선해나가려는 노력이 필요하다.

경제적 민주주의 사회도 마찬가지이다. 부의 평등 분배를 완벽하게 실시한다는 것이 불가능하다는 것은 우리 모두 이미 알고 있다. 사적 사유재산을 부정하고 모든 재산을 공동으로 소유하는 제도를 마련했다고 해서 경제적 불평등이 사라질 것이라고 기대하는 것은 어리석은 일이다.

실제로 공산사회에서 재산의 이익은 특권화된 관료 계급에 의해 착취되고 있는 것을 목도한 바 있다. 국민의 노동의 대가를 군비 확장과 세력 확대를 위한 사리사욕을 위해 쓰는 일이 어찌 정당할 수 있는가.

하루빨리 경제의 정당한 지위를 회복해야 한다. 공평하게 경제가 사용될 수 있어야 하며 특수층이 독점하지 못하도록 국민은 자유권을 바탕으로 거부할 수 있어야 한다. 또 국가적 차원에서 미래 세대를 위한 체계적인 경제 계획을 세워야 한다. 국가를 방위하고 군사력을 확장하던 일에 집중되던 생산을 의미 있는 삶의 영역으로 대체시킨다면 인간은 지금보다는 훨씬 더 풍요로운 생활을 할 수 있을 것이다.

문화복리주의를 주장하는 것도 그 때문이다. 따라서 경제 평등을 기반으로 한 삶의 추구란 이런 것이 돼야 한다. 인간을 인간답게 하는 경제만이 의미를 지닌다. 통제 없는 시장경제의 자유방임이 아니라 삶을 조직화해 인간의 삶을 진정으로 가치 있게 하는 경제활동을 만들어가야 하는 것이다. 만일 그렇게 하지 못한다면, 인간은 동물과 다를 바 없는 경쟁만이 존재하는 원시적 삶을 살아가게 될 것이다.

경제 평등사상은 사회적 문화주의가 기본 이념으로 하는 여덟 가지 강령 중 가장 기본적인 요건이다. 그 의의는 실로 중차대하다. 재삼 강조해도 부족하지 않다. 문화세계를 창출할 수 있는 고도의 경제 계획과 그 실현이 무엇보다 중요하다.

제3절 문화복리주의는 호혜주의다

1. 호혜주의의 의의

인간사회란 나 하나의 생존만을 긍정하고 민족을 부정할 수 없다. 또 자기 민족만의 존립을 긍정하고 전체 인류사회를 무시할 수도 없다. 하나의 인간은 민족국가의 구성원이면서 동시에 세계 인류의 한 사람으로 연계돼 있다. 자기 혼자 또는 내 민족만이 잘 살겠다고 결심한다고 해도 국가 또는 인류사회의 공공 이익을 무시한 채로는 결실을 맺을 수는 없다. 전체의 이익은 물론 자기 자신의 이익도 잃어버리고 만다.

인간이란 로빈슨 크루소처럼 절해고도絶海孤島에서 혼자만 살 수 없다. 사회와의 교류를 거부하고서 행복을 이루는 것이나 문화와 문명을 운위하고 인정人情과 행복을 실현하는 일은 개인 홀로 해낼 수 있는 일이 아니다. 모든 것이 사회에서 유래한다. 모든 것이 사람들의 상호 관계 속에서 조성된다. 따라서 관계성을 잃고 격리된 채 생활했다면 인류는 오늘날과 같은 문명의 발전을 이룰 수 없었을 것이다. 동물과 같은 원시적 상태를 그대로 답습하는 데 그치지 않았을까. 사람이 사람인 이유는 이성(지성)과 감성을 가지고 사회생활을 영위할 수 있었기 때문이다. 인간은 사회생활을 통해 여타의 동물과 다르게 공공선을 추구할 수 있게 됐다. 이러한 공공선은 전체 인류가 무한히 발전하고 향상할 수 있도록 기여해왔다.

과거에는 이러한 사회 관계의 달성 방법에 대해서 이견이 많았다. 어떤 논자들은 사회 전체의 향상과 복리를 달성하기 위해서는 개인 간의 임의 경쟁을 인정하고 또 이를 국가의 입장에서도 장려해야 한다고 주장했다. 다윈을 비롯한 스미스, 리카르도,

밀, 맬서스, 벤담 등이 그들이다. 또 어떤 논자들은 심한 경쟁은 결국 약육강식 사회를 만들어 인간에게 악영향을 끼치므로, 상호부조의 관계 정립이 필요하다고 피력했다. 다시 말해 인간과 인간의 관계가 인애仁愛로 이어져 있어야 한다는 것이다. 공자, 맹자를 비롯해 크로포트킨, 톨스토이, 로크, 홉스, 볼테르, 페스탈로치, 링컨 등이 주요 논자들이다.

오늘날에는 심각한 경쟁과 투쟁이 더 심각하게 삶을 위협한다는 것에 동조한다. 서로 상호부조하고 협동해 사는 것이 인류의 공통된 목적과 행복 달성에 공헌하는 것에 대해 이견이 거의 없다. 만약 인간이 상호부조하지 않고 격렬한 투쟁만 한다면 그 결과는 어찌 될 것인가. 강자는 약자를, 영리한 자는 우둔한 자를 공격하고 배제시킬 것이다. 상호 침탈의 아수라장이 아니고 무엇이겠는가. 도의로써 호혜互惠적 관계를 맺는 사회가 아니라 열등한 동물들의 사회가 되고 말 것이다.

이처럼 무한 경쟁만 존재하는 사회에서는 어떤 종류의 선량한 인정人情과 도덕도 기대할 수 없을 것이다. 질서도 소용없고 오직 힘이 이끄는 사회, 힘이 곧 정의가 되는 사회가 되고 만다. 찬란한 인류의 문화문명을 발전시키기는커녕 서로를 침해하고 무의미한 공방만을 거듭하게 된다. 역사적으로 인류가 창조해온 훌륭한 문화들은 대개 인간이 상호부조하고 호혜적으로 협동함으로써 이루어졌다. 오늘날 우리가 누리고 있는 이 문명 또한 오랜 시간 인간들이 호혜적인 삶의 협력을 통해 만들어낸 그 결과가 아니고 무엇이겠는가.

2. 호혜주의의 내용

호혜주의란 인류가 다 같이 상호부조하고 협조해 각자의 임무를 완수함으로써 진정한 복리사회를 건설하자는 하나의 도의적 사상에 기초하고 있다. 그러나 호혜란 선천적으로 인간이 타고난 임무는 아니다. 사회질서를 합리적으로 유지하고 만인의 목적을 일정한 목적에 집결시켜 더욱 효과적인 성과를 얻기 위해 만든 후천적 방편일 뿐이다. 호혜적 관계를 통해 인간은 인간으로서의 자유·평화, 그리고 복리를 집단적으로 성취할 수 있다. 그러나 호혜 자체를 위해 인간이 존재하는 것은 아니다.

호혜적 관계는 인간의 필요에 의해 만들어진 하나의 관계이다. 그러므로 호혜란 생활 목적이 아니라 생활규범이라고 말할 수 있다. 생활을 합리적이며 더 효능적이고 더 고차원적인 수준으로 지양시키는 것이 호혜의 본의이다.

그러나 여기에서 간과해서는 안 되는 것이 있다. 호혜란 공리적公利的이고 인간적인 욕구에 의해서만 존재하는 것이 아니라는 점이다. 인도적인 입장, 즉 사람다운 사람이 되기 위해서도 호혜는 필요하다. 호혜 정신은 생활을 합리적이고 효과적으로 영위하게 할 뿐만 아니라 삶 속에 스며들어 인간 자체를 가치 있는 존재로 만든다.

호혜주의는 민족이나 국가에 대한 차등을 논하지 않는다. 인종·성별·빈부·직위 고하도 가리지 않는다. 모든 존재를 동일하게 대우하며 기본 권리를 존중한다. 약자를 보호하고 낙오자를 교화하며 각 개인으로서도, 집단으로서도 충분한 문화생활과 가치생활을 영위할 수 있게 만든다. 호혜의 진의는 평화와 친화, 부조扶助로써 인간사회에 질서를 부여하며 보다 높은 문화와 자유, 그리고 복리를 얻을 수 있는 기반을 제공한다.

따라서 호혜주의는 특수자를 위한 침략주의와 제국주의, 자본주의 내지는 공산 독재주의에 반대하고, 침략 없는 진정한 국제사회를 추구한다. 또한 계급과 대립이 없는 '하나의 세계', 독재와 전횡이 없는 '문화세계'를 지향한다.

그러나 과학이 점차 발달하면서 이에 비례해 호혜나 도의 등의 정신은 차차 무시돼가는 경향도 적지 않다. 앞서 논의했듯, 과학과 도의는 명확하게 구분된다. 인간은 물질이 아니다. 인간의 정신은 과학 이전의 것이요 물리보다는 고차원적이기 때문이다. 물론 인간생활의 기초적인 제 문제는 과학으로 해결해야 하겠지만 우리가 어떻게 살아야 하는가 하는 인생 문제는 윤리에 속하는 것이다. 아무리 과학이 발달된 사회에서도 윤리 문제는 그대로 존속된다. 인간 상호 간 협조하며 호혜적 관계를 맺는다는 것은 인류사회가 계속되는 한 영원한 주제이며 언제나 추구하고 연마해야 할 숙제인 것이다.

3. 인간 도의의 회복

20세기는 사상적으로 좌우로 분열되고 도의가 극도로 부패된 시대이다. 민주사회에서도 전제적인 자본주의에 의해 황금만능 사상이 최고도에 달하고 왕족 못지않은 부유한 생활을 하는 사람들이 생겨났다. 반면 가난한 사람들의 비참한 삶은 어떠한가. 인권 문제는 차치하고라도 사회의 법은 또 이들에게 얼마나 불공평한가. 생계에 몰린 좀도둑을 잡기 위해 법이 존재하는 것은 아니리라. 사회정의는 약자를 구원하기보다 강자의 권력을 강화하고 약자를 억압하려는 것으로 변질되고 있다. 돈은 모든 것의 목적이자 수단이 되고 있다. 돈을 위해서라면 남의 재물을 빼앗을 수도, 권력을 잡을 수도, 법망을 피할 수도, 지위와 세력을 보전할 수도 있다. 이러한 사회에서 어찌 자비와 인도人道가 있을 것인가. 돈을 모으기 위해서는 중상·모략·사기·횡령·배신·위선·협박·살상 등 온갖 수단을 개의치 않고 타인에게 사용한다.

이러한 문제는 공산사회라고 해서 다르지 않다. 선량한 민주주의적 정의와 도의가 사라지고 아이러니하게도 인민 중심이 아닌 당 중심의 폭력적 지배가 강화된다. 의견이 다르면 검열하고 숙청함으로써 인민을 언제나 불안정한 정세 속에 몰아넣는다. 따뜻한 인간적 삶을 기대할 수 없는 냉혹한 세계가 펼쳐진다. 당이 모든 것을 통제하고 지배하는 세계에서 인간다움을 유지한다는 것은 거의 불가능하리라. 그것은 인류 전체에서 본다면 크나큰 비극이 아닐 수 없다.

어떤 세계를 막론하고 부패가 인간다움을 유지하기 어렵게 만들고 있지 않은가. 한곳에서는 황금만능주의가, 또 한곳에서는 암흑과 같은 독재가 인간을 억압하고 있는 형국이다. 이러한 사태가 좀 더 이어진다면 인류에게는 도대체 어떤 일이 벌어질 것인가.

그렇다면 지금 인류사회는 어떤 존재를 필요로 하는가. 인류가 필요로 하는 사람은 현명한 정치가도, 능숙한 외교가도 아니다. 진정으로 우리에게 요구되는 사람은 진정으로 국가를 근심하고 바른 길을 생각하는 사람이다. 그러나 얼마나 많은 사람들이 신의보다 이익을 택하던가. 때로는 조국도, 민족도, 혈족도, 가정도 잊고 돈에 매달리는 사람도 있지 않은가. 그 근본 원인은 아마도 인류 자체가 부패했기 때문일 것이다. 누구나 다 가져야 할 의리감과 호혜지심互惠之心이 사라지고 있는 것이다. 냉혹하고 이기적인 타산만 남겨지고 있다.

세계는 그 자신이 만들어낸 독소에 의해 질식돼가고 있다. 일초라도 빨리 호혜의 정신을 회복하고 새롭게 도의를 확립함으로써 인류세계를 위한 준비를 마쳐야 한다. 차가워진 현 세계를 묵과할 수 없다. 사상적 대립을 멈추고 본연의 자연인으로 돌아가 인류사회를 위해 삶 자체를 새롭게 다시 꾸미지 않으면 안 된다.

루소는 말했다. "자연으로 돌아가자!" 우리 역시 루소의 말처럼 만민의 평등을 주장한다. 하지만 주장하는 데 멈추지 않고 한 걸음 더 나아가 이를 실천해야 한다. 또 톨스토이는 사랑으로 인간 세상을 지나라고 역설했다. 우리 모두는 지난 세기 동안 사랑이 없는 삶의 비극이 무엇인지 경험했다. 이제 우리는 사랑을 원하는 것을 넘어 스스로 실천할 때이다. 이 세계적 위기와 수난을 극복하기 위해서는 오직 인류 전체가 한 덩어리가 돼 호혜주의로 인류 도의를 확립해야 한다.

그러나 우리는 막연히 호혜주의를 주장하고 도의심道義心의 회복에 대해 말하는 것만으로는 실질적인 성과를 거둘 수 없다. 우리에게 주어진 유일한 길은 전 세계를 '문화세계'로 통합하는 것이다. 통합된 인류세계를 바탕으로 문화를 창조하고 만민의 진정한 자유와 안녕을 이룩하는 새로운 정치 이념을 구현해야 할 것이다. 편협한 이기심이나 당黨 중심주의, 배타적인 자기중심적인 마음을 버리고 분연하게 일어나야 한다. 대범하게 전 세계 인류와 국가사회를 동시에 번영케 하는 인류 도의, 국제적 도의를 확립하지 않으면 안 된다. 이것이 우리가 말한 호혜주의의 본질이다.

제4절 문화복리주의는 인권을 수호한다

1. 인권 존중의 의의

인권이란 인간이 인간된 소이所以, 즉 인간의 선천적 기본 권리이다. 인간이 이 세상에서 생生을 영위하려면 인간으로서 마땅히 가져야 할 기본 권리가 있다. 인간으로서의 기본 권리를 누릴 수 있을 때 우리는 비로소 완전한 인간이 된다. 인권은 인간으로서 또는 국민으로서 존재 의미를 밝혀주는 기본 바탕이다. 인권이 존재할 때 비로소 인간은 자신에게 부여된 직책을 감당할 수 있을 뿐만 아니라 삶의 가치와 의미를 얻을 수 있다.

그 때문에 인권 해방은 민주주의의 첫걸음이있다. 인권을 존중하는 것은 민주주의의 구체적 내용이자 출발점이다. 봉건국가에서 인민은 자신의 인권을 보장받지 못했다. 군주를 비롯한 특권계급에 의해 억압당하고 유린당하는 일이 허다했다. 민주주의는 이처럼 몰수된 인권을 되찾는 과정에서부터 시작됐다. 민주주의의 기본 이념인 자유·평등·공영은 그 자체로서 의미가 있는 것이 아니다. 인간의 삶을 더욱 윤택하고 행복하게 해줄 수 있는 곳에서만 의미를 찾을 수 있다. 인권 존중 또한 마찬가지다. 인권이 인간으로서의 자격을 부여하고 생의 가치와 기쁨을 줄 수 있기 때문에 중요한 것이다. 인권이 없는 사회 또는 국가는 인간을 노예로 만들 뿐이다. 인권이 없다면 인간은 동물과 무엇이 다르겠는가.

국민의 권리인 민권도 마찬가지이다. 국가가 민권을 보장하지 않는다면, 국민은 인간으로서의 가치생활은 물론 민주주의 생활 역시 유지할 수 없다. 민권과 민주주의와는 일즉불이一卽不二, 하나이고 둘이 아닌 상호 관계를 맺고 있다. 근대 인권의 개념은 자연권 사상의 등장과 함께 출현했다. 인간은 그 자체로서 사명과 목적을 구유하고 있다는 것이다. 이는 칸트가 말한 두 번째 정명과도 부합한다. 인간은 그 자체로서 목적적인 존재이며 결코 다른 어떤 것을 위해 이용되거나 부수되는 수단이 돼서는 안 된다. 인간은 수단이 될 수 없다. 인간으로서의 권리인 인권은 신성불가침한 것이다. 인간은 그 자체로서 의의와 목적을 가진 존재로 인식하지 않으면 안 된다. 인권이 사회적 문화주의의 기초가 되는 것은 말할 것도 없다.

인민의 행복은 인권이 완벽하게 보장된 사회에서만 가능하다. 그렇지 않은 사회에서는 인민으로서의 충만한 행복은 기대할 수 없다. 어떠한 정치체제도 인권을 무시한다면 절대로 의미 있는 정치체제가 될 수 없다. 그런 사회에서는 인민의 복리란 추호도 달성할 수 없을 뿐만 아니라 누구도 행복할 수 없다. 진정한 민주주의를 갈망하고 그 건설을 촉구하는 지금, 인권 존중을 이야기하는 것 자체가 사유의 군더더기일 것이다.

2. 인권주의의 내용

인권주의의 내용은 '인간으로 하여금 인간다운 생활을 확보시키는 데 있다.' 인간다운 생활을 확보하지 못하는 민주정치는 백성을 위한 국가정치가 아니라 백성을 착취하고 압제하는 전제정치이다. 인간으로서의 생生을 무시하는 억압의 정치에 불과하다.

인권 존중의 기치를 맨 먼저 선포한 나라는 프랑스다. 1789년 8월 26일 헌법제정의회에서 라파예트[49]가 기초한 17개 조문의

49 Marquis de Lafayett, 1757~1834. 프랑스 귀족. 미국 독립전쟁 당시 미국의 편을 들었으며, 프랑스 혁명 초기 '인간과 시민의 권리선언' 초안 작성.

선언문은 온 천하에 인권의 가치를 공표함으로써 민주주의 역사에서는 기념비적인 의미를 남겼다. 그것은 그야말로 인권 개념을 정치조직 안에 구축하게 만들었던 사건이다. 한편 독일에서는 비스마르크의 제2제국이 몰락한 이후 조직된 바이마르공화국이 1918년에 '인간다운 생활의 확보'라는 사회주의 '모토'를 내걸고 새로운 형식의 인권 보장을 기도했다.

근대는 정치적인 면에서 민주정치의 발달과 더불어 인권 문제가 중요시되는 시기이다. 이러한 움직임은 20세기에 더 강렬해진다. 이제 인권은 더 큰 세계로 확대돼 국제연합에서도 1950년 12월 10일 세계 인권의 날을 결정했다. 국제적 차원에서 인권옹호운동이 일어난 것이다. 인간의 기본 권리를 유감없이 확보하고 진정한 인간으로서의 생활을 가치화하려는 시도라고 말할 수 있다.

우리는 사회적인 집단생활과 함께 정치생활을 영위하고 있다. 그러나 만일 인권을 보장할 수 없다면 과연 우리는 인류의 발전과 문화의 향상을 논할 수 있을까. 인류가 지식의 발달을 찬양하고 어제와 오늘을 행불행으로 현격하게 나누는 것은 비단 피상적으로 나타난 문명의 표면만을 두고 이야기하는 것이 아닐 것이다. 문명의 심층에 존재하는 의미, 인간이 얼마나 인간다운 삶을 살고 있는가 하는 문제를 두고 하는 말일 것이다. 따라서 정치가 인권을 보장하고 인간에게 의의 있는 삶을 허락하며 민주정치를 통해 인간으로서의 진정한 행복을 건설하도록 촉구하는 것은 지금 우리에게는 필연적 요구가 아닐 수 없다.

인권주의는 정치의 목적을 인민을 위한 곳에 둘 것을 주장한다. 뿐만 아니라 정치를 실현하는 수단에 있어서도 인권을 무시하지 않는 문화 방법에 의거할 것을 요구한다. 이는 지극히 당연한 일이 아닐 수 없다. 또 인권 문제는 내일로 미뤄둘 수 있는 문제가 아니다. 내일을 위해 오늘 인내하라는 상투적인 문구도 통할 수 없다. 후대의 진정한 행복을 위해 독재정치를 편다는 것은 아무리 훌륭해도 어불성설이다. 민주정치는 오늘 이 시간, 우리가 살고 있는 이 시점에서부터 실현되지 않으면 안 된다. 민주주의적 조건과 방법을 확보하는 것을 미루면서 민주주의를 실현할 수는 없지 않은가. 내일을 위해 오늘은 독재를 해도 된다는 것은 이치에 맞지 않는다. 민주적인 목적을 가졌다고 모두 올바른 민주주의 정치라고는 말할 수 없다. 목적은 물론 방법까지도 민주적일 때 비로소 민주주의가 실현될 수 있는 것이다. 민주주의의 참된 실현은 목적은 물론 그것을 실현하는 정치 운영 방식도 포함하는 것이다.

이처럼 민주주의의 목적은 현실을 떠나 다른 곳에 존재하는 것이 아니다. 현실적 노력의 집적과 그 연장 속에 민주주의의 정신과 실천이 존재한다. 민주주의의 목적은 현실의 문제를 민주적으로 해결해나가면서 달성된다. 민주주의는 미래주의가 아니라 현실주의다. 하늘이 내려준 미래에 대한 이상을 세워놓고 현실을 이겨내는 것이 아니라, 오늘의 이 삶을 어떻게 민주화할 것인가 하는 것에 초점이 맞춰져 있는 것이다. 따라서 내일의 행복을 위해 인권을 억제하는 것은 진정한 민주주의의 실현 방법이 아니다. 민주주의를 실현하기 위해서는 지금 당장 우리가 처한 현실 안에서 인권이 합리적으로 보장돼야 하는 것이다. 하나의 국가를 구성하는 국민의 민권을 보장하는 것도 마찬가지이다. 지금 바로 이 순간 민권이 보장됐나 안 됐나 하는 것은 민주주의의 성공과 실패를 가르는 경계이다. 완전한 민권을 보장하도록 노력할 때 비로소 민주국가의 목적이 달성될 수 있는 것이다.

그러나 인류사에서 인류는 정말로 스스로의 인권을 보장받아 왔는가. 과연 몇 사람이나 진정으로 인권을 누릴 수 있었을까.

또 지금 우리가 살고 있는 사회는 어떠한가. 과연 우리는 완전하게 인권을 존중받으며 살아가고 있는가. 시대가 달라졌어도 인권이 유린되고 파괴되는 삶이 사라진 것은 아니다. 인권을 유린하는 방식이 보다 세련된 법률 문장으로 그 형식과 내용이 바뀌었을 뿐, 선조들이 겪어야 했던 고통은 여전히 사라지지 않고 있는 것이다. 현대 인류는 어떤 의미에서 문서상으로만 인권을 보장받고 있는 것처럼 보인다. 풍요의 이면에 버림받은 존재들, 가난한 사람들의 삶은 인권은 물론 생존권마저 위협받고 있지 않은가. 오늘날 우리가 인권을 보장해야 한다고 주장하는 것이 과연 망상일 수 있을까.

이제 인류는 진정한 인권 보장을 절실히 또 긴급히 요구하고 있다. 인권 보장이 획보되지 않는 한 민주주의 성지는 기만이요 공허일 뿐이다. 문화복리주의가 인권주의를 제창하는 것은 지극히 당연한 일이다. 문화세계를 창조하는 데 있어 인권은 마땅히 그 기간基幹이 돼야 한다. 인권 보장 없이는 새로운 세계의 건설 또한 불가능하다.

제5절 문화복리주의는 문화주의이다

1. 문화주의의 의의

문화란 자연에 대한 대칭 개념이다. 다시 말해, 문화는 주어진 자연을 일정한 목적과 가치에 따라 실현하려는 전 과정을 의미한다. 어원을 살펴보면 잘 알 수 있다. 문화의 어원 'Cultura'는 원래 'Cultura agri(토지의 경작)'를 의미한다. 여기서 경작이란 자연에 대응해 인간의 가치를 만들어내는 과정을 뜻한다. 로마 시대에는 이 단어를 주로 정신적 영역에만 적용해, 문화를 '정신의 경작'이라고 불렀다. 여기에서 파생된 문화의 개념은 르네상스 이후 현대까지도 계속 유지되고 있다.

예를 들어 현대어를 살펴보면 정신적인 문화와 물질적인 문명을 구분하는 경우가 많다. 독일어에서는 정신적인 문화가 'Kultur'이고, 외형적인 물질문명은 'Zivilization'이라고 해서 문화와 문명을 구분한다. 영어에서는 교양을 'Culture(문화)', 내외적인 일체 문화를 'Civilization(문명)'이라고 한다. 서구적 개념의 문화와 비슷하게 동양에서도 문화는 정신적인 것을, 문명은 물질적인 것을 지칭한다.

그러나 문화와 문명 사이의 엄격한 구별은 사실상 무의미하다. 이 둘을 정밀하게 나누는 것 자체가 불가능하다. 이제 동서양을 막론하고 문화와 문명이라는 개념은 매우 포괄적인 개념으로 사용되고 있다. 통상 문화와 문명을 통칭해서 서양은 문명이라고 부르고 동양은 문화라고 부른다. 넓은 의미에서 문화는 문화와 문명을 다 포함하는 개념이다. 좁은 의미로는 문화라는 큰 개념 안에서 문화와 문명을 구별해 사용한다.

사회적 문화주의는 총괄적인 문화 개념을 근간으로 한다. 그것은 문명과 문화의 두 개념을 내포하는 광의의 문화를 의미한다. 그러나 사회적 문화주의가 말하는 문화주의란 사전적 의미에 국한되지 않는다. 문화주의란 진·선·미·성과 같이 절대가치를 구현하는 문화실현주의가 아니다. 그것과는 판이한 개념과 내용을 가지고 있다.

그렇다면 문화주의란 무엇인가. 그것은 한마디로 말해 '문화를 위한, 문화에 의한, 인민의 문화정치'를 의미한다. 종교적 신본주의神本主義가 아니라 인간을 위주로 하는 인본주의이며, 특수자를 위한 노예주의가 아니라 인간 자신들의 행복을 추구하는 인민복지주의이다.

따라서 문화주의는 종전의 문화 내용을 개혁한다. 귀족들의 특권적 문화를 인민대중의 문화로 개혁하는 것이다. 과거 유한계급의 유희물이나 정신적 보충물로 전락했던 문화를 구출해 인민들의 고차원적인 진지한 삶을 위해 가치를 실현하는 것을 내용으로 한다. 문화의 본질을 질적으로 변화시키려는 것이다. 문화세계를 건설하기 위해 사회적 문화주의를 제창하고 아울러 새로운 문화 개념을 규정하고자 한다. 문화세계의 의미와 문화주의의 개념까지도 개혁함으로써 새로운 '이즘'을 세울 것이다.

그렇다면 문화주의는 구체적으로 어떤 것인가. 그것은 반자연주의이며 반제국주의, 반군국주의, 반침략주의, 반폭력주의이다. 인간이 다른 동물과 구별되는 것은 문화를 가지고 있다는 점 때문이다. 야만인과 문화인은 문화의 정도에 따라 구별된다. 마찬가지로 정체가 민주적인가 특권적인가 하는 것 역시 문화의 내용이 특권자를 위한 것인가 인민대중을 위한 가치 실현과 복리의 성취인가에 따라 구분된다.

따라서 문화주의는 야만적이고 폭력적인 무력주의에 반대하고, 인민들의 인권과 생존권을 부인한 채 인민을 노예로 전락시키는 전제주의를 거부한다. 약육강식 사회도, 제국주의도, 시대에 역행하는 반동주의에 대해서도 반대한다. 인간을 보다 고차원적으로 발전시켜 최대한의 복지를 실현하려는 것이 문화주의이다.

이와 같은 문화주의의 내용과 방법은 현시대가 요구하는 민주주의의 제諸 원리를 가장 충실하게 달성시켜줄 수 있다. 문화복리주의는 민주주의의 극치요 완성된 형식이다. 합법적인 운영 방법으로 민주주의가 목적으로 하는 인민의 복리를 구현한다는 점에서는 법치적 문화주의이기 때문이다.

이러한 문화주의는 고도의 인문 지식의 발달이 가져온 역사적 필연이며 또 반드시 오고야 말 인류의 길이라고 확신한다. 문화주의란 정신문화와 물질·과학문명으로, 인간이 실현할 수 있는 범위 내에서 인간의 행복 실현을 최대화하는 인본주의적 문화주의이다. 문화주의는 내세를 위한 관념문화가 아닌 현실적 복리주의이다. 당연하게도 문화주의가 추구하는 문화란 전제적 왕도 문화가 아닌 민주문화이다.

그렇다면 인민의 복리를 문화적 수단을 통해 실현하기 위해서 우리는 무엇을 해야 하는가. 문화주의의 사명과 그 임무는 무엇인가.

2. 문화주의의 내용

오늘날의 국가조직들은 원시적인 생존 경쟁의 영역을 일탈하지 못하고 서로 투쟁을 일삼는다. 국력을 침공과 방어에 집중시킨다. 역사를 돌이켜보면 인간은 태어나 전쟁에 참여하고 침략을 위해 생존해왔던 게 아닌가. 그러나 전쟁이 과연 인간사회의 고유한 사명일 수 있을까. 개인적 차원에서 보면 지금 사람들은 교양과 문화가 그 어느 때보다 발달했다. 하지만 일단 국가조직으로 확대되면 이야기가 달라진다. 침략 전쟁을 멈추지 못한 채 서로가 서로를 죽이는 원시적 야만성을 여전히 답습하고 있다. 역사적 현실을 직시하고 화禍를 멈출 수 있는 방법은 없는 것일까. 우리의 삶을 찬찬히 내성內省하고 또 외찰外察할 필요가 있다. 지금까지의 국가사회를 극복하고 새로운 미래를 약속할 수 있는 문화주의 체제를 확립함과 동시에 진정한 자유와 행복과 질서를 달성할 수 있는 길을 열어 나아가야 한다. 이를 위해 세 가지 실천을 제시하고자 한다.

첫째, 침략적 군국주의를 멈추지 않는 원시국가 체제로부터 문화에 힘을 집중시키는 근대적 문화국가 체제로 전환하자.

오늘날 대부분의 국가체제는 국방을 최우선 과제로 삼고 있다. 타국의 침공을 막기 위해서 또는 타국가·타민족을 침략하기 위해 국방에 총력을 기울이고 있는 것이다. 생존을 위해 서로를 공격하는 원시시대와 무엇이 다른가. 이러한 체제에서는 인류 향상을 구가할 어떤 것도 기대할 수 없다. 마치 불행해지기 위해 모든 정력을 소모하는 꼴이다. 만일 이 모든 무모한 낭비를 멈추고 진정으로 행복해지기 위해 노력한다면 어떤 결과를 가져올 것인가.

발달된 기술로 전쟁 기계를 만들어 죽음을 양산하고 있는 지금의 삶을 전환해 삶을 풍요롭게 하는 문화 기술로 변환하지 않으면 안 된다. 대포를 만들고 포탄을 만들던 손으로 문화를 창조하면 얼마나 더 큰 생명을 살리고 마음은 얼마나 더 충만해질 수 있겠는가. 살상 무기를 개발하기보다 아픈 사람을 치료하고 가난한 사람들을 살리기 위한 생명 치유책을 찾는 것이 인류문화의 나아갈 길이다. 그것이 과연 불가능한 일일까. 이제까지 인류가 이루어온 수많은 발전을 생각해보자. 어떤 새로운 일을 상상

할 때 그 당시에는 어느 누구도 그것이 실현 가능할 것이라고 생각하지 않았다. 그러나 그 모든 상상들이 어느새 현실이 돼 우리 눈앞에 존재한다. 오늘날 우리가 전쟁 기계 개발을 멈추고 새로운 문화를 창조한다는 것이 불가능한 것만은 아니라는 뜻이다. 고려 시대에 비행기를 상상하거나 조선 시대에 텔레비전이나 라디오를 공상하는 것보다는 훨씬 더 현실적이고 가능성이 높은 일이 아닌가.

그러기 위해서는 하루빨리 현대 산업의 방향을 군수산업을 중심으로 하는 국방국가 체제에서 문화산업 체제로 전환시켜야 할 것이다. 비극적인 집단적 참살과 가공할 재산 파괴를 더 이상 묵과해서는 안 된다. 경제생활을 온전하게 하면서 물질문명과 정신문화를 향상시키는 것만이 행복의 길을 가능하게 할 것이다. 진정한 문화세계를 건설하기 위해서는 문화국가 체제로의 개변改變이 그 첫 번째 조건이다. 전쟁의 공포 없이 문명의 이익을 고도로 이용할 수 있는 사회야말로 우리가 진정으로 바라는 행복한 사회가 아닌가. 전쟁 기술의 발달이 진정한 인류의 발전일 수 없다. 사해동포라는 말이 문자 그대로 우리의 현실에서 이루어지는 일은 얼마나 경이로운 문화의 발전인가.

제2차 세계대전에서 소비된 전비戰費는 무려 1조 1,070억 달러 이상이었다. 당시 사회에서나 지금 사회에서도 이는 막대한 비용 지출임에 틀림없다. 만일 그만한 비용을 들여 죽음이 아닌 삶을 풍요롭게 하는 공장을 설치했다면 얼마나 많은 이익이 있었겠는가. 가령 그 돈으로 생필품 공장을 설치했다고 하자. 그리고 여기에서 생필품을 생산해 세계 사람들에게 균등 분배한다면 한 사람당 얼마나 큰 이익을 갖게 될 것인가. 또 2차 대전에 동원된 사람만 해도 전후방을 합해 약 6억여 명이라고 한다. 그중에서 5,650만여 명이 귀중한 생명을 잃었다. 과학의 발전이 생명을 죽이는 결과를 가져오는 것만큼 큰 죄악이 있을까. 시설과 기자재의 손실과 파괴는 그보다 더 천문학적 숫자로 표시될 것이 분명하다.

인류가 이욕에 사로잡힌 행동을 멈추고 전쟁을 제거하지 않는 한 과학 발달은 인류를 발전시키기보다 스스로 자멸하게 만드는 역설적인 결과를 초래할 것이다. 결국 인류는 멸망의 길을 벗어날 수 없다. 미래 세대를 구출하기 위해서라도 사유의 전환을 감행하지 않으면 안 된다. 문화국가 체제로 모든 힘을 집중시켜야 할 것이다.

둘째, 영리 추구를 위해 재화의 획득만을 목적으로 하는 소모적 경제체제로부터 문화주의에 의해 인류의 복리사회를 건설할 수 있는 곳으로 모든 힘을 집결하자.

어떤 역사도 개인이나 집단, 또는 국가가 문화주의를 통해 행복을 성취했다는 기록은 없다. 개인은 개인대로, 국가는 국가대로 제각기 생존 경쟁을 위해 상호 간 투쟁만 해왔던 것이다. 정치적·사회적으로는 문화와 도덕을 논하지만, 이러한 질서는 경제적 차원으로 가면 달라진다. 무질서하고 원시적인 생존 경쟁만이 존재하는 조악함을 감추지 못한다. 지금까지 대부분의 국가정책은 인간과 국가와의 주종 관계를 정립하고 규제하기 위해 존재해왔던 것이 사실이다. 인간다운 생활을 실현할 수 있는 실질적인 생활에 대해서는 거의 간과해온 것이다. 무질서하고 통제할 수 없는 상태라고 해도 과언이 아니다.

그 결과 사람들은 국가를 통해 실질적인 행복을 구하려 하지 않는다. 자신의 경제행위만이 행복을 달성해줄 것으로 믿는다. 국가가 행복의 토대라고 생각하지 않는다. 경제적 분쟁을 해결해주거나 시장에서의 자유로운 경쟁을 보호해주는 중재기관쯤으로 생각한다. 국가는 다만 시장에서의 경제적 자유를 방해하거나 저지하려는 움직임을 제거해주기만 하면 된다. 그렇다면 국가란 야번국가夜番國家나 조정국가調整國家란 말인가. 물론 오늘날 국가의 기능은 강화되고 있다. 국가가 경제를 지도하고 보장하는 행위는 반드시 선결돼야 하는 조건이다. 그러나 그것은 미온적인 임시 방책일 뿐이다. 민주주의가 공약하는 인간다운 생활을 확보하기 위한 국가정책은 여전히 미흡하다 하겠다.

아직도 우리 곁에는 생계조차 곤란한 사람이 얼마나 많은가. 경제가 잘살기 위해 존재하는 것이라면 인간을 위한 경제가 돼야 할 것이다. 그러나 많은 사람들은 경제적 삶에만 의미를 부여한다. 마치 경제를 위해 사는 것처럼 보인다. 동물과 다를 바 없는 돈의 노예가 돼가고 있는 것이다. 생활에 여유가 있을수록 더 큰 이익을 축적하기 위해 집착한다는 것은 역설적인 일이다. 그러나 돈에 사로잡힌 삶은 가치 없는 삶이다.

국가는 국민이 돈의 축적에 대한 집착에서 벗어나 진정한 행복을 이룰 수 있도록 실질적인 조건을 충족시키고 보장하는 데 그 목적과 임무가 있다. 적어도 인간으로 태어난 이상 먹고살기 위해 사는 인생보다는 더 가치 있고 고차원적인 삶을 살기 위해 노력하지 않으면 안 된다. 인간으로서의 진정한 가치를 성찰하고 이를 실천해야 한다. 그러나 우리가 살아가고 있는 현재 사회에서는 과연 몇 사람이나 삶의 의의를 생각하고 있을까. 그야말로 정신이 경제 문제에 흡착돼버린 것은 아닌가 의심스럽다. 돈에 중독돼 마비된 채 살아가는 사람들을 생각해보라. 무가치한 인생을 살고 있으면서도 그것이 무엇을 의미하는지 전혀 알지 못하는 삶은 얼마나 가련한가.

과연 의사들은 박애 정신 속에서 인술로 병약자를 구원함으로써 인류사회에 이바지하고 있는가. 돈을 모으는 일에만 급급하고 있는 것은 아닌가. 그렇다면 의사라고 부를 수 있을까. 상인과 무엇이 다르단 말인가. 법률가는 어떠한가. 법의 공정한 운영으로 국민의 진정한 행복을 견지하고 있는가. 강한 법 집행으로 인권을 유린하고 인민들이 비명을 지르게 한다. 법률가가 이익을 축적하기 위한 목적으로 자신의 야욕을 달성하고자 하는 존재처럼 보이는 것은 왜인가. 또 변호사는 어떠한가. 관헌의 월권적 행위로 인해 억울한 피해를 보는 인민을 구호하기 위한 정당한 변호가 아니라 사례금만 염두에 둔 왜곡된 법의 해석을 서슴지 않고 있지 않은가. 마치 변호사들은 변호를 법정에서의 승리를 위해 두뇌 싸움을 하는 행위쯤으로 생각한다. 그렇다면 법이 과연 정의를 위해 존재한다고 말할 수 있을까.

관리는 관리대로, 학자는 학자대로, 교육자는 교육자대로 돈을 벌기 위해 물불을 가리지 않고 피투성이 싸움을 벌이고 있다. 이런 현상을 보고 어찌 개탄을 금할 수 있겠는가. 재산을 축적하는 것이 사명이요 목적인 사회, 잠도 자지 않고 쉬지 않은 채 살아가는 삶이란 과연 가치 있는 것일까. 또 사람들은 자기 자신과 가족만 호의호식하면 된다고 생각하는데, 그렇다면 인류사회의 일원으로서 우리가 지닌 임무는 어찌 되는 것인가.

그렇게 되면 인류사회는 과연 어떻게 되는 것일까. 그 누구를 막론하고 돈을 벌기 위해 생활할 뿐 국가와 인류를 생각하는 책임 있는 행동에 나서지 않을 것이다. 생각해보라. 옳지 못한 국가체제에 살면서도 과오를 지적하거나 비난하기는커녕 뒷짐만 지고 가만히 지켜보기만 하는 국민만 존재한다면 어찌 될까. 국민의 한 사람으로서 과감하게 한 걸음 뛰어 들어가 국가정책의 잘못된 점을 바로잡고 대안을 제시하고 그것을 실현하기 위해 노력하고 또 책임을 지는 삶이 진정으로 의미 있는 삶이 아닌가.

문화복리주의는 이처럼 행동하고 실천하는 삶을 주창해 인간이 인간답게 살 수 있는 세계를 만들기 위해 존재한다. 인간 자신이 '문화인으로서의 생활'을 확보할 수 있도록 세계를 변환하는 것이다. 그러기 위해서는 먹고사는 일에 집착하지 않을 수 있도록 기본적인 경제를 유지하는 것이 필수적이다. 장기적인 계획 속에서 과학적 경제 발전 모델을 수립하고 이를 통해 실질적인 경제 효과를 끌어올리는 일도 필요할 것이다.

그러나 더 먼 미래를 위해서는 경제 목적을 바로 세우는 것도 시급하다. 단순히 영리 목적만을 위한 경제는 현 상황을 변화시킬 수 없다. 그것은 어떤 진지한 것도 생산할 수 없는 소비적인 삶일 뿐이다. 인류의 진정한 문화가치와 과학문명을 고도로 발전시킬 수 있는 방면으로 열정을 쏟을 수 있는 진정한 소비 대상을 제시하지 않으면 안 된다. 이러한 생산적 삶을 제시하기 위해 문화복리주의가 필요한 것이다. 문화복리주의는 삶의 모든 에너지를 문화적 실천에 집중하도록 유도한다. 우리의 생활을 가치 있는 문화로 채움으로써 진정으로 생生을 향유할 수 있게 만드는 것이다. 그 점에서 문화복리주의는 문화 총집력주의라고 부를 수 있다.

문화 총집력주의란 간단히 말하면 먹고사는 일은 국가에 맡기고 인간은 문화·문명을 향상시키는 일에 매진하는 삶을 추구한다. 그것은 먹고사는 일에 집착해 영리만을 좇는 삶을 중단하는 것이다. 무의미한 경쟁을 중지하고 문화를 통해 상호 협력해 문화세계를 건설하는 것을 사명으로 삼는다. 문화세계 건설을 자기 자신의 책임으로 받아들이고 이를 위해 살아가는 것이다. 그렇게 된다면 인류사회는 얼마나 평화롭고 행복할 것인가. 안락함이란 물질적인 편안함이 아니라 창조적인 문화의 향유 속에 존재한다. 인류가 가진 모든 힘을 과학을 발달시키고 정신문화를 향상시키는 일에 집중한다면 인류는 지금보다 더 행복한 인간다운 삶을 살 수 있을 것이다. 스스로 문화의 주인이 돼 책임을 다하고 한층 더 발전된 문화세계를 위해 봉사하는 삶을 선택하는 것이야말로 진정한 민주주의 사회의 미덕이 아니겠는가.

셋째, 관념적·미몽적 신비주의 세계에서 현실적 과학주의 세계로 삶을 변혁하자.

아직도 많은 사람들이 미몽적 신비의 우주관을 완전히 극복하지 못하고 있다. 암흑과 미신의 세계에서 방황하고 있는 것이다. 어떤 사람은 아직도 4~5천 년 전의 그리스 시대에 가상假想하던 미신을 믿어 산제山祭를 지내고 바다제를 지낸다. 조상신을 모시면서 자기 조상이 후손을 보호해주고 복을 준다고 믿는 이도 여전히 많다. 문제는 이러한 가상假像 자체가 아니다. 가상을 만들어놓고서는 실제 삶을 제대로 성찰하지 못하는 맹목이 문제인 것이다. 종교 교리를 단순하게 해석하고, 비판적 인식 없이 무조건 교리를 맹신하는 것은 삶에 대한 과학적인 성찰 자체를 차단한다. 불교의 인과·윤회 사상을 잘못 이해하고 현실의 고난을 전세前世의 죄과罪過 때문이라고 생각하는 숙명론이 만연돼 있다. 극단적으로는 모든 것이 자기가 태어나기 이전에 정해진 것으로 여겨 노력 자체를 하지 않는 경우도 있다. 실로 우매하다고밖에는 말할 수 없는 이러한 삶을 과연 언제까지 지속할 것인가.

17, 18세기에도 이미 이러한 우매한 생각들을 배격하고 민권사상에 기초해 민주정치를 주장한 사람들이 있었다. 하물며 지금 우리들이야 말해 무엇하겠는가. 우리의 시대야말로 그동안 수많은 변화와 개혁을 통해 이룩된 것 아닌가. 그것은 마치 사회학자와 경제학자들이 경제가 인간생활의 절대적인 조건이라고 역설한 것이 이미 일반적인 견해인 것과 같다. 이제 우리는 더 이상 물질을 버리고 인격을 도야해 완전한 유덕자有德者가 돼야 한다고 말하지 않으며, 이러한 삶을 극복하는 것을 더 이상

개혁이라고 생각하지 않는다. 이미 우리 시대는 그러한 삶으로부터 한 걸음 더 나아간 삶을 지향하고 있기 때문이다.

그런데 아직도 우리는 사상과 지식의 격차가 현격하다. 어떤 이는 20세기의 삶을 사는가 하면 어떤 이는 4~5천 년 전 인류의 생각을 고수하고 있다. 또 어떤 이는 중세 사람처럼 생각하고 어떤 이는 초기 근대인처럼 생각한다. 동시대를 살고 있음에도 정신의 강도가 사람마다 다 다르다는 것을 알 수 있다. 마치 우리가 서로 다른 세기를 살고 있는 것처럼 보인다. 이렇게 생각하는 바가 현격하게 달라서는 문화세계를 건설하는 데 힘을 모을 수 없다.

따라서 민주주의를 유지하고 구성원들이 인간다운 생활과 문화를 향유하려면 모든 사람들이 과학적인 세계관과 인생관을 가질 수 있는 교육이 필요하다. 지적 수준 차를 방치하면서 민주주의의 목적인 진정한 행복사회를 만들 수는 없다. 삶에 대한 과학적인 인식과 실천이 보편화돼야 한다. 이제 새롭게 다시 한 번 삶에 대한 계몽 정신이 왜 필요한지 말하지 않아도 알 것이다. 우리는 미몽에 젖어 있는 사람들을 깨워 생과 철학에 관한 여러 문제를 과학적으로 해명해 제시하고 교육하지 않으면 안 된다.

그러기 위해서 우리는 두 가지 의미의 혁신을 단행해야 할 것인바 그것은 관념의 과학화와 생활의 과학화이다.

(1) 관념의 과학화

관념의 과학화는 사상을 미신의 세계에서 구출해 과학으로 단장한다. 막연한 무계획적 사유를 방지하고, 미신과 신비에 경도되지 않도록 함으로써 현실을 과학적으로 영위하는 데 목적이 있다. 20세기가 한참 지났는데도 여전히 비과학적인 사유와 행동을 하는 사람들이 있다. 가령 좋은 집이라도 귀신 들렸다고 꺼리는가 하면 좋은 재목으로 쓸 수 있을 텐데도 나무를 베면 마을에 재앙이 온다고 믿는 미신적인 생각이 아직도 존재한다. 이러한 비과학적 미신적 관념으로는 민주주의 사회로 나아갈 수 없을 것이다.

또 계획 없이 일을 하는 것은 비효과적이다. 운명은 하늘이 정해준 것이라 한탄해 노력 자체를 단념하는 사람들도 있다. 소극적인 삶의 자세를 버리고 과학적 성찰로 나아가지 않으면 안 된다. 과학적인 인식이 없다면 진정으로 행복한 삶이 무엇인지 식별할 수도 이해할 수도 없다.

개인적으로나 국가적으로나 체계적인 조직과 계획을 갖춰 생활을 과학적으로 개선하고 민주주의의 궁극적인 목적을 달성하도록 노력해야 한다.

(2) 생활의 과학화

정신을 과학화하는 것과 병행해 생활도 과학적으로 재조직해야 한다. 비과학적·비문화적인 생활양식과 체제를 과학문화로 개선해 생활 조건을 변화시키고 진정한 행복의 기초를 마련해야 한다.

과학은 의식주 문제를 해결하고 향상시켜 진정한 행복을 향수할 수 있는 문화세계의 건설을 목적으로 해야 한다. 인류는 미신과 조잡한 생활 방식을 가진 원시인으로 살기보다 과학적이고 합리적으로 삶을 운영하는 현대인으로 살기를 소망한다. 그러므로 과학문명을 떠나서는 인류의 행복은 생각할 수 없다. 물질적인 삶의 개선을 넘어 생활 방식 자체를 과학적으로 재구성함으로써 문화인으로서 삶을 영위해야 하는 것이다.

3. 문화주의와 인류사회

문화주의는 침략적 국가체제를 문화주의 국가체제로, 영리주의적 생활체제를 문화 총집력주의로, 원시적 미신을 과학적 지성으로 대체한다. 뿐만 아니라 이 모든 것을 미래가 아닌 바로 이 현실에서 실현하고자 한다. 따라서 문화복리주의는 기존의 개념으로는 설명할 수 없다. 그 내용과 형식이 판이하게 다르기 때문이다.

그렇다면 문화주의의 근본 목적은 무엇인가. 앞서도 말했듯이 문화주의란 민주주의를 완성하는 형식이자 민주주의를 극도로 발전시킨 형태라고 말할 수 있다. 문화복리주의란 문화주의를 통해 인간의 궁극적인 목적인 진정한 복리를 규정하고 이를 실현함으로써 실제 삶에서 최대한의 혜택을 향유하는 것이다. 이때 복리의 내용은 전쟁을 통한 야망 성취나 세계 제패 혹은 부의 집적과 분배에 있지 않다. 침략과 축적이 가져다주는 우월감과 충족감은 일시적이며 진정한 행복감을 주지 않을 것이 분명하다. 인류사회의 입장에서 본다면 침략은 반동이요 저속하고 야비한 향락에 불과하다. 복리란 인류의 엄숙한 당위적 요청에 기초해 우러나오는 진지한 가치와 효용을 뜻한다.

문화복리주의가 지향하고 실현하려는 민주주의의 내용은 인문 지식의 발달, 문화 수준의 향상과 더불어 그것의 필연적인 결과인 고급한 가치문화의 건설이다. 따라서 문화복리주의는 저급하고 일시적인 향락문화를 극복하고자 한다. 현실을 고려하지 않는 단순한 학리學理적인 요구에 대해서도 거리를 둔다. 그렇다고 문화를 위한 문화, 자유를 위한 자유, 평화를 위한 평화를 요구하는 것이 아니다. 문화는 인간 자신의 복리를 이룰 수 있기에 가치 있는 것이 된다. 자유의 가치는 현실적으로 문화가치를 창조할 수 있다는 데 있다. 평화는 싸움 없이 이 모든 것을 이루게 할 수 있다는 점에서 소중하다. 따라서 문화복리주의의 고유한 목적과 내용은 가치사회를 실현하려는 데 있다. 민족이나 조국의 이름으로 다른 나라를 침략하지 않는다. 인민의 복리가 실현될 수 있는 공동 조국을 추구한다. '하나'로 통합된 세계로서 문화세계를 건설하고자 하는 것이다. 그 토대는 물론 앞서 말한 자유·평등·공영이다.

그렇지만 사회적 문화주의는 우연이나 단순한 이론의 요구에서가 아니라 현실의 요청에 기반을 둔다. 다시 말해 자아의 실천을 추구하되 자아 자체를 실현하는 데 목적을 두고 있다. 그것은 르네상스 시대의 자아 발견이나 프랑스 혁명에서 제시된 자아의 주창과도 다르다.

① 문화세계를 이룬다는 것은 자아를 실현하는 것이다. 인류의 모든 노력이 인간의 가치를 고도로 높이고 복리를 가능한 최고도로 누릴 수 있게 돕는다. (인민의 문화 향상을 위한 정치)

② 문화적인 정치 방법으로 목적사회를 효과적으로 실현하고자 한다. 목적을 달성하는 과정 또한 무리가 없고 자연스럽게 정치를 집행하고자 하는 것이다. 문화세계로 가기 위한 민주적인 과정과 방법 자체가 행복을 수반하는 양식이라고 말할 수 있다. (문화 방식에 의한 정치)

③ 문화의 내용도 특권자들의 문화가 아니라 생활에 직접적으로 좋은 결과를 미치는 '우리'의 생활을 가치 있고 윤택하게 만드는 복리사회를 실현하는 것이다. (인민의 문화정치)

이러한 문화주의 정치는 진정한 인류의 행복을 약속할 수 있는 전혀 새로운 주의이다. 새 생활 이념을 확립해 새로운 체제의 국가를 형성하고자 한다. 따라서 과거의 인생관과 세계관은 완전히 문화적으로 대체돼 새로운 세계관, 즉 문화사관이 출현하도록 돕는다. 그리고 마침내 새 세계가 나타나고 문명·과학세계인 고도 문화국가도 이룩될 것이다. 문화주의는 행복을 위한 현실적 가치 창조의 원동력이자 20세기 과학적 인간의 정치적 신조라고 말할 수 있다.[50]

---

50 [원주] 이러한 문화주의의 경향은 거년 말에 인도의 '네루' 수상도 여상의 내용을 말한 바 있음으로 알 수 있으니, 즉 '우리가 군대를 많이 만드는 살인 경쟁에서 하루바삐 벗어나기 전에는 진정한 인류사회의 평화는 바랄 수 없다. 만약 인간이 전쟁을 위해 노력하고 준비하는 역량을 평화와 행복을 위한 방향으로 돌린다면 인간은 얼마나 더 행복할 수 있을 것인가'라고 하였는바 이것은 곧 문화복리주의의 내용을 이루고 있는 문화주의와 반전평화주의를 의미한 것으로 볼 수 있는 것이다. 여사한 주장의 이론이 필자의 견해와 우연히 일치함을 볼 때 흔쾌한 마음을 비길 데가 없었다. 뿐만 아니라 본 이론의 핵심을 이루고 있는 문화주의가 독단적인 편견이 아니라 세계 조류가 지향하고 관류하는 흐름의 방향임을 깨닫게 될 때 더욱이 나의 신념을 공고히 하는 바가 컸으므로 이것을 자玆에 밝혀두는 바이다.

제6절 문화복리주의는 평화를 지향한다

1. 전쟁의 현실

어떤 철인哲人은 말했다. 세계 만물은 대립되기 때문에 변화하고, 변화하기 때문에 존재한다고. 이 존재는 변화하는 과정을 의미하며 이러한 변화는 대개 전쟁이나 투쟁의 형식으로 나타난다. 그런 논리에서 본다면 인간사회에는 전쟁이 필연적인 것이 된다. 대립이 있는 곳에 변화가 있고 변화가 있는 곳에 발전이 있으며 발전이 있는 곳이라면 자연히 전쟁은 있을 수밖에 없는 것이다. 그렇다면 전쟁은 '발전의 어머니'이며 '문명의 아버지'라는 말인가. 기실 전쟁은 원시시대부터 있어온 삶의 방식이며, 의견 대립의 최종적인 형식이라고도 말할 수 있다. 그러나 전쟁은 인간사회의 도의적 관계를 끊어내는 잔인하고 극단적인 표현일 뿐이다. 당연한 것으로 생각하는 것은 옳지 않다.

전쟁이란 무엇인가. 전쟁은 폭력을 통해 무가치한 죽음과 파괴만을 가져올 뿐이다. 전쟁의 폭력은 개인적이건 집단적이건 일종의 자살행위이다. 죽음을 내기로 경주를 하는 것이다. 전쟁이 문화 발전의 어머니라는 옛 철인의 생각은 잘못됐음이 분명하다. 전쟁은 결코 사회 발전을 가져오는 필연적 과정이 아니다. 전쟁은 문화를 파괴하고 다른 삶의 영역을 모두 왜소한 것으로 만들어가면서까지 전쟁 무기만 발전시킬 뿐이다.

아인슈타인은 군대를 가장 증오한다고 말한 바 있다. 그는 음악에 발을 맞추어 행진하고 있는 군대의 모습을 경멸적으로 바라보았으며, 군대의 행군이 보여주는 질서 정연하고 영웅적인 모습은 실은 가장 폭력적인 질서이자 사유 없는 조국애에 불과하다는 것을 간파했다.

아마도 영웅적인 침략주의자 이외에는 그 어떤 사람도 전쟁을 찬성하지 않을 것이다. 그들을 제외한 인류는 전쟁을 멈출 도리가 없어 목도했을 뿐 찬성하지 않았다. 사실 전쟁을 멈추는 것은 인류의 오랜 숙원이다. 다만 그 방법을 몰랐을 뿐이다. 그러나 이제 전쟁을 중지시킬 만한 도리가 생겼다. 전쟁의 원인을 구명究明해 이를 제거할 수 있는 방법도 찾았다. 그것은 추상적이고 이념적인 목적에 의한 것이 아니다. 실제 우리들의 삶 자체를 위해 전쟁은 제거되지 않으면 안 된다. 전쟁은 한 개인은 물론 인류 전체를 멸망의 길로 끌어내리는, 가장 비인도적인 죽음의 내기일 뿐이다.

개인이 살인을 하면 어떻게 되는가. 법에 의거해 죄를 따지고 형을 집행한다. 하물며 국가나 단체가 살인을 한다면 어찌해야 하는가. 국가가 지은 죄를 논죄하지 않는다는 것이 말이 되는가. 개인이 저지른 살인은 죄악이고 국가가 행한 집단적 살인은 죄가 되지 않는다는 것은 합리적인 생각일까. 국가에 대한 충심에서 인명을 살상하는 것이 죄가 되지 않는다면 그것은 도덕에 대한 아전인수가 아닌가. 국가의 살인 행위도 개인의 살인 행위와 같이 유죄 선고를 받아야 마땅하다.

국가는 주권자이기 때문에 그 위에 무엇도 존재하지 않는다. 국가의 명령과 실행은 곧 정의의 실현을 의미한다. 어떠한 이유로도 훼손할 수 없으며, 법 밖에 존재하는 치외법권을 지닌다. 재산 파괴 행위나 살인 행위에 대해서도 죄를 논할 수 없다. 그러나 만약 사정이 이러하다면 국가가 절대자로서 법적 제재도 가할 수 없는 자유로운 존재인 것이다.

그렇게 되면 어떤 일이 벌어질 수 있을까. 세상에는 하나의 국가만 존재하는 것이 아니다. 수많은 국가가 존재하며 그 모두가 절대자라고 말할 수 있다. 그렇다면 이러한 절대자 간 충돌은 선한 것인가 악한 것인가. 국가 간 전쟁은 결국 어느 한쪽이 승리하고 다른 한쪽이 패배를 인정해야 끝이 난다.

그런데 국가가 절대자라면 어떻게 패하는 것이 가능한가. 불가능해야 옳다. 그러나 국가는 전쟁에서 패할 수 있다. 이는 무엇을 말해주는가. 국가 역시 절대적 존재가 아니라는 것을 말해주지 않는가. 국가 역시 여러 국가들 간의 상호 관계 속에서 존재하는 상대적 가치를 지닌 존재일 뿐이다.

따라서 국가의 살인죄에 대해, 개인에게 죄를 묻는 것과 마찬가지로 정당한 법적 절차를 통해 그 책벌을 정하는 것이 합당하다. 국민을 위한다는 목적을 가지고 있었다 하더라도, 생명을 대량으로 살상하고 재산을 파괴한다면 그것은 매우 심각한 인류사회의 죄가 아닐 수 없다.

전쟁은 인류의 죄악이다. 일부 논자들은 전쟁을 천재天災와 같이 인간에 대한 신의 심판이라고 이야기한다. 그러나 어떤 사람이 악한에게 생명과 재산을 침해당했다 하자. 그러면 그것 역시 신의 섭리에 의한 것인가. 신이 주는 필연의 죄벌이라고 생각하고 받아들여야 하는가. 게다가 그렇다면 남에게 해를 끼친 사람은 오히려 신의 계획에 보조를 맞춘 것이라고 생각해야 옳은가. 그렇게 되면 인간사회는 어떤 죄에 대해서도 결코 그 죄를 물을 수 없게 될 것이 자명하다.

국가 전쟁은 그 원인이 이권 갈등일 때가 많다. 대부분 통치자의 지배욕에 휩싸여 벌어지기도 한다. 집권자들은 그 자신의 욕망을 국가의 이름으로 가장해 전쟁을 일으키는 것이다. 그런데 개인 간의 싸움도 승패와 그에 따른 손실이 있다. 하물며 국가 간 전쟁이야 말할 것도 없다. 전쟁에는 분명한 승패가 있고 따라서 승리를 위해 통치자들은 인명 살상과 재산 파괴도 감수하고자 한다. 단순하게 말해 전쟁에서 승리하기 위한 전략이란 얼마나 많은 인간들을 쉽게 죽일 수 있는가를 고민하고 계획하는 것에 다름 아니다. 전쟁에서 승리하면 이 모든 살상과 파괴 행위를 용서받는다. 수단이 얼마나 잔인하고 포악한지는 중요하지 않다. 그렇다면 그것은 마치 개인이 살인강도를 저질러도 그저 목표만 이루면 그만이라는 것과 무엇이 다르단 말인가.

또 어떤 논자들은 전쟁이 국가 의사이므로 논의 대상이 될 수 없다고 말하기도 한다. 그러나 국가 의사란 사실상 개인의 의사를 떠나서는 존재할 수 없다. 국가 의사라고 해서 무조건 국민 전체를 대변하는 것은 아니다. 전쟁과 같이 중요한 국가 의사가 결정되는 과정을 살펴보면 몇몇 권력을 가진 개인들의 주장에 의한 것임을 우리는 알고 있다.

살인을 죄라고 생각하는 보편적인 도덕적 이상을 지니고 있는 한 전쟁이라는 집단적 살상 행위에 대해 침묵해서는 안 된다. 전쟁의 이익과 효용에 대해 진정으로 분석하고 윤리적으로 성찰해야 한다. 옳지 못한 전쟁에 대해서는 즉각적으로 반대를 표명하지 않으면 안 된다. 그것이 문화세계 시민의 정치적 임무라고 말할 수 있다.

2. 전쟁 이면의 진실

전쟁 지도자는 감언이설과 기만적인 선전·선동으로 국민들을 전쟁에 참여하도록 강제한다. 전쟁에서 목숨을 바치는 것이 민족과 국가를 위한 숭고한 행위이며 의무라고 역설한다. 또 전쟁만이 조국의 위기를 구출한다고 설득한다. 우리가 겪었던 계급 해방 또는 민족 해방들은 모두 젊은이들에게 총칼을 들려주기 위해 온갖 영웅적 이미지를 만들어냈다. 계급과 민족의 해방이 곧 최고의 정의이며, 이 정의를 위해 싸우다 죽는 것이야말로 가장 영웅다운 삶이라고 부추겼다. 전쟁 참여를 독려하는 설득 과정은 매우 용의주도하고 치밀하다. 누구도 쉽게 부인할 수 없는 타당성과 명분을 제시한다. 그러나 그 모든 것은 실제로 궤변에 불과하다. 젊은 목숨들은 특정 주의와 목적을 지키기 위해 사용되고 버려지는 방패 같은 역할이며, 특권자 혹은 전쟁 찬양자들의 주구走狗 노릇을 할 뿐이라는 것을 잊어서는 안 된다.

전쟁 그 자체를 응시하자. 그리해 그것이 과연 정의의 실현이라면 혼연일체가 돼 궐기해야 하겠지만, 그렇지 않다면 당당히 전쟁에 반대해야 한다. 타민족을 무력으로 지배하고자 하는 민족적인 야망과 특권 지배자의 욕망에 근거한 전쟁은 아무리 훌륭한 명분을 제시한다고 해도 옳지 않다.

세계사적으로 볼 때 거의 대부분의 전쟁은 식민지 쟁탈을 목적으로 벌어졌다. 자국의 시장을 확대하기 위해 다른 나라를 정복하고자 했던 것이다. 수많은 인민들이 지배자의 영토 확장의 꿈을 실현하기 위해 죽어갔다. 지배자들은 세계 내 힘의 블록을 형성하기 위해 전쟁을 일으키고 또 수많은 인민들을 죽음으로 몰고 갔다.

일례로 전쟁에서 승리하면 모든 이익이 특정 집단이나 기업으로 돌아간다. 전쟁에서 승리해도 인민의 삶은 나아지지 않는다. 일본이 일으킨 만주사변을 예로 들어보자. 전쟁 이후 막대한 부를 거머쥔 것은 전쟁에 참여한 인민들이 아니었다. 미쓰이, 미쓰비시, 스미모토 등 일본의 대기업만이 전쟁에서 이득을 보았다.

반면 인민들에게는 그 어떤 이득도 돌아가지 않았다. 일본의 황국신민이라는 허울만 얻었을 뿐 자신들이 바친 생명의 희생에 대해 어떠한 대가도 받지 못했다. 자식을 전쟁에 내보내고도 전시戰時 세금은 더 늘고 가난은 줄어들지 않았다. 곤궁 속에서 신음하며 살아가야 했던 인민들의 삶은 어디에서도 보상받을 길이 없었다. 전쟁에서 싸워야 하는 것도 또 전쟁이 끝난 후 폐허를 감당하는 것도 인민이다.

우리는 누구를 위해 싸우는가. 국가를 위한 싸움인 줄만 알았으나, 그 국가는 인민의 국가가 아니라 특권계급의 국가였다. 전쟁은 국민을 충신이라는 이름을 가진 전쟁의 도구로 전락시킨다. 공산권 국가들의 계급 혁명도 마찬가지다. 가난한 사람들을 위해 싸우는 줄 알았지만 결국에는 당과 특정 계급에게 나라를 내어준 꼴이 되고 말았다.

그렇다면 전쟁에서 목숨을 바친 인민의 희생은 정말로 국가와 인류를 위한 것이었을까. 이런 시각에서 본다면 전쟁의 명분이란 모두 허위의 애국심이자 민족애를 자극하는 것일 뿐이다. 우리는 과감하게 전쟁에 반대해야 한다. 생명을 죽이는 무기 제조에 반대하고 군국주의적 전쟁 야욕을 비판해야 한다. 우리 스스로 전쟁 선동에 휩쓸리지 않는 냉철한 정신을 가져야 한다. 한 사람의 국민이면서 동시에 인류 시민의 한 사람이라는 사실을 각성하지 않으면 안 된다. 그리고 다 함께 힘을 합쳐 전쟁에 반대하는 결의를 하고 지구상에서 전쟁을 몰아낼 수 있도록 노력해야 한다.

인류사에서 전쟁은 몇 번이나 있었던가. 전 세계에서 벌어진 무력전만 해도 수만 번이 넘는다. 여기서 살상된 인민의 수와 파괴된 재산, 문화재는 헤아릴 수 없을 것이다. 인류가 시작된 이래 인민은, 동서양을 막론하고, 전쟁에 동원되고 고초를 겪고 목숨을 잃었다. 전쟁은 인민에게 죽음과 파괴, 삶의 타락, 기아와 추위, 증오, 공포를 안겨주었다. 전쟁은 살아서 맞는 지옥과 같은 것이었다. 전쟁에 승리하면 새로운 집권자가 나타난다. 하지만 인민의 삶에는 어떤 보탬도 되지 않는다.

어찌 된 일인가. 인민은 권력욕에 사로잡힌 지배자의 도구에 불과한 존재인가. 인민의 존엄성은 어디에 있단 말인가. 이런 어처구니없는 비극을 계속해야 하는가. 어느 시대, 어느 사회를 막론하고 전쟁은 조국과 민족 정의와 행복을 절규에 빠뜨리지 않은 적이 없다. 전쟁은 승패와 상관없이 삶의 터를 폐허로 만들어 버린다. 그리고 전쟁이 남긴 폐허와 파괴, 고통은 언제나 인민의 몫이었다. 전쟁이 특권계층이 아닌 인민에게 더 가혹할 수밖에 없는 이유이다.

더구나 근대 이후의 전쟁은 발달된 과학기술로 인해 더 많은 살상과 파괴가 가능해졌다. 소위 과학전이 되면서 오늘날의 전쟁에는 전후방이 따로 없다. 그것은 전투원과 비전투원 사이의 구분이 없게 됐다는 것을 의미한다. 교전국의 국토 전체가 전쟁터이며, 그곳에 살고 있는 국민 역시 모두가 병사가 돼야 한다.

전쟁의 비인간적 잔인성과 냉혹함은 국민 모두에게 예외 없이 파급될 수밖에 없다. 전쟁을 도발하고 승리까지 한 경우에는 전쟁 자체를 정당화하기 위해 더 야만적인 수단과 방법으로 패전한 국가의 인민들을 지배하게 될 것이다. 한 번 전쟁에 참가하는 이상 수단 방법을 가리지 않고 승리하지 않으면 안 된다. 이를 위해 지도자는 국가 총동원령을 내려 전 국민을 결박하는 예외 상태를 발효시킨다. 그리고 자국 인민의 생명과 재산의 침해를 막고 조국을 위기에서 구출한다는 명분이 세워진다. 그러나 이 명분이란 결국 전쟁 참가에 대한 강요이며 인민은 이에 대해 어떠한 저항도 할 수 없다.

그렇기 때문에 전쟁은 민주주의적인 모든 정책을 중지시킨다. 전쟁에서는 승리 아니면 패배만이 존재하며, 패배는 곧 정권의 교체를 의미한다. 어떤 방법으로든 전쟁에서 이겨야 하며 독재정치는 물론 비인도적·비문화적·비민주적 방법도 단행하지 않으면 안 된다. 전쟁 상황에서는 모든 것이 허용된다.

인권이 유린되는 것, 문화가 정지하고, 법률이 무력하게 되고, 재산권이 침탈당해도, 심지어는 강제로 징용된다 해도 용인될 수 있다. 민족의 수난을 극복하고 이를 타개하기 위해서는 모든 것이 허용된다.

또한 최신식 무기로 무장한 근대 전쟁은 과거보다 더 신속하게, 대량으로, 그리고 보다 더 잔인한 방법으로 인명을 살상하고 재산을 파괴한다. 생존을 위한 식량 창고가 불태워지고 수세기 동안 쌓아온 문화가 하루아침에 잿더미로 변해버린다. 과학과 결합한 전쟁은 그 어떤 시대의 전쟁보다 그 파괴력이 크다. 따라서 인류가 전쟁에 대해 침묵으로 묵인한다면 이제 인류는 인류 전체가 파멸하는 것을 보게 될 것이다.

과학전은 한순간에 수백 명을 살해하고 수천억 달러의 재산을 하늘로 날려버리는 위력을 가지고 있다. 전쟁이 발발한 지역은 국가 전체가 전시 상황에 처하며 어느 누구도 전쟁의 공포 앞에서 예외일 수 없다. 전쟁은 총력전 양상을 띤다. 전쟁에 참가할 수 있는 인원이 모두 사라지고 국토의 거의 모든 생산 시설이 파괴됨으로써 전쟁 물자를 더 이상 보급할 수 없을 때 전쟁은 비로소 끝이 난다. 이제 전쟁은 더 잔혹하고 비인간적으로 발전한 것이다. 밤낮이 없고, 어린이와 노약자에 대한 배려 또한 기대할 수 없다. 무조건 발포하고 폭격을 가한다.

그렇다면 전쟁은 왜 일어나는가. 그것은 크게 두 가지 원인에서 밝힐 수 있다. 첫째, 보복을 위한 전쟁이 있고, 둘째, 국가사회의 행복과 정의를 위한 전쟁이 있다.

사회정의를 위한 전쟁은 인민의 복리 증진과 민족사회의 정의에 입각한 경우가 대부분이다. 그런데 이런 경우라도 국민은 과연 행복할 수 있을지에 대해서는 여전히 의문이 든다. 국민 대부분이 목숨을 잃고 재산이 소실되고 문화가 파괴돼버리면 어떻게 행복을 찾을 수 있을까.

국력을 전쟁에 허비함으로써 전후에 인민은 더 피폐한 삶을 살아야 한다. 전쟁에 승리했다고 하더라도 이미 전쟁에서 모든 것이 파괴된 연후에 무엇을 더 바랄 수 있겠는가. 국제법에 의거해 배상을 받고 대가를 청구하기까지 얼마나 더 긴 세월을 참아내야 할 것인가. 국가가 배상을 받는다고 해서 개인의 희생이 모두 보답받는 것은 아니다. 전쟁에 진 경우에는 더 처참한 삶이 기다리고 있다. 패전국은 승전국의 속국이 되며, 그 국민 역시 승전국에 예속된다. 이들을 책임져주는 어떤 보호책도 존재하지 않게 된다. 사회정의를 위해 전쟁이 일어나도 이러할진대, 하물며 보복을 목적으로 일으킨 전쟁이 어떤 비극적 결과를 가져올지는 논할 필요조차 없다.

현대 국가 지도자들이 이러한 전화戰禍를 모른다고 생각하지 않는다. 전쟁을 시작하기 이전에 모두 예상할 수 있는 일들이다. 그럼에도 전쟁을 한다는 것은 자국의 영달과 욕망만을 성취하기 위함이다. 어마어마한 인류의 비극을 가져오는 전쟁의 목적치고는 매우 졸렬하다 아니할 수 없다. 마치 투우장의 소처럼 자신의 뿔이 부러지는지 눈이 빠지는지도 모른 채 서로를 겨누고 싸우는 모습이 아닌가.

다시 한 번 더 엄숙하게 전쟁을 성찰하자. 만약 전쟁의 목적이 몇몇 지도자의 의견 충돌과 영웅적 지배욕에서 비롯한 것이라면 우리는 전쟁 책임자를 단호히 처벌하고 전쟁의 대열에서 물러나야 한다.

제2차 세계대전만 보더라도 존귀한 생령 2,200만여 명의 희생과 3,400만 명의 전상자를 내고 1조 1천억여 달러의 전비를 바쳤으니 이보다 더 큰 희생이 어디 있겠는가. 이 전쟁 중 연합국 측에서 침몰된 상선의 수만 해도 4,280여 척이나 된다고 하니 통틀어 물속으로 들어간 군함과 상선의 수는 얼마나 될까.

인간은 이렇게 미련하다. 많은 대가와 노력을 들여 만든 물건을 포탄과 폭탄으로 재로 날려버리고 또 바닷속으로 침몰시켜버리니 소위 근대적인 인간이라는 우리의 사고 판단과 행위가 얼마나 어리석고 가소로운 것인가. 전쟁은 세계의 종말을 고하는 행위이다. 이러한 파멸적 인간 행위의 모순과 독소가 인간사회에서 제거되지 않는 한 인간은 머지않은 장래에 자멸하고 말 것이다.

컬럼비아 대학 총장이었던 니콜라스 머리 버틀러 박사의 말과 같이 인간이 문명 그 자체의 종말을 초래하지 않고서 이러한 전쟁을 얼마나 더 계속할 수 있을까. 1945년 8월 7일 오전 11시 반경에 일본 히로시마에 투하된 원자탄은 인류 역사상 가장 놀라운 참경을 만들어내지 않았던가. 이제 원자 시대가 개막됨으로써 전쟁은 새롭게 발전할 것이다. 과학의 힘을 입은 전쟁은 어느 누구도 예측할 수 없는 가공할 파괴력을 얻게 됐으며, 그에 따라 지구 역시 그 어느 때보다 위험에 처하게 됐다.

『성경에 나타난 야경夜景』이라는 저서 중에서 다니엘 말치는 "우리의 주위에는 항상 무한한 힘이 둘러싸고 있다. 우리와 보이지 않는 세계와의 간격은 우리가 입는 의복의 두께와 같고 물결 위에 떠도는 수포와 같이 터지기 쉽다. 우리가 무의식적으로 호흡하고 있는 공기 원소의 사소한 변화가 전 세계를 무서운 불로 태워버릴 수도 있고 지구상에 호흡하고 있는 온갖 생물들의 호흡을 정지시킬 수도 있다. 우리가 목마를 때에 겨우 목이나 축일 정도의 한 모금 물속에도 폭풍을 내어 하늘을 어둡게 할 수도 있고 천지를 진동케 하는 우렛소리를 낼 수 있는 전력이 포함되고 있다"고 말한다. 그는 극히 미세한 세계가 지닌 막대한 위력을 갈파하고 있다.

원자 폭풍爆風은 십 분의 일 초 만에 인구 20만을 살해할 수도 있고 하룻밤 만에도 전 유럽인을 소멸시킬 수도 있다. 영국의 정치가 스미스의 보고에 의하면 U235를 폭발시키면 그 순간 유리되는 에너지의 총량은 형용할 수 없이 크고 수백만 도의 열과 압력을 낼 수 있다. 반경 2리 정도의 안에 있는 모든 물체는 철물이건 목재건 생물이건 모두 공중으로 날려버릴 수 있다.

또 헐버트 아컬 사령관은 만일 제1차 세계대전이 6개월만 더 계속됐다면 이 지구상의 인구는 말살됐을 것이라고 말했다. 부스 타킹턴은 『디스월드』 지에서 '무서운 원자 시대가 왔다'고 선언했다. 그는 누구든지 용기를 가지고 장래를 향해 나가자고 말하는 사람이 있다면 그 사람은 자기 계획에서 원자폭탄을 간과한 것이라고 비판했다. 이제 인류에게 남은 것은 전쟁이 가져오는 전율뿐이라는 것이다. 아인슈타인은 원자 전쟁을 막지 못하면 지구상의 인구의 3분의 2가 희생된다고 말했다.

인류는 원자탄보다 더 무서운 무기도 개발했다. 현대 전쟁은 단순히 인명을 살상하는 데 그치지 않는다. 인류 전체는 물론 지구 전체를 죽음으로 몰아넣을 수 있는 위력을 가진 것이다.

다시 한 번 강조하자면, 전쟁은 특권 전제자의 야망과 전쟁상인들의 이욕에 근거하는 것이 대부분이다. 개인의 살인 행위가 죄악인 것처럼 전쟁을 통한 국가적 살인과 재산 파괴 행위 역시 죄악이며 어떤 의미에서 그것은 더 큰 죄악이라고 말할 수 있다. 전쟁은 인류의 멸망을 의미한다. 냉전 시대가 가져온 전쟁의 공포는 우리에게 너무 많은 비극을 보여주지 않는가. 이제 전쟁에 대해 보다 냉철하게 판단하고 과감하게 부정할 수 있는 용기와 인류사적 시각이 필요하다.

3. 전쟁과 평화

인류 역사를 돌아보면 문화정치보다는 야만정치가 훨씬 더 많았다. 수천억 조의 생령이 전쟁에서 목숨을 잃었을 것이다. 인류사란 그야말로 피로 기록된 역사이다. 우리가 자랑스러워하는 그 문화 역시 이름 없는 병사들의 뼈와 근육으로 쌓아 올린 것이라고 말해도 과언이 아니다. 그러나 과연 인류는 무엇을 위해 싸워야 했는가. 진정 그 모든 전쟁들은 인류의 행복을 건설하기 위한 것이었던가. 아니다. 이제까지 그토록 많은 희생자를 통해서도 행복을 얻지 못했다면, 인류는 앞으로도 영원히 행복을 얻을 수 없을 것이다.

진실로 인류의 역사는 발전의 역사가 아니라 파괴의 역사다. 인류문화는 인간의 복리와 건설을 위한 문화가 아니라 전쟁을 위한 전쟁문화인 것이다. 이제 우리 인류는 역사를 냉철히 회고하고 전쟁을 위한 문화를 버리고 인류 복리를 위한 문화로 나아가지 않으면 안 된다. 파괴의 역사를 건설의 역사로 고쳐 쓰지 않으면 안 된다. 이것은 실로 세계적 위기에 직면한 현대인에게 가장 긴급한 책무이자 가장 근본적인 문제이다.

만약 앞으로 또 대大 전쟁이 일어난다면 인류세계는 어떻게 될 것인가. 실로 두렵다. 인류는 한 걸음도 더 도망갈 수 없다. 수천 년 동안 인류 역사는 모순을 가진 채 발전해왔다. 그리고 이제 그 모순들이 최절정에 달해 인류는 '전쟁이냐, 평화냐'라는 두 갈래길 앞에서 서 있게 됐다. 전쟁과 평화라는 상극은 어떤 타협도 불허한다.

인류는 경험을 통해 알고 있다. 민주주의와 공산주의와 같은 냉전 시대의 이념을 고수하는 것이 인류에게 얼마나 큰 불행과 비극을 가져다주는 것인지 알고 있다. 자본주의와 공산주의, 우방과 적군으로 나눠 소모적인 싸움을 계속하는 한 우리는 이러한 역사의 비극을 끊임없이 되풀이할 뿐이다. 이제 인류 전체가 서로 협조해 영원한 세계 평화를 확보할 수 있는 길을 열어가야 할 때다.

그러나 우리는 막연한 국제주의자나 인도주의 혹은 평화주의자들과 같이 현실을 떠난 평화를 주장해서도 안 된다. 또 희생이 두려워 어떠한 노예생활에도 굴복하는 무조건적 평화를 제창해도 아니 될 것이다. 또 전쟁을 통한 평화가 아니라 생명을 살리는 평화를 추구해야 한다. 우리의 평화는 안일한 평화가 아니라 건설의 평화이기 때문이다.

또한 인류사회를 위해 문화와 과학을 발전시키고 새로움을 창조할 수 있어야 한다. 아무리 좋은 이념이라도 인민의 삶을 무시하고 전쟁과 폭력을 통해 국가의 부와 권력을 획책하는 정책은 무의미할 뿐 아니라 유해하다. 공산주의가 경제적 평등을 주장하며 인민의 해방이라는 가치를 내세웠으나 그 결과가 어떠했는가. 인민이 배제된 권력의 재구성, 공산당 권력의 비대화 및 관료화 등으로 피폐해진 인민의 삶을 과연 해방이라고 말할 수 있을까. 오히려 인민은 새로운 속박 속에 갇혀 해방과는 거리가 먼 가혹한 삶을 살아가야 했다는 것을 잊어서는 안 된다.

정치철학자 래스키는 말한다. "국가가 인민의 봉사자가 돼야 하며, 인민이 국가의 노예가 돼서는 안 된다. 국가가 국민에게 병역의 의무와 전시戰時 복무를 권력으로 강요할 때, 특히 노예적 복무의 목적과 작용이 타국민의 파괴와 그들의 발전적 자유를 해침에 있을 때, 국가는 자신의 임무를 저버린 것이다." 우리는 국민의 한 사람으로서, 또 인류 전체의 일원으로서, 군주의 명령이 인민의 의사에 배반할 때에는 그것에 반대해야 한다. 국가의 명령도 마찬가지이다. 국가의 명령이 부당할 때는, 건설이 아닌

국민을 노예화하는 반동 전쟁을 선동할 때는 당연히 국민에게 거부할 권리가 있어야 할 것이다.[51]

진정한 평화를 건설하기 위해서는 오직 하나의 길만이 존재한다. 사회적 문화주의의 실천과 문화세계(하나의 세계)의 건설이 그것이다.

---

51 [원주] 반동 전쟁이라는 것은 침략적인 야욕을 품고 세계 인류의 자유 평화 및 건실한 문화 발전을 저해하고 자국의 지배욕을 채우려는 전쟁을 지칭함이며 건설적인 전쟁이란 세계 인류의 평화 자유와 안전 복리를 수호하기 위해 불의의 침략을 방어하는 전쟁을 의미함이다.(현재의 UN과 같이 일국-國의 독선적인 정의에 입각한 전쟁이 아니라 인류 전체의 입장에 선 국제 정의를 위하는 전쟁) 그렇기 때문에 막연하고 추상적인 인도주의자나 국제주의자들은 무조건으로 전쟁을 반대하고 평화를 위주하나 그것은 현실을 몰각한 것이며 확실히 부당한 견해라고 할 것이다.

제7절 문화복리주의는 과학을 실천한다

1. 과학의 지위

우리는 정확한 지식의 계통적系統的 총체를 과학이라고 말한다. 과학을 통해 자연의 여러 법칙을 발견하고 성질을 알게 된다. 그리고 이로 말미암아 인간생활이 더 풍요로워진다.

20세기는 그야말로 과학의 시대이자 과학의 세계라고 말할 수 있다. 과학의 발달로 우리는 세계를 더욱 정확하게 이해할 수 있게 됐다. 사물의 이치와 존재의 근거를 신의 조화로 생각했던 무지 상태에서 해방됐으며, 이제는 인간의 본질은 물론 우주의 원리까지도 밝혀낼 수 있게 됐다. 과학적으로 사유하고 실천하며 삶을 과학화하는 것이 그 무엇보다 중요해졌다.

그러나 과학을 만능으로 광신하는 것에 대해서는 비판적인 시각을 가져야 할 것이다. 과학으로 인간의 본질과 모든 문제를 단정 짓는 것은 또 다른 독단에 불과하다. 이성만능주의와 매한가지로 과학만능주의도 올바른 인식은 될 수 없다. 과학은 존재Sein의 학문이며 인간은 존재에 근거할 뿐만 아니라 인간으로서 있어야 할 당위적 규범Sollen을 가지고 살아가기 때문이다. 과학을 통해 자연을 설명하고 인간의 존재에 관한 것을 이해하는 데에는 충분한 설명이 가능하지만 인간이 어떻게 '있어야 하는가' 하는 당위적인 제반 문제에 관해서는 과학만으로는 설명할 수 없기 때문이다.

그러나 지금 우리는 어떠한 과학을 하고 있는가. 자연의 여러 법칙을 발견하고 우주 만물의 현상적 인과관계를 알아내는 것을 과학의 목적이라고 생각하고 있다. 따라서 과학자의 임무도 새로운 법칙만을 발견하고 성질을 연구해 그 인과관계만 알아내면 그것으로 충분하고 우리는 이에 대해 상찬하면 그만이라고 생각한다. 과학자의 머리 위에 월계관을 씌워준 것이다.

그러나 자연법칙을 설명하는 것만을 과학이라고 할 수 있을까. 인생을 지도하고 정치, 사회, 조직의 기준과 토대를 제공하지 않는다면 그것은 진정한 과학이라고 말할 수 없을 것이다. 과학의 심오한 진리 발견은 그 자체로도 값지지만 인간의 삶을 지도하고 발전시킬 때 더욱 의미 있다. 과학이 자연 원리를 설명하는 데 그치지 않고 인간의 행동 원리를 제시해줄 수 있어야 하는 것이다. 과학의 정당한 임무와 지위를 발견하는 것이 중요하다. 과학의 진정한 목적은 인간이 보다 현실적으로, 보다 고차원적인 행복을 누릴 수 있도록 인간의 생활체제를 개선하고 사회의 정치조직을 개편하도록 돕는 것이 돼야 한다.

바로 여기에 과학의 목적이 있다. 과학의 진정한 의미 또한 바로 이러한 목적 속에서 찾아야 할 것이다. 과학은 인간을 위한 과학이어야 한다. 인간의 길을 진정으로 제시해줄 수 있는 과학만이 참되고 정당한 과학이라고 말할 수 있다.

2. 과학주의의 내용

과학주의란 모든 생활을 과학화하는 것이다. 비과학적인 생활체제를 타파하고 새로운 과학사상에 의거해 문화세계를 창조하고 실현하기 위한 일체의 활동을 일컫는다. 과학주의의 본의는 객관적으로는 자연과학을 발달시켜 물질문명을 극도로 향상시키고 생활의 복리를 달성하는 데 있다. 주관적으로는 정신과학을 건설하고 정신문화를 발전시키고 현실적으로는 삶을 계획적으로 운영하고 사유와 실천을 체계화함으로써 삶의 효능을 고도화하는 것이다.

과학에 치중해 정신과학의 가치를 잊어서도, 정신과학에 치중해 자연과학의 발달을 무시해서도 안 될 것이다. 과학주의란 문화세계 건설을 목표로 한다. 자연과학을 통해 사실의 과학적 근거와 의미 객관을 탐구하고, 정신과학을 통해 완전한 계획과 조직력으로 생활을 개편함으로써 과학적인 생활 방식을 확립한다. 따라서 문화복리주의는 두 개의 큰 방패가 있으니, 하나는 과학주의요 하나는 문화주의이다.

3. 과학의 사회적 의의

과학은 인간의 빛이다. 과학이 있는 곳에는 진리와 광명이 있고 지혜와 문화가 있다. 과학은 인간을 신에 예속된 세계로부터 해방시켰을 뿐만 아니라 객관적인 우주 법칙을 알게 해주었다. 미몽 속에 잠긴 인류를 구원해 빛을 준 것이다. 과학은 그야말로 인류에게 새로운 생활을 선사했다. 이러한 과학적 세계는 문화세계의 밑바탕이라고 말할 수 있다.

우리가 해야 할 일은 권력과 경제력을 중심으로 한 생활 이념과 도덕을 과학적 토대를 바탕으로 재편하는 것이다. 신이나 군주 혹은 특권계급의 이익을 위해 인민의 삶을 희생시키는 국가 원리와 노예도덕을 반대하고 민권을 중심으로 삶의 도덕과 이념을 바로 세워야 한다.

뿐만 아니라 과학의 사명은 인간을 착취하기 위한 수단을 발견하고 연구하는 데 있지 않다. 과학은 합리성이라는 명분으로 침략 전쟁이나 폭력적인 지배를 위해 봉사해서는 안 된다. 어떻게 하면 인류가 더욱 잘 살고, 더욱 편리한 문명의 이기를 누리며, 더욱 유효하게 사용할 수 있는가를 연구해야 한다. 가령 인간을 위한 생활 기구를 만들기 위해 고민해야 하는 것이다. 그야말로 문화세계에 이바지할 수 있는 과학이 돼야 한다.

과학이 인류사회에 행복과 참다운 도움을 줄 수 있다는 것은 이미 우리의 생활이 증명하고 있지 않은가. 얼마나 눈부신 발전인가. 그러나 중요한 것은 이런 외적인 발전이 아니니다. 물질과학과 병행해 정신과학의 고도화를 추구해야 한다. 무계획적인 삶으로부터 벗어나 주도적이고 계획적인 삶을 살아갈 필요가 있다. 미몽에 젖은 삶의 방식을 개선해 과학적인 삶의 체계로 만들어가야 할 것이다.

문화복리주의는 이러한 과학주의를 통해 삶의 정치를 현실 속에 뿌리내리게 할 것이다. 우리가 추구하는 문화세계는 민주적인 정치철학과 과학 자체를 변증해 현실생활과 정신 활동을 종합적으로 발전시키는 이상적인 사회이다.

제8절 문화복리주의는 국제민주주의를 지지한다

1. 국제민주주의의 의의

국제민주주의는 민주주의의 당연한 발전 형태이다. 민주주의란 특수주의가 아니라 보편주의이며 절대주의가 아니라 상대주의이다. 특권자를 위한 정치가 아니라 인민대중을 위한 정치이다. 따라서 본질적으로 한 민족의 영달만을 꾀하지 않는다. 인류 전체가 민주화됨으로써 공동으로 번영하는 길을 지향한다. 만민이 공영할 수 있는 균등사회를 건설하고자 한다. 이러한 목적은 우리가 지향하는 민주주의의 기본 원리이자 본질이라고 말할 수 있다. 민주주의의 근본 정신은 하나의 민족에게만 옳고 정당한 것이 아니다. 인류 전체에게 옳고 정당함이 적용될 수 있는 보편적 정치체제인 것이다. 따라서 넓은 의미에서 민주주의는 국제민주주의일 수밖에 없다.

문화복리주의가 민족의 입장을 무시하지 않고 인류가 공존하고 공영할 수 있는 국제민주주의를 지향하는 것은 인류세계의 역사적 현실을 무시하지 않고 그 위에 우리의 이상사회를 건설하려 하는 이중의 목적 때문이다. 이는 현실적으로는 민족국가의 분열 상태를 통합하는 데 목표를 둔다. 인류의 역사가 남긴 대립과 분열이 현 세대에까지 이어져 내려와 혼돈과 비극을 낳고 있다는 것을 잘 알고 있지 않은가. 대립적인 민족국가 틀을 극복하고 만민이 평등하고 함께 공영을 위해 노력할 수 있는 새로운 인식 틀이 마련돼야 한다. 국제민주주의는 바로 이러한 문제의식 속에서 출현한 것이다. 민족과 민족 사이의 상호 침탈을 반복하는 비인도적이고 비문화적인 전쟁을 일삼아서는 안 될 것이다. 만일 전쟁만을 요구하는 국가조직이 있다면 이를 해체해 과학적으로 성찰하고 재편할 필요가 있다. 그리고 문화적인 하나의 세계로 통합해가야 할 것이다. 이것만이 인류가 공존·공영하는 사회를 건설할 수 있는 방법이다.

역사는 타국을 침략하면 거꾸로 우리 자신도 침략의 대상이 될 수 있다는 것을 잘 알려준다. 이제 서로에게 불리하기만 한 민족국가 간 경쟁을 중지하고 이러한 역사의 악순환을 끊어내야 할 때이다. 민주주의의 원리에 입각해 자유와 평화, 안전을 확보할 수 있는 국제 관계를 설정하지 않으면 안 되는 것이다. 그것은 우리 시대의 진리라고 말할 수 있다. 그러나 진리의 과업을 수행하는 것은 쉽지 않다. 무엇보다 중요한 것이 행위규범을 바로 세우는 일이다.

개인의 안전과 행복은 다른 사람을 지배하는 데 있지 않다. 서로가 서로를 침해하지 않는다는 도덕 원칙을 세우고 이를 실천함으로써만 관계적 삶이 유지될 수 있다. 자기의 이익을 도모하는 방법이 남의 재물을 탈취하는 것은 아니지 않은가. 상호 협동하는 가운데 삶의 복리를 건설할 수 있다. 타인과 조화를 이루는 삶의 방식 속에서 비로소 나의 복리 또한 계획할 수 있는 것이다. 국가도 마찬가지이다.

인류사회는 국가사회의 연장인 만큼 국가의 이름으로 상호 침략하고 억압을 감행한다면 어떻게 인류의 안전을 기대할 수 있을까. 침략의 세계에서는 그 누구도 영원한 이익과 안전을 충분히 보장받을 수 없다는 것은 자명한 이치이다. 개인 윤리가 그렇듯, 다른 국가의 불운이 어떻게 우리 자신의 행복이 될 수 있겠는가.

세계는 과학문명의 발달로 시간적·공간적으로 단축된 삶을 살고 있다. 사람과 사람, 나라와 나라 사이에 자연적·인위적 장벽이 무너지고 있다. 그런데도 상호 침탈하고 배타적인 협소한 생각을 가지고 살아간다면 이는 시대착오적인 발상이다. 이제 인류는 두 갈래길 앞에 서 있다. 다른 민족, 다른 사람을 지배하고 침략함으로써 제국주의를 강행하느냐, 아니면 침략사상을 버리고 상호 공존을 위해 협조하느냐 하는 갈림길에 직면한 것이다. 이에 우리는 침략과 경쟁을 버리고 민주주의에 따라 호혜적이고 상호 협조하는 상호부조 원리를 채택할 것을 주장한다. 만민 공생이라는 말은 단지 표어에만 그치지 않는다. 민주주의가 진정으로 지향하고 실천해야 하는 현실주의적 이상 그 자체이다. 공존공영의 균등사회인 '하나의 세계'를 창건함으로써 국제사회에서 민주주의의 원리를 다시 한 번 확인해야 할 것이다.

2. 국제민주주의의 역시적 현실

인류사회의 발전 법칙을 살펴보면, 인류는 군소국가(씨족사회·부족국가)에서 민족국가로, 민족국가에서 연방국가 혹은 합중국으로 점차 통합하며 발전해왔다. 자본주의와 공산주의로 분립된 세계 역시 영원하지 않을 것이다. 이 과정에서 민주주의의 본질에 따라 국제민주주의를 제창하고, 그 실현을 위해 노력한다는 것은 조금도 이상하지 않다. 이미 우리에게는 단순한 회의 기관 이상의 의미를 지닌 인류의 의회 UN이 존재한다. UN은 국제노동기구를 비롯해 다양한 기구들을 설치해 평화 유지와 복리 달성을 위한 사업을 진행하고 있다. 또 인류의 안전을 보장하기 위해 강력한 제재 권한을 발동한다. UN의 한국전쟁 개입이 그 대표적인 사례이다.

이제 우리는 한 걸음 더 앞으로 나아가야 한다. UN에서 일보 전진해 세계 회의가 결의한 의결 사항을 집행하기 위한 기관이 필요하다. 인류 전체의 집행기관인 정부, 즉 세계정부를 수립하는 것은 진실로 무망無望한 일인가. 인류는 오늘날 세계의 평화와 문화 달성을 위해 모든 것을 양보하고 협조할 용기를 가지고 있다. 만민의 자유를 획득하고 민주주의를 지구 전체에 실현하는 데 반대할 사람은 아무도 없다.

물론 하나의 세계, 하나의 정치 의회를 만든다 해도 진정한 정치철학을 토대로 한 민주주의 이념을 확립하기 전에는 완전하지 않다. 세계를 지도할 수 있는 새로운 이념을 확립하지 않는다면 하나의 세계정부를 세워도 제 기능을 기대할 수 없을 것이다. 만민평등 사상에 입각한 공영사회 확립은 국제적 민주주의의 근본적 요청이다. 인류의 진정한 복지사회를 현실적으로 확실하게 약속할 수 있는 것은 오직 인류가 '하나의 세계'가 되는 길뿐이다. 그것은 궁극적으로는 국제민주주의가 확보된 세계국가, 다시 말해 문화세계일 것이다.

얼핏 생각하면 국제민주주의는 보수주의자들에게는 세계주의로서 이단시될 우려도 없지 않다. 그러나 그것은 민주주의를 충분히 이해하지 못했기 때문에 발생하는 염려이다. 민주주의의 의미는 그 자체가 한 나라의 우월을 인정하지 않고 만민의 자유평등을 주장하며 상호부조를 신조로 하고 있기 때문이다. 따라서 국제민주주의는 당연한 민주주의의 진로이며 그의 발전 형태라고 할 수 있다. 물론 그것의 최종 지점은 인간의 진정한 행복과 가치 창조가 가능한 '하나의 세계'이며, 이 세계는 민주주의가 추구하는 유일한 이상사회이다.[52]

---

52 [원주] 제3부 '문화세계의 건설'

제3장

문화복리주의의 내용

제1절 문화규범

1. 규범의 개념

사람이 사는 곳에는 법이 있고 법이 있는 곳에는 규범이 있다. 그것은 인류사회의 철리哲理이다. 인간을 가리켜 사회적 동물이자 정치적 동물이라 하지 않는가. 개인 혼자서는 살아갈 수 없으며 여러 개인이 모여 집단을 이룰 때 인간은 비로소 삶을 유지할 수 있다. 전체사회의 존속과 발전도 마찬가지이다. 개인 혼자서는 할 수 없는 일들을 집단적 사회생활을 통해 협동해 이루어낼 수 있다.

인간은 다른 동물과 달리 사회·정치생활을 함으로써 고귀한 문화와 문명을 창조하고 문화인이 될 수 있었다. 인간이 정치생활을 하지 않았다면 효과적이고 공리적功利的인 삶을 성취할 수 없었을 것이다. 사회를 통한 집단적 협동생활이 인간을 인간답게 하고 가치를 창출할 수 있도록 만들어줬다. 인간은 마땅히 자신의 활동 목적을 사회 전체의 목적과 질서를 무시한 채 다른 곳에서 찾을 수 없다. 사회와 부합되는 공공선을 개인의 행복과 목적으로 추구할 때 비로소 인간은 인간다운 가치를 획득할 수 있다. 도덕성이란 바로 이러한 삶을 근거로 나타난다.

이러한 인간과 사회의 관계 속에서 선과 악이라는 개념이 발생하고 사회선 개념이 만들어지며 개인의 양심이 작동한다. 옛 철인들이 말했듯 선악 개념은 사회생활로 인해 발생한다. 사회를 떠나서는 선과 악을 생각할 수 없다.

선한 마음과 악한 마음, 이성과 감성은 신이 준 본디 모든 인간이 타고 태어나는 본성이 아니다. 선과 악, 양심 등은 개인과 전체 집단인 사회 사이에서 후천적으로 만들어진다. 개인은 사회를, 사회는 개인을 서로 무시하지 않고 상호 간의 이익과 욕구를 추구하기 위해 합리적으로 조정된 이념인 것이다. 인간은 혼자서 살아갈 수 없으며, 집단 안에서 자신의 삶을 유지해야 한다. 이러한 필연적 관계를 바탕으로 개인의 이익이 전체의 이익에 부합하면 선한 것으로 인식되고, 반대로 부합되지 않으면 악한 것이 된다.

사회가 잘 유지되기 위해서는 개인은 자신의 이익을 꾀하면서도 이것이 전체 사회가 공존·공영할 수 있는 이익과 목표에 합치되도록 행동해야 한다. 이를 일러 공공선 혹은 사회선이라고 말할 수 있다.

사회선이 보장되고 실현될 때, 사회의 구성원인 개인도 안녕과 복지를 획득할 수 있다. 사회선은 개인에게 일종의 지상명령과도 같다. 사회는 개인에게 공공선에 합치되도록 행동하라고 명령한다. 이를 하나의 행위규범이라고 부를 수 있는데, 그것은 인간사회의 도덕규범으로 기능한다. 도덕은 인간이 지켜야 할 선의 내용을 제시하는 것이다.

따라서 선이란 선천적으로 존재하는 것이 아니라 우리가 살아가고 있는 이 사회의 요구에서 비롯한다. 다시 말해 사회선과 일치하는 곳에 선이 존재한다. 개인의 욕구와 목적도 사회의 전체적 욕구와 목적에서 일탈해서는 안 된다. 개인과 사회의 이익이 일치할 때 비로소 도덕적으로 의미 있는 삶을 살 수 있다.

행위규범으로서의 도덕규범의 의미는 바로 여기에 있다. 규범은 사회를 떠나 존재할 수 없다. 사회 안에서, 사회적 삶 가운데서 '해서는 안 된다', '해야 된다'는 행위 준칙을 제시해주는 것이다.

칸트는 인간이 신성神性을 지닌 이성과 물성物性을 지닌 감성을 동시에 다 가지고 있기 때문에 신과 동물과의 중간적 존재자라고 말한다. 중요한 것은 인간이 이성과 감성을 모두 갖추었기 때문에 도덕생활이 가능하다는 점이다.

만약 인간이 이성만 가지고 있다면 인간은 신과 같은 존재일 것이다. 그렇게 되면 인간의 의사는 곧 신의 뜻과 같아서 절대적이며, 인간의 행동 또한 항상 완벽할 것이다. 인간이 감성만 가지고 있다면 생각과 행동은 감정과 충동에 얽매여 동물과 같은 생활을 하지 않을 수 없으리라.

그러나 인간에게는 이성과 감성이 모두 존재한다. 그 때문에 '(무엇을) 하지 않으면 안 된다' 혹은 '그렇게 해서는 안 된다'와 같은 규범적 요청에 근거해 도덕생활을 영위한다. 인간은 선한 존재가 될 수도 있고 악한 존재가 될 수도 있다. 인간은 자유의지로써 자신의 도덕적 삶을 선택한다. 그리고 자신이 한 행동에 대해 책임을 진다. 칸트가 자유를 도덕의 근간으로 이해한 것은 바로 이 때문이다. 이러한 칸트의 유리론은 이성을 절대화함으로써 신의를 봉대하는 대신 이성 자체를 성화聖化하는 결과를 가져온다. 이는 이후 경험주의에 의한 실증적 과학이 나타나면서 그 권위와 정당성을 잃게 된다.

2. 자연규범과 인위규범

(1) 자연규범

자연규범이란 인간에 의해 임의로 조성된 규범이 아니라 우주의 주재자인 자연의 이법理法에 따라 세워진 행동 준칙을 의미한다. 모든 자연의 관계와 법칙이 신의 세계 계획에 의해 질서 정연하게 현현한다는 논리이다. 따라서 인간은 신을 숭앙하지 않으면 안 된다. 인간은 이처럼 거대한 자연 원리에서 보면 하나의 부속물에 불과하다. 인간은 마땅히 신의 이법을 따라 행동해야 한다. 인간의 행위와 가치판단의 표준은 신의神意에 토대를 두어야 한다. 모든 행동을 자연 이법에 의거해야 하는 것이다.

이러한 신(자연)과 인간의 필연적 관계에서 정해진 것이 자연규범이다. 자연규범이란 말 그대로 인간이 인위적으로 만든 상호 간의 규칙이 아니라 신이 정해준 이법이자 천리天理이다. 자연규범은 인본주의人本主義가 아니라 신본주의神本主義이며 상대주의가 아니라 절대주의다.

이렇게 절대적인 성격을 지닌 자연규범은 항구 불변의 철리哲理인 만큼 인간은 무조건적으로 그에 따르기만 하면 된다. 또한 이를 훼손하거나 비판해서도 안 된다(스토아 학파의 견해). 인간 행위의 규범인 도덕법칙은 자연 이법과 분리해서 독립할 수 없으며, 자연 이법과 완벽하게 일치할 때 비로소 그 정당성이 승인된다.

신의 이법을 연역한 것이 도덕법칙이며, 도덕규범을 귀납한 것이 곧 신의 자연법이다. 신의 명령에 순종하는 것이 곧 도덕규범이다(그로티우스, 스피노자의 견해). 이 때문에 반도덕적 법칙, 반자연적 소행은 반국가적인 행동이며, 이러한 행위는 응당 충분한 벌을 받아야 한다(헤겔의 견해).

이러한 규범관은 본질적으로 인과론적인 시각에 의해 결정된다. 어떤 일의 결과에는 반드시 그 원인이 있다. 우연이라는 것은 존재할 수 없고, 모든 것은 반드시 필연의 결과로 나타난다. 신은 이러한 모든 원인의 원인으로 존재하며, 질서 정연한 우주세계는 그 자체로 신의 위대성을 구현한다. 인간을 비롯한 모든 사물이 반드시 신의 권위에 복종해야 함은 말할 것도 없다. 자연규범의 묵시적인 명령은 '살인하지 말라', '도적질하지 말라', '부지런하고 착하라' 하는 계명이 기본 명제가 되며 인간에게 반드시 좇아야 할 규범으로 제시된다.

선을 베풀면 반드시 복이 오고, 악을 범하면 반드시 화가 따른다. 인과응보는 자연규범으로서의 도덕 원리가 전제하는 대원칙이다. 그러나 원인의 원인을 완벽하게 추적한다는 것은 불가능하다. 결국 인간의 판단력을 넘어서서 존재하는 원인으로 신을 인정할 수밖에 없다. 인과응보는 신의 존엄성을 더욱 강화하는 논리이다.

이와 같은 맥락에서 중세 시대는 인간에게 현실을 버리고 내세를 위해 극기하는 금욕주의를 주장했다. 금욕주의는 근본적으로 인간은 신에 비해 불완전하고 미숙한 존재이며, 따라서 절대자인 신에게 복종하고 그를 추종하는 것만이 완전한 삶에 도달할 수 있는 유일한 방법이라는 관점이다. 이러한 시각에서는 인간의 자율성과 창조성이 부인될 수밖에 없다. 현대의 관점에서 본다면 퇴영적인 규범이라고 할 수 있다.

자연규범은 사회규범이라기보다 절대적 도덕규범에 가깝다. 인간사회를 신의 도덕으로만 고찰하기 때문에 복잡한 현대세계에 적합한 준칙을 제시하지 못하는 한계를 지닌다. 가령 페니실린이나 항생제, 원자탄과 같은 과학적 발명이 과연 선한 것인지 악한 것인지 규정해낼 수 없는 것이다. 신이 주재하는 세계에서는 고통마저 신의 계획의 일부이므로, 이를 인간의 힘으로 치유하는 일을 선한 것이라고 말하기 어렵지 않은가. 이런 모순을 해결할 수 없다는 점이 자연규범이 지닌 한계이다.

같은 이치에서 자연규범은 근대적 민권사상에 대해서 판단할 수 없다. 민권사상은 그 중심이 신이 아니라 인간인데, 자연규범의 시각에서 볼 때 이러한 정치체제는 선한 것인가 아닌가. 신을 중심으로 하는 자연규범으로는 인간사회에 대한 총체적이고 입체적인 판단 자체가 불가능하다는 것이 확연하다.

자연규범은 그 내부에 모순과 균열을 드러낼 수밖에 없고, 이 때문에 자연규범을 대체할 수 있는 인간의 도덕규범이 요청됐다.

(2) 인위규범

인위규범이란 반反 자연규범을 뜻하며, 인간에 의해 인위적으로 만들어진 당위법칙을 일컫는다. 행위의 판단 표준을 정하고 사회의 객관적 필요성을 충족시키기 위해 만들어졌다. 이렇게 만들어진 규범은 인간의 필요와 객관적 사정에 따라 만들어지고 폐기될 수 있다.

사회적으로는 신을 중심으로 하는 신본주의에서 인간을 중심으로 하는 인본주의로 이동한다. 필연만이 존재하는 절대주의 대신 인간의 욕구에 따라 변할 수 있는 상대주의가 수용된다. 또 사유 체계는 세계의 본질을 정신의 발현으로 보는 주관적인 논리(유리사관)에서 인류 역사 발전의 동력을 물질에 있다고 보는 객관적 논리(유물사관)로 이동한다.

인위규범은 자연규범과 달리 절대적이고 영원한 것이 아니다. 인간 행위의 정사선악正邪善惡에 대한 판단 표준은 객관적인 특수 사정에 따라 달라질 수 있다. 상황에 따라 적합한 표준을 세우고 필요성이 소멸되면 제거한다.

따라서 상대적인 인위규범은 합법칙적인 것이 아니라 합목적적인 것이다. 절대적인 법칙에 일치하는 행위를 선이라고 하는 것이 아니라 인간이 세운 인위 목적에 합치하는 것을 선이라고 한다. 따라서 인위규범은 그때그때 정치적 사정과 경제적·사회적 사정에 의해 그 성격과 옳고 그름에 대한 판단이 달라진다. 이러한 변동 가능성이야말로 신 중심 사회의 규범과 정면으로 반대되는 속성이다.

인위규범은 인간을 본위로 정립되고 개편된다. 물론 민주주의는 신본주의가 아니라 인본주의에 입각해 규범을 세운다. 법의 원리를 신 중심의 자연규범이 아니라 인위규범을 토대로 구성하는 것이다. 따라서 민주주의는 절대적 권위를 무조건적으로 추종하거나 불변하는 철리哲理를 추종하지 않는다. 인민의 필요와 객관적 사정의 변천에 따라 수시로 그에 적합한 법을 만들거나 폐지할 수 있다. 그 점에서 인위규범은 가변성을 기본 속성으로 한다.

이처럼 인위규범은 민권사상의 발현과 더불어 나타났다. 사회가 인민대중을 중심으로 하는 국민주권주의 체제로 변하면서 인민의 필요와 요구에 적합하도록 규범이 만들어진 것이다. 이 때문에 모든 규범은 상대적인 행위 표준을 세운다. 그때그때의 객관적 사정, 정치적 변동이나 경제적 상황에 따라 행위 표준이 다르게 세워질 수 있다.

예를 들어 민족국가는 각자 고유한 판단 표준을 가지고 있으며, 한 국가의 선이 다른 국가에서는 악일 수 있다. 또 다른 국가에서는 또 다르게 나타난다. 선악에 대한 기준이 각 국가의 정치적 사정, 경제적 조건, 문화적 전통, 그리고 사회적 관습에 따라 다른 법 원리를 갖는다.

다시 말해 정치적 사정에 따라 정해지는 정사선악의 판단 표준은 서로 다를 수 있다. 국체國體와 정체政體의 차이에 따라 선한 것과 악한 것의 내용 역시 달라지는 것이다. 독일, 일본, 미국, 영국, 러시아 등 각각의 정치적 사정에 의해 선악에 대한 판단 표준이 다르다.

경제적 차이도 국가마다 판단 표준이 다르게 나타나는 주요 원인이다. 자본주의와 공산주의는 각기 선악 판단이 다르다. 공산주의 경제체제하에서 선하다고 생각되는 것이 자본주의 사회에서 악이 될 수 있다. 마찬가지로 자본주의 사회에서 선한 것이 공산주의 체제에서 악이 될 수 있다. 이처럼 경제체제의 차이는 행위규범의 차이로 이어지며, 그 구체적인 내용은 각각의 사회 상황에 맞춰 정해진다. 물론 말할 것도 없이 문화적 전통과 사회적 관습의 차이가 행위규범의 차이를 만든다. 그러므로 일률적이거나 동일한 판단 표준 자체를 세울 수 없다.

이 점에서 죄는 절대적인 판단 기준에 의해 판별되는 것이 아님을 알 수 있다. 체제와 상황에 따라 상대적으로 판단 기준이 정해진다. 법을 위반하는 것이 반드시 절대적으로 악하다고는 말할 수 없다. 각 나라들이 각기 다른 정치적 목적을 수행하기 위해 그에 적합한 규정을 만들고 사용하기 때문이다. 이처럼 상이한 규범들은 결국 국가 간 충돌을 만들어내는 요인이 되기도 한다. 국가 간 관계가 완전하게 분립되고 독립해서 영원불변하게 존립할 수 있다면 갈등은 존재하지 않을 것이다. 그러나 지금과 같이 민주주의 원리에 입각해 국민의 한 사람이자 국제인의 한 사람이라는 이중적 지위를 갖는 인류에게 각기 다른 규범의 제정은 반드시 타당한 것만은 아니라고 말할 수 있다.

그렇다면 민주주의적으로 통일된 사회에서는 어떤 행위규범과 판단 표준이 필요한가.

3. 문화규범의 제창

자연규범은 선험적으로 신이나 절대자를 위해 인간이 있어야 할 준칙을 밝힌 절대규범이다. 인위규범은 후천적·인위적인 입장에서 객관적 사정(정치적·경제적·사회적)의 변천과 요구에 대응해 세워진 행위의 판단 표준이다. 반면 문화규범은, 존재적인 입장이 아닌 당위적인 입장에서, 문화인으로서 인간이 마땅히 지켜야 하는 규범적인 행동 준칙을 의미한다.

유심론(유리사관)은 우주세계의 본체를 정신으로 파악하고 모든 물질이 본질에서 나온 여러 현상으로 파악한다. 따라서 유심론에서는 정신이 절대적으로 중요하다. 반면 유물론(유물사관)은 인류 역사의 발전 동력이 정신이 아니라 물질이라고 본다. 따라서 법률·정치·경제·문화 등 일체의 사회조직이 경제적 생산관계를 토대로 구성된 상부구조라고 생각한다. 이러한 시각에서는 경제에 편중된 행위 준칙을 낳을 수밖에 없는 것이 사실이다.

반면 문화규범은 위와 같은 논점들과 일정한 거리를 둔다. 문화규범은 우주의 본체나 역사의 발전적 동력을 결정하고 그에 따라 인간규범을 정하지 않는다. 인간을 역사 과학적으로 이해하고 보다 더 행복하고, 보다 더 가치 있고 의의 있는 삶을 살기 위해 반드시 해야 하는 당위적 규범을 제시한다. 당위성에 따라 현실적으로 사람들이 지켜야 할 행위 준칙이 세워지는 것이다.

환언하면 문화규범이란 정신의 무한한 발전이나 물질적 향락을 추구하기 위한 규범이 아니다. 역사 과학적 인식 속에서 인간이 마땅히 이렇게 있어야 한다고 생각하는 바를 제시한다. 인간의 방향은 무엇이며 인류의 역사는 어떻게 창조돼야 하는지 등의 당위적 규범이다. 이러한 당위성 아래서 삶의 새로운 방향들이 제시된다. 따라서 문화규범은 정해진 이상을 연역한 것이 아니라 삶이라는 현실에서 귀납적으로 결정된다.

문화규범은 문화사관文化史觀을 중심으로 인간의 역사를 다시 본다. 유심론이나 유물론적 사관에 치우치지 않고 보다 고차원적인 시각에서 역사를 통해 존재와 당위를 겸비한 인간의 지위와 사명을 설명한다.

일반적으로 우리는 행위 판단 표준을 국가의 정치·경제·사회 등의 모든 사정과 환경에 의해 결정해왔다. 이 때문에 국가 간 관계에 따라 선악이 정해지는 모순이 초래됐다. 인류사회에 공헌했다 해도 자국에서는 반역자로 처벌받는 일이 발생한다. 또 애국자로 칭송받았지만 사실은 인류에 해악을 끼친 사람도 비일비재하다.

집단의 이익을 추구하고 고집함으로써 국가의 이익을 침해해서는 안 되는 것처럼, 국가의 이익을 앞세워 전체 인류에게 해를 끼쳐서도 안 될 것이다. 독선적이고 배타적인 자국중심주의는 인류사회의 발전에 심각한 장애가 될 수 있다. 그러므로 인류는 개인, 국가, 인류라는 다층적 차원 속에서 올바르게 판단하고 시비선악을 가릴 수 있는 행동규범을 세워야 할 것이다. 따라서 어느 한쪽에 편향된 시각을 버리고 개인은 물론 국가, 인류 전체에 참다운 일이 무엇인지를 고민하지 않으면 안 된다. 이제까지처럼 국가 간 관계와 목적에 의해 선악이 가려지고 책임을 묻는 모순이 다시 발생해서는 안 된다. 단체나 국가의 야욕이 인류 전체를 비극으로 몰아넣는 일이 다시 일어나서는 안 된다.

지구는 하나다. 인류세계도 하나다. 지구적 차원에서 인류 전체에 적용할 수 있는 행위 판단 표준 또한 하나여야 한다. 지구적 규범은 하나이며 여럿이 될 수 없다. 반복해 말하건대 민주주의의 본질이 말해주고 있듯이 민주주의는 하나의 집단, 하나의 국가와 민족만을 위해 존재하지 않는다. 민주주의는 개인이든 국가든 특권적 존재를 위한 행위와 판단이 돼서는 안 된다. 오로지 인류 전체의 행복과 안녕을 위해서만 존재해야 한다. 따라서 정사선악을 정할 때에도 인류의 시각에서 통일된 판단 표준을 만들어야 함이 마땅하다.

그러나 이 말을 세계의 판단 표준이 하나여야 한다는 말로 오해해서는 절대 안 된다. 하나의 표준이란 정치적, 경제적 혹은 사회적 형편에 의해 확립되는 표준이 돼서는 안 된다는 의미일 뿐이다. 마땅히 인류 전체의 행복에 표준을 둔 표준이 필요하다는 것이다. 다시 말해 인류문화를 향상시키고 발전시킬 뿐만 아니라 인류의 자유·평화·안녕·복지를 위한 문화규범으로 통일돼야 한다는 관점인 것이다.

어떤 시대에는 죄가 되고 또 다른 시대에는 신이 된다면 역사의 불행은 반복될 수밖에 없다. 어느 국가에서는 선한 일이 다른 나라에게는 악한 행동이 된다면 인류가 어떻게 공존할 수 있겠는가. 이처럼 시간과 장소에 따라 행위 판단 표준이 달라지는 것이 상상 속의 일만은 아니다. 지금 우리가 살고 있는 오늘의 현실이 그러하다. 인류가 그토록 오랜 세월 동안 고난을 반복해왔던 것도 하나의 세계를 위한 판단 표준이 없었기 때문이 아닌가. 따라서 시간적·공간적으로 선은 항상 선으로 통하며 악은 항상 악으로 통하는 진정한 판단 표준을 정립하지 않으면 안 된다.

문화복리주의는 이러한 논거 위에서 출발한다. 문화복리주의는 진정한 법의 표준, 때와 장소를 불문하고 영원히 선할 수 있는 규범을 확립하기 위해 문화규범을 제창한다. 이를 위해서는 개인과 국가, 민족을 초월하는 인류사적 시각에서 인간 행동의 판단 규준과 준칙을 세우지 않으면 안 된다. 다시 말해 문화규범의 참뜻은 인류사회의 안녕과 복지, 문화의 발전을 위해 도움이 되는 것은 선이요, 반대되는 것은 악이 돼야 한다는 데 있다.

모든 국가, 모든 민족이 자신들의 목적에 맞춰 규범을 정하고 이를 인류사회에 적용하고자 한다. 그러나 그것이 얼마나 많은 갈등과 비극을 낳았는지 우리는 이미 경험했다. 이제 이러한 인류사의 비극을 멈추기 위해 정사선악을 판단하는 행위의 표준 역시 인류의 관점에서 다시 세워야 할 것이다.

인류의 자유·평화·안녕·복지, 그리고 가치 창조와 같은 이념을 인류규범의 토대로 삼아야 한다. 이를 가능하게 하기 위해서 인류사회를 통합할 수 있는 하나의 문화세계가 건설돼야 한다. 그 점에서 문화세계 창조는 현재 인류에게 부여된 세기의 진리라고 말할 수 있다.[53]

---

53 [원주] 문화규범에 관하여서는 M. E. 마이어Myer도 그의 저서 『형법 이론』 중 행위의 위법성과 판단 표준이라는 항목에서 보편적인 문화가치를 토대로 행위의 위법성을 절연하는 판단 표준을 세워야 한다는 것을 역조한 바 있었는데 일본 타키자와瀧澤 교수도 역시 동일한 견해에 찬동하여 이를 지지하고 있다. 그러나 그들은 위법성의 판단 표준으로서만 여상의 입장을 취할 것을 창도唱導하였으나 필자는 이것을 인간사회 제사諸事에 적용하여 새로운 사관史觀의 개혁이 있기를 바라 그것을 구체적으로 자연규범과 인위규범으로 분류하고 이것을 대조하여 새로운 분야를 개척하기 위해 노력하여왔다. 바야흐로 여사한 시대적 기운은 비단 한두 학자에게서 찾아볼 수 있는 것이 아니라 20세기 후반기에 돌입하여 맥진驀進하고 있는 현 세기의 신조류가 지향하고 나아가는 방향임을 여기에 밝혀둠과 아울러 문화사관이 하루바삐 인류사회의 지도원리가 되어 진정한 행복한 사회가 조속 실현되기를 기망하며 이에 부언하여둔다.

제2절 문화혁명

1. 문화혁명의 의의

오랜 기간 동안 하나의 권력이 사회를 지배하면 필연적으로 권력의 전횡과 폐단이 생기기 마련이다. 이를 시정하고자 해도 권력 집단의 세력이 너무 강해 불가능한 경우가 많다. 이에 따라 보편적인 방법만으로는 체제를 변혁하는 것이 어렵게 된다. 근본적인 혁신을 꾀하기 위해서는 혁명이 요구되기도 한다. 이때의 혁명은 평화적인 방법만을 사용하지는 않는다. 폭력적인 행동을 수반하기도 한다.

그렇다면 문화혁명이란 무엇인가. 일반적으로 혁명은 사회 전체를 개혁하고자 하는 행동이기 때문에 폭력적이고 무력적인 양상으로 나타난다. 따라서 혁명은 수많은 사람들의 희생을 낳기도 한다. 그러나 정작 혁명 이후 실질적인 변화는 그리 크지 않다는 것이 문제이다. 혁명의 이익보다 물질적 손실 자체가 막대한 경우도 발생한다. 혁명기의 혼란을 틈타 또 다른 폭력적 전제 군주가 출현해 비민주적 정치가 발효되기도 한다. 따라서 문화혁명은 이러한 혁명의 모순을 제거하고 합법적이고 합리적인 혁명을 추구한다. 어떤 사람의 희생도 요구하지 않는 법치적 문화정치를 통해 사회 전반을 개혁하고자 하는 것이다. 문화적인 방식만이 혁명을 진정으로 완수할 수 있다고 믿기 때문이다.

그러나 문화혁명을 평화 혁명과 같은 것으로 보아서는 안 된다. 문화혁명이 무력을 요구하지 않는다는 점에서 평화 혁명이기는 하나 모든 평화 혁명을 문화혁명으로 볼 수는 없는 것이다. 대부분의 평화적 혁명이라는 것이 영국의 무혈혁명과 같이 거대한 무력을 배후에 배치하고 폭력적 대치 없이 정치적 굴복을 얻어내는 것이라는 점에서 더욱 그러하다. 평화 혁명은 주로 제도 및 조직과 정치체제를 그대로 둔 채 평화적으로 문제를 해결하는 개혁 방식이다. 그러므로 평화적 방법을 통해 목적을 달성한다고 해서 문화혁명이라고 부를 수는 없다. 문화혁명이란 그야말로 혁명 없이 문화적인 조직과 체제로써 사회를 혁명하는 것을 의미한다.

문화혁명은 법률 조직에 의거해 개혁되는 혁명이다. 법에 의거한 합법적 혁명을 일컫는다. 무리한 폭력과 강압적 수단 방법에 의거하지 않을 뿐만 아니라 제도와 조직 자체를 합리적으로 개선하고자 한다. 사회 모순이 극대화될 때까지 기다리지 않는다. 그러기 전에 사회를 개혁할 수 있는 방안들을 모색하고 또 이를 적용한다. 폭력에 이르는 극단을 피하고 사회의 불행을 미연에 방지하고자 한다는 점이 일반 혁명과 다른 점이다. 이 점에서 문화혁명은 인도주의에 입각한 도의적 혁명이라고도 부를 수 있다. 민주주의의 본의에 가장 잘 부합하면서도 사회를 더 좋은 방향으로 개혁한다. 문화혁명은 민주사회에 가장 적합할 뿐만 아니라 유일한 합리적 개혁 방법이다.

2. 문화혁명의 내용

인간사회의 이치는 헤라클레이토스가 말했던 것처럼 모든 것이 흐르고 있다는 데 있다. 만물은 유전流轉하며 정지하지 않고 머물지 않는다. 모든 것이 무상하게 변해간다. 따라서 하나의 사회가 항상적으로 공평성을 유지하기 위해서는 시대의 변화와 사상의 흐름을 수용해 끊임없이 스스로를 개혁하지 않으면 안 된다. 권력을 잃을까 두려워 변화를 거부하는 것은 인간사회의 진정한 이치를 거스르는 것이다. 보수 세력이 비대해져 새로운 변화와 사조를 억압하고 진보적 변화를 무시한다면, 인류사회에 끼치는 해독이 얼마나 클 것인가. 하나의 사회가 정당성을 유지하기 위해서는 문화혁명을 통해 현실 속에서 지속적으로 자신을 변혁하지 않으면 안 된다. 그렇지 않으면 언젠가 무력적인 혁명을 피할 수 없게 된다.

그렇다면 진정으로 삶의 차원들을 개혁하는 문화혁명을 가능하게 하기 위해서는 무엇이 필요한가. 가장 먼저 요구되는 것이 국민적 지성의 함양이다. 교육 수준을 향상하는 것은 말할 것도 없고 민주주의를 삶 안에 체화함으로써 상황을 바르게 이해하고 인식하며 또 실천할 수 있는 정신적 토양을 마련하는 것이 무엇보다 중요하다. 민주사회의 법 정신을 앙양昻揚하고 이에 적합한 생활 준칙을 실천할 수 있어야 하기 때문이다. 이는 문화주의의 생명이자 민주주의의 조건이다. 민주적 지성을 갖춘 문화적 인간만이 문화혁명의 주역이 될 수 있다.

또 문화혁명을 위해서는 정치적 변화가 필요하다. 민주주의 사회를 이룩하기 위해서는 무엇보다 정치권력의 독점화를 제거해야 한다. 민주주의의 원칙하에 집권자의 전제를 견제하고 권한을 분권화하는 것이 필요 불가결하다.

제임스 매디슨[54]은 민주 정부의 기능을 균형에서 찾는다. 정부는 사회를 구성하는 각 그룹 중 어느 하나가 다른 그룹을 착취하거나 압제하는 일이 없도록 여러 그룹들 사이의 균형을 잘 유지하도록 해야 하며 그래야 정부 운영이 민주주의를 능히 보장할 수 있다고 말했다. 또 그는 정부 자체가 통치하는 사회에 대해 해를 끼칠 우려가 있으므로 정부에 대한 견제 기관도 필요하다고

---

54 James Madison. 1751~1836. 미국의 네 번째(재임 기간 1809~1817) 대통령. 미국에서 가장 영향력 있는 미국 건국의 아버지 중 한 사람.

주장한다. 분권 제도의 필요성을 역설한 것이다.

윌리엄 더글라스[55]도 민주주의와 공산주의라는 연설 중에서 "우리는 정부 권력을 모든 그룹에 분산시켜야 한다. 가급적 한 계급이 항구적으로 다른 계급을 억제하고 법의 강제력과 정권을 악용해 다른 계급을 착취하는 일이 없도록 해야 한다. 만일 어떤 그룹이 정치권력을 수중에 넣으려고 하면 혁명이 아니면 인민의 자유를 확보할 수가 없게 된다"고 말한다. 분권 제도의 확립을 민주주의의 기초이자 필요조건으로 제시한 것이다.

존 스튜어트 밀은 "아무리 존경스러운 사람이라도 권력을 부여하고 견제나 감시를 하지 않으면 월권행위를 하게 마련이다. 권력에 대한 감시 기관을 설치하는 것은 반드시 필요하다. 권력에 대한 감시나 견제는 권력자에게 자극과 긴장을 주며 옳은 행동을 계속할 수 있도록 만든다"고 말한다.

이처럼 민주주의가 합리적으로 운영되기 위해서는 반드시 정부에 대한 견제가 필요하다. 정부 기관 역시 인간에 의해 구성된 인간의 집단이다. 권력 남용과 같은 오류는 언제든지 발생할 수 있다. 이를 감시하기 위해 견제 기관이 필요하며, 이는 민주주의의 가치를 효과적으로 실현하기 위한 현실적 방안이다. 정부와 이를 견제할 수 있는 자율적 기관이 보장되지 않으면 민주주의는 실현될 수 없다. 이를 위해 정부 시책은 공개적으로 진행돼야 하며 국민은 이를 자유롭게 비판할 수 있는 길이 제공돼야 할 것이다.

이와 같은 분권 이론은 정부의 지나친 월권행위와 모순을 방지하는 데 그 목적이 있다. 문화혁명은 이러한 정치적 분권 체계를 첫 번째 기반으로 생각한다. 민주주의가 민주주의일 수 있는

---

55 William Douglas, 1898~(?). 미국 대법관.

까닭은 그 목적의 정당성 때문만은 아니다. 그것을 실현하는 방법 자체가 민주주의 원칙에 부합하느냐 하는 것이 중요하다. 따라서 목적과 수단을 동시에 민주화하기 위해서는 그러한 것들이 문화적인 방법과 원칙에 의거해 개폐될 수 있어야 한다. 문화혁명이 삶을 개혁하는 근본적인 방법으로 제시되는 이유이다.

그렇다면 문화혁명의 내용과 구체적인 방식은 무엇인가. 폭력적 혁명이나 혁명전쟁이 도의를 저버리는 수단·방법으로 법을 어기며 강제적으로 사회를 혁신하는 것은 옳은지 생각해봐야 한다. 과격한 급진파의 경우에는 맞다고 할 것이다. 그러나 급진적으로 세계를 혁신하기 위해서는 주장에 상반되는 견해를 무시하고 자신의 주장만을 옳은 것으로 일반화하는 편향성을 지닐 수 있다. 이러한 편향성은 혁명 이후에도 공평한 입장으로 이어지지 못할 가능성이 크다. 긍정적 변화를 가져오기는 하지만 그것을 무색하게 하는 폐단 또한 크다.

혁명 그 자체도 중요하지만 혁명의 과정은 그보다 더 중요하다. 수많은 사람의 희생만을 낳고 변화는 그리 크지 않다면 혁명은 그 정당성 자체를 의심하지 않으면 안 된다. 혁명전쟁은 더욱 그러하다. 전쟁을 통해 국가조직을 급진적으로 변혁하기 때문에 수많은 인명과 재산을 희생시키는 것은 정당화될 수 없다. 인민은 혁명이라는 이름 아래 고통과 기아를 감내하기도 한다. 혁명의 성공은 역설적으로 인민을 더 야만적인 삶으로 되돌려놓기도 한다는 것을 우리는 잘 알고 있다.

혁명이 반드시 전쟁이 돼야 하는가. 만일 모든 혁명이 전쟁을 의미한다면 인류사회는 과연 어떻게 됐을까. 인류사 전체가 야만적인 전쟁에 대한 기록으로 넘쳐날 것이다. 우리가 문화적 혁명을 추구하는 것은 그 때문이다. 합법적이고 합리적인 그러면서도 평화적인 방식으로 세계를 개혁하는 문화혁명만이 어떤 희생 없이도 현실을 변혁할 수 있다. 사회의 변천을 수용하고 법에 의거해 개혁을 추진하고 평화세계라는 목적을 위해 매진할 때 비로소 진정한 혁명의 결실이 맺어질 수 있다.

이렇게 문화혁명은 좋은 목적과 좋은 방법을 동시에 지향한다. 민주주의를 실현한다는 미명하에 비문화적·비합법적 방법을 단행하지 않는다. 평화로운 방법으로 사회를 변혁한다. 따라서 문화혁명은 파괴가 아니라 건설의 혁명이라고 말할 수 있다. 폭력은 약한 자의 방식이다. 혁명의 방법이 저열하다면 목적 또한 저열할 수밖에 없다. 진정한 민주 목적과 원리에 입각해 문화적으로, 민주적으로 지성에 호소해 삶의 개혁을 성실히 수행하지 않으면 안 된다.

문화적 혁명을 실현하기 위해서는 무엇이 필요한가. 윌리엄 더글라스가 말한 것처럼 우선은 정치권력이 전 인민에게 분산돼 있어야 한다. 힘이 분산돼 있으면 하나의 집단에 의한 폭정은 존재하지 않는다. 생명을 희생하고 재산을 파괴하는 일이 없이 인민의 의사에 기초해 의견을 표출하고 이를 통해 마침내 혁명을 성취할 수 있게 된다.

따라서 성공적인 문화혁명을 위해서는 다음 세 가지가 먼저 충족돼야 한다. ① 균형·견제의 정도를 확립함으로써 상호 간의 권리 남용을 미연에 방지하고 ② 조직을 개편해 기능을 충분히 발휘할 수 있게 하며 ③ 운영상의 묘안으로 마찰과 충돌을 피하고 효과를 올리도록 해야 한다. 말하자면 투표권은 중요한 민주주의 권리의 행사이자 민주적 개혁의 출발점이다. 투표 한 장의 힘은 무시할 수 없다.

제대로 된 투표는 과거의 폐해를 제거할 수 있는 인물을 선출하며 선출된 자는 의회에 나아가 유해한 법을 개정할 수 있는 권한을 획득하고 의회는 이를 통해 유익한 법률을 제정할 수 있게 된다. 설령 선출된 자가 민의를 저버리는 경우에도 국민소환제도를 실시해 이를 바로잡을 수 있다.

또 민의를 직접 전달할 수 있는 인민발안제도도 있다. 이 밖에도 정부의 독단과 전횡을 방지할 수 있도록 의회에 국정 사문권査問權을 부여하고 정부의 중요 안건이 국회의 승인을 받아야 하는 등 기본적인 제도적 견제가 마련돼야 한다. 가장 중대한 국사國事인 헌법 개정 혹은 대통령 선출 같은 것은 인민투표에 부쳐야 하는 것은 말할 것도 없다. 사법기관을 민주화해 그들에게 공정한 사법을 정립하게 하고 인권 보호의 제도 등을 만들어 폭력적 혹은 무력적 수단을 방지하는 등 합리적·과학적·도의적 개혁을 주도할 수 있는 여러 방안들이 있다.

제도 개혁만이 문화혁명의 주요 요소는 아니다. 조직과 운영 정책에 대해서도 폭력 혁명이 아닌 문화적 개편이 가능하다. 폐해가 극단에 빠지기 전에 조직을 개선하고 정책을 보수할 수 있다. 폭력적 충돌 없이도 효과적으로 정치 목적을 실현할 수 있는 방안을 얼마든지 찾을 수 있다. 지성에 의거해 합리적이고 합법적으로 변화를 전개해 나아갈 때 비로소 진정한 개혁이 이루어질 수 있다. 민주사회에서 민주주의에 역행하는 방법을 통해 혁명을 일으킨다는 것은 결코 올바른 해결책이 될 수 없다.

이렇게 문화복리주의가 문화혁명을 제창하는 것은 첫째, 폭력이나 무력(전쟁)이 초래하는 희생을 제거하기 위해서이다. 문화혁명은 혁명을 위해 생명을 희생시키지 않으며 재산과 문화재를 보존하고 유지할 뿐만 아니라 무력 사용으로 인한 일체의 헛된 낭비를 방지한다.

둘째, 문화혁명은 혁명 기간 동안 발생할 수밖에 없는 암흑의 독재정치를 제거한다. 혁명을 위해 인권을 유린하거나 억압하는 것, 헌금 징발과 전시戰時 특별 세금과 같은 명목으로 재산을 탈취하는 것 등을 방지한다.

셋째, 문화혁명은 민주주의를 완전히 보장할 수 있다. 민주정치를 일관되게 그리고 지속적으로 시행함으로써 민주주의적이고 복리주의적인 세계를 구축하는 것을 돕는다.

넷째, 폭력과 무력에 의거하지 않으므로 전쟁에 방비할 필요가 없다. 무력의 준비가 불필요하므로 재력 자체를 문화적인 것으로 전환해 인류 전체가 행복하게 살 수 있다.

다섯째, 합리적이고 합법적이며 도의적인 민주생활을 중심으로 전개되므로 국민이 이지적이고 예리한 판단력과 지성을 갖추고 행동하도록 돕는다. 결국 문화생활에 적합한 민주주의적 주체를 촉성한다.

문화혁명은 인간생활을 고통과 재화災禍에서 구출해 진정한 행복과 평화를 누릴 수 있도록 돕는다. 독점적 권력을 견제하고 변화하는 사회상에 맞춰 사회를 개혁해 새롭게 하고 모순이 집적되기 전에 자유롭게 비판할 수 있는 민주주의적 절차를 마련함으로써 혁명으로 인한 인민의 희생을 방지한다. 문화혁명은 그야말로 완전하게 갖춰진 민주생활을 영위하게 해주는 이상적인 혁명 방법이다.

문화혁명은 극단적 무력 투쟁 없이도 사회를 변화시킬 수 있다. 시대상에 대응해 더 좋은 문화적 삶을 계획하고 실천할 수 있는 문화정치를 추구한다. 문화혁명은 국가는 물론 인류사회 전체를 위한 가장 완전한 민주주의적 실현을 가져올 수 있는 유일한 대안이다.[56]

56 [원주] 문화혁명의 방법이란 따로 있는 것이 아니라 민주주의의 기본 원리를 충분히 살려나감으로써 달성될 수 있는 것이다.

제3절 문화정치

1. 문화정치의 개념

문화정치란 비폭력적·비전제적 방법에 의한 통치를 의미한다. 그 목적에 있어서는 특권자를 위한 특권정치에 반대하며, 인민 자신들을 위한 복리를 추구한다. 또 방법적으로는 법치문화 방식을 사용한다. 이처럼 민주주의에 합당한 합리적 목적과 수단을 고루 겸비한 문화정치는 진정한 의미의 민주정치라고 말할 수 있다. 문화정치는 본질에 있어서, 진선미와 같이 순수 이념을 추구하는 문화실현주의와도 차별화된다. 이념 자체가 아니라 인간의 삶 자체를 윤택하고 풍요하게 하는 데 가치를 둔다. 따라서 문화정치는 '문화를 위한, 문화에 의한, 인민의 문화정치', 즉 문화주의를 표방한다. 문화주의의 내용을 민주주의 원칙에 따라 정치에 반영하고 이를 실현하는 것을 문화정치라고 부를 수 있다.

문화의 가치는 인간에게 복리를 제공하는 데 있다. 마찬가지로 문화정치는 인민의 생활과 밀접하게 결합돼 삶에 효용과 가치를 제공하고 고도의 문화와 문명을 실현하도록 돕는 데 그 의미가 있다. 문화정치의 완성은 가장 완전한 복리를 인간에게 제공해주는 것이며, 이를 위해 가장 민주주의적인 절차와 방식을 따른다. 삶을 크게 변혁하되 가장 합법적이고 합리적인 문화방식을 사용한다는 점에서 그 의미가 매우 크다.

그렇다면 왜 문화정치이어야 하는가. 문화주의를 실현하는 것이 문화정치뿐인가. 대답은 '그렇다'이다. 문화적인 정치 방법에 의거하지 않고는 문화주의를 실현하는 것이 불가능하다. 전제적이고 독재적이며 특권적인 방법으로는 문화세계 창건에 도달할 수 없다. 그렇다면 문화주의는 대체 무엇인가.

(1) 문화를 위한 문화정치
단순히 정신문화를 향상시키는 데 머무는 것이 아니라 인민의 권리를 가져올 수 있는 실질적인 문화·문명의 발전을 추구한다. 인민의 실제 삶에 있어야 할 복리를 완성하고 또 이를 토대로 고차원적인 인간생활을 이끌어냄으로써 진정한 인간으로서의 가치를 실현하는 데 인류의 전 역량을 집중하는 것이다. 전쟁과 국방을 위한 국가체제를 버리고 문화 실현을 위한 문화국가 체제로 조직을 대체하고, 영리주의적 인간 활동의 방향을 문화 창조의 새로운 가치생활로 집중시켜 보다 문명적이고, 보다 문화적인 진정한 인민의 복리사회를 건설하는 데 목적이 있다.

(2) 문화에 의한 문화정치
문화세계를 창조하되 그것을 가장 완전하게 보장할 수 있는 문화 방법을 통해 실현하자는 것이다. 정치는 본디 항상 현실주의이다. 미래를 위한 금일의 극기를 말하는 것이 아니라 오늘의 현실을 가장 합리적이고 효과적으로 운영해나가는 데 의의가 있다. 따라서 현실을 무시하는 억압과 전제, 폭력과 같은 비非민주정치는 일체 용인되지 않는다. 문화에 의한 정치는 정치를 실행함에 있어 그것을 집행하는 방법의 민주주의를 주장한다. 문화적 수단과 합리적·합법적 수단에 의거해 문화정치를 수행하고자 하는 것이다. 조직적이고 과학적인 방법을 통해 사리事理의 확실성과 효과성이 실현되도록 한다.

민주주의는 합리적·합법적 수단에 의거해 인권과 재산권을 보호하는 데 근본 취지가 있다. 이를 실천하기 위해 사회적 문화주의는 민주주의적 방법을 택한다. 근대 시기 정치적 민주주의나 경제적 민주주의를 보면 공히 진정한 합리적 수단에 의한 정치 운영은 아니었다. 우리는 정치적 민주화가 자본의 전제주의로 인한 비합리적인 정치 수단을 사용하고 있음을 목도했다. 마찬가지로 경제적 민주화가 노동 독재로 비문화적인 강압 수단을 구사했던 것 역시 주지의 사실이다. 그렇기 때문에 진정한 민주정치를 구현하기 위해서는 문화 수단에 의하지 않은 비합법적·비합리적 정치 방법은 불가하다.

문화적 방법으로 이룩한 문화정치는 그 목적과 방법에 있어서 가장 완성된 민주주의라고 말할 수 있다. 진정한 문화 개혁은 그 목적뿐만 아니라 절차와 형식에 있어서도 민주주의적이다. 완전하게 민주적인 혁명만이 삶의 모든 영역에서의 진정한 개혁을 가능하게 하는 것 또한 사명한 진실이다.

(3) 인민의 문화정치

특권계급 혹은 유한계급의 전유물이었던 문화를 진정한 인민의 것으로 되찾는다. 인민의 삶에 실질적인 효능을 부여하고 향상시킬 수 있는 인민의 문화로 변혁하지 않으면 안 된다. 진선미를 추구하면 모두 옳다고 생각하는 형이상학적이고 추상적인 문화 개념을 탈피해야 한다. 문화는 절대적인 가치가 아니라 인민의 실제생활을 향상시키고 가치를 높여주는 실질적인 삶의 영역이다. 따라서 문화정치의 문화는 인민대중의 문화가 아니면 안 된다.

'문화를 위한, 문화에 의한, 인민의 문화정치'에 대해 살펴보았다. 여기서 말한 문화가 순수문화만을 지칭하는 것이 아니라는 것이 분명해졌다. 또 고도의 관념적 문화국가를 목표로 하기보다 인민이 주인이 되는 현실적인 문화세계를 건설하는 것이 목적이라는 것 또한 밝혀졌다. 문화정치의 주체는 특정 계급이나 정권이 아니라 인민 자신에게 있다. 인민의 삶에 실질적인 효용 가치를 주는 인민대중의 문화여야 하는 것이다. 따라서 문화정치는 인류의 정신문화와 과학문명을 고루 발전시켜 가능한 최대의 행복과 가치를 이룩하는 데 목적이 있다. 비강권적일 뿐만 아니라 합법적이고 합리적인 문화정치만이 이러한 목적을 달성하게 해줄 것이라는 사실을 부인하는 사람은 없을 것이다.

2. 문화정치의 내용

문명과 문화를 아우르는 문화를 달성하는 것이 문화정치의 목적이다. 문화정치는 문화를 통해 인류의 행복을 추구하며 이를 실현하기 위해 문화적이고 이지적理智的이며 합법적인 방법을 사용한다. 폭력적이고 독재적인 수단과 방법은 문화정치에 적합하지 않다. 과학적이고 조직적인 민주적 방법만이 인류에게 최대한의 자유와 평화를 제공할 수 있다. 따라서 이 모든 문화정치의 주체는 소수 특권계급이 아니라 인민 자신이 돼야 한다. 인민대중이 문화의 소유자이자 창조자인 것이다. 따라서 문화의 내용 역시 향락적 위안물이 아니라 진지한 생生의 가치화로 대체시키는 일이 필요하다.

그렇다면 문화정치의 본질은 무엇인가. 문화정치는 암흑 정치가 아니다. 문화정치의 본질은 미몽적인 인간사회를 과학문명사회로 지양하려는 것이요, 고도의 문화사회를 향해 나아감으로써 가치사회, 문명사회를 형성하는 것이다. 평화적이고 문화적인 그러면서도 합법적인 정치를 수행하는 것이 문화정치의 유일한 통치 수단이다. 문화정치의 목적은 소극적으로는 인류의 항구한 평화 유지를 가능하게 함으로써 인명 재산의 파괴를 방지하는 것이다. 적극적으로는 문화세계를 건설해 더 행복한 사회, '문화의 전당이자 과학의 왕국'을 실현하고자 한다. 모든 사람들이 자유와 민권을 보장받는 '문화의 나라'를 건설하고자 하는 것이다 .

문화정치를 효과적으로 달성할 수 있는 실현 방법은 정치를 문화화하고, 문화를 정치화하는 것이다. 문화의 내용과 정치의 목적을 혼연일체로 만들어 정치에 의해 문화를 실현하고, 문화에 의해 정치를 실현한다. 이를 정리하면 다음과 같다.

① 정치에 의한 문화의 실현은 종래와 같이 문화를 단순한 감상적 의미에서 특수 계급의 독점물로 방임하는 것이 아니라 문화를 대중화해 실제 생활에 의의와 가치 효용을 줄 수 있는 문화로 그 내용을 개신改新하는 것이다. 이를 위해서는 국가의 강력한 정책과 이에 대한 실행이 필요하다. 문화가 민주주의적 정치와 결합해 실제 삶에서 효능과 가치를 갖도록 국가 차원에서 확고한 국가정책을 제시해야 한다.

② 문화에 의한 정치가 뜻하는 바는 우리들의 국가정치를 권력과 폭력을 통해 시행하는 것이 아니라 문화적 평화 방식과 이지적이고 합리적인 방법에 의거해 정치에 의한 문화의 실현, 문화를 위한 정치를 효과적으로 달성하는 것이다. 아무리 목적이 민주주의 이념에 합치해도 또 결과가 좋아도 이를 실현하는 과정이 비민주적이고 강권적이라면 그것은 진정한 민주주의 정치를 구현한 것이라고 말할 수 없다.

민주정치는 현실주의에 입각한 정치이다. 목적으로만 인민의 행복을 보장하는 것이 아니다. 그 집행 방법, 즉 통치 방법 또한 민주화하지 않으면 진정한 민주주의가 실현될 수 없다. 문화적·민주적 시정 방법을 통해 진정한 민주 목적을 달성할 때에만 비로소 민주주의라고 말할 수 있다. 바꿔 말하면, 민주주의적 실현 방법을 배제한 민주 목적은 있을 수 없다는 것이다. 민주적 방법을 택하지 않고서는 어떤 민주주의 정치도 달성될 수 없다. 문화의 정치화, 정치의 문화화를 기반으로 할 때에만 비로소 행복한 민주정치가 가능하다. 목적과 방법을 민주화하는 삶을 일상화할 때 참된 복리가 실현될 수 있다.

인간의 궁극적인 이상과 목적은 자신의 가치화와 생활의 복리화일 것이다. 그 외에 다른 무엇이 있겠는가. 인간의 기본적인 추구를 제외한 민주주의의 목적이나 이상은 있을 수 없다. 문화정치는 바로 이러한 민주주의의 목적을 실현하는 가장 이상적인 정치이다.[57]

---

57 [원주] 문화정치의 정의를 필자는 '문화를 위한 문화에 의한 인민의 문화정치'의 실현이라고 하였는데 이것은 '링컨'의 민주주의의 정의인 '인민을 위한 인민에 의한 인민의 정치'를 모사한 것이 아님은 본 서의 내용을 통독함으로 확인될 것으로 믿는다. 후자가 그 내용이 대단히 모호하여 자산계급적 민주주의로도 해석이 되고 노농계급적 민주주의로도 해석이 되므로 그 한계를 확실히 그음으로써 민주정치의 본시를 밝힐 뿐만 아니라 나아가서는 진정한 민주정치의 정의를 확립하고 천명함에 의도가 있음을 기록해둔다.

제4절 문화세계

1. 문화세계의 의미

문화세계, 혹은 문화의 왕국이라는 말은 현세에 실현된 하느님의 나라, 천국을 지칭하는 것이 아니다. 또 정언명법定言命法이 지시하는 바의 격률대로 행동하는 칸트의 도덕 왕국도 아니다. 진선미심眞善美審과 같은 절대가치를 이 세상에 건설하려는 관념의 왕국도 아니다. 문화복리주의가 추구하는 문화의 왕국, 문화세계의 건설은 정신문화의 고차원적 발전과 물질문명의 고도 발달로 최대한의 행복을 현실 안에서 향유하는 것이다.

최근 수년을 살펴보면 모든 사상적 조류가 추상적, 관념적 세계관에서 현실적·경험적·실리적(실용주의·기구주의)인 세계관으로 변해가고 있다. 철학적으로 신에게 예속된 삶을 버리고 인간의 진리를 추구하는 삶으로 변했다. 일상생활 역시 이에 맞춰 인간적인 현실과 삶의 효능을 구하는 방향으로 전환됐다. 크게 보아 신본주의에서 인본주의로 이동해온 것이라고 말할 수 있다. 정치적으로는 군권정치君權政治나 교권정치敎權政治를 버리고 민주정치를 확립했다. 그 배경에는 미신을 타파하고 사물의 이치를 과학적으로 이해하는 과학기술의 발달이 있었다.

문화복리주의는 이러한 시대적 변화에 의해 제창된 사상이자 실천이다. 그것은 인간의 삶을 역사·과학적으로 인식하고 그에 상응한 목적을 확립하고 인간을 진정으로 이롭게 하는 사회를 건설하는 데 목적이 있다. 문화세계는 인간과 유리된 곳이 아니라 인간 자신에 의해 만들어진, 최고의 행복이 달성된 이상세계를 의미한다.

문화세계를 좀 더 구체적으로 살펴보자. 문화세계란 한마디로

'문화의 전당이자 과학의 왕국'을 뜻한다. '문화의 전당'이란 좁은 의미로는 정신문화의 발전을 의미한다. 인간의 가치와 존엄성을 부여하는 정신문화를 최고도로 발전시켜 진정한 문화인을 형성하는 것이다. 인간이란 이성적 존재이며 따라서 정신문화를 도외시하고 인간의 고유성을 설명할 수 없다는 것은 당연한 이치이다. 인간이 인간일 수 있는 까닭은 문화가 있기 때문이다. 인간은 문화생활을 영위함으로써 진정한 의미의 인간이 된다.

'과학의 왕국'이 의미하는 바는 인간의 행복을 가져올 수 있는 과학문화에 총력을 기울임으로써 더 넓고, 더 높은 과학의 발전을 이룬다는 의미이다. 인간은 물질생활을 떠나서 살 수 없다. 삶의 발전은 도덕과 문화만으로는 충족되지 않는다. 정신생활과 함께 물질적 안정이 구축돼야 하는 것이다. 과학문화를 무시하고 인간의 고차원적 정신문화의 발전을 기대할 수는 없다. 생활이 안정돼야 비로소 인간다운 삶을 추구할 수 있다. 문화복리주의가 추구하는 문화세계는 바로 이와 같이 정신문화와 물질문명을 고르게 발전시켜 인간이 이상이 아닌 현실 속에서 진정으로 행복한 세상을 만드는 것이다. 인류가 지향해야 하는 길과 민주주의가 표방하는 세계가 바로 여기에 있다. 문화세계는 인류의 이상이 실현된 세계이다.

문화복리주의는 민주주의의 완성이며 인류가 꿈꾸는 이상사회의 극치이자 가장 발전된 형태이다. 우리의 모든 노력과 사리, 사물은 여기에 집중하고 부합돼야 한다. 인간사회의 문화·도덕·정의도, 정치·경제도, 제도와 풍속도 오직 문화세계를 건설하고 유지하는 데 도움이 돼야만 가치가 있다. 이와 유리된 어떤 것도 불완전하고 무가치하다. 민주정치나 민주문화가 가치 있다는 것은 지금까지의 제도와 정치조직 중에서 가장 문화세계 건설에 부합되는 조건을 가졌기 때문이다.

그러면서도 문화세계는 신의 천국이나 극락이 아니라 어디까지나 인간의 천국이자 현실 세계다. 문화는 신의 것이 아니라 인간의 것이 아닌가. 인간만이 문화를 소유하고 향유할 수 있다. 문화는 인간과 동물을 구분해주는 가장 중요한 표지다. 그 점에서 인간은 신과 동물 사이에 존재하며, 동물이면서 동물이 아니고, 인간이면서도 창조성을 가졌다. 인간은 본능적인 감성의 존재이지만 삶을 성찰하고 개선할 수 있는 이성을 가지고 있다. 이것이 인간이 필연적으로 지닌 존재론적 모순일 것이다. 그러나 바로 이러한 모순이 인간을 문화의 창조자로 만드는 조건임을 잊어서는 안 된다. 인간이 감성만을 가진 존재였다면 문화를 만들 수 없었을 것이다. 또 반대로 이성만 있었다면 문화가 필요치 않았을 것이다. 감성과 이성 모두를 갖췄기에 인간은 육체적 고통과 함께 문화라는 찬란한 꽃을 가질 수 있었던 것이다.

먹어야만 살고, 물질에 의해서만 생활할 수 있는 인간의 한계를 깨달았기에 인간은 문화를 만들었다. 고통을 피해 쾌락을 좇는 인간의 본능을 성찰하고, 이성을 통해 인간에게 이로운 지식을 발달시켜 문화를 창조해낼 수 있었던 것이다. 그 점에서 문화세계는 문화복리주의가 추구하는 목적이며, 인류사회가 도달해야 할 필연적 이상사회라고 말할 수 있다.

인류사회의 목적지인 문화세계는 추상적 호기심을 자극하는 이론적 세계가 아니다. 문화세계에 대한 이론은 그야말로 확실하고 과학적인 근거 위에서 논리적 조직 체계를 세워 문화세계의 필연성을 계시한다. 또 그것을 실현하기 위해 8대 강령을 정립하고 이를 실현할 수 있는 구체적인 과정과 방법을 제시했던 것이다.

편협한 민족 관념을 통정된 민족주의로 지양하고, 물질과 황금만능주의로 타산적이고 냉각된 인류사회를 호혜주의로 구원하고자 했다. 자본 전제와 노동 독재로 인한 강압, 인권의 착취를 인권존중주의로 구출하고 자국의 안전 영달을 목적으로 전쟁을 일삼는 몽매한 민족국가 체제로부터 한 발 더 나아가 무장해제와 적극적인 세계 공영 체제로 나아갈 것을 주장했다. 또 배타적 민족주의를 진정한 복리를 기도하는 반전평화주의와 국제민주주의로 대체시키자고 제안했으며, 관념적이고 미신에 의지하는 원시적 생활체제를 개선해 사리의 해명(정신과학)과 물질문명(자연과학)의 과학주의를 지양할 것을 역설했다.

전 인류 소득의 9할 이상을 허비하는 국방국가 체제에서 문화의 창조와 향상을 통해 진정으로 행복해질 수 있는 문화주의로 전환해야 한다는 것 또한 분명히 했다. 부의 독점을 막고 만민이 평등해질 수 있는 사회를 추구하고자 자본 독점에 반대하고 경제 평등을 확립해야 한다는 것을 강조했다. 이제 우리에게 남은 것은 실천뿐이다. 문화세계를 향한 과업을 완수함으로써 인류가 꿈꾸는 문화세계로 한 걸음 더 가까이 다가서야 한다.

추상적인 인생관에서 탈피해 현실적이고 당위적인 새로운 세계관을 정립할 수 있는 문화규범을 세워야 한다. 아울러 역사 인식을 과학적으로 개조하고 폭력적이고 야만적이며 비합법적인 사회 혁명을 부인하며 문화적·합리적 방법에 의거해 사회를 개혁하는 문화혁명을 실현해야 한다. 정치를 문화화하고 문화를 정치화해 복리와 정치를 일원화하는 고도 문화국가를 지향하는 것을 목표로 세웠다. 이 모든 것은 문화세계에 도달하기 위한 과정이다.

문화세계 건설은 인간의 지상 목적이며 절대 사명이다. 그것은 문화세계에 부합하는 사상과 실천만이 선한 것이라는 의미이다. 이는 문화세계가 인류에게 부과된 당위적 세계임을 말해준다. 문화세계는 '우리가 어떻게 있나'(존재Sein) 하는 것이 아니라 '인간은 마땅히 이렇게 있어야 한다'(당위Sollen)는 차원에서 문화규범을 세우고 그 안에서 윤리적인 가치와 효용가치를 인정한다. 이 때문에 사회적 문화주의는 인간의 생활과 밀접하게 연결돼 있다. 따라서 사회적 문화주의가 우주의 본질이 무엇이며(유리사관), 인류 역사의 발전적 동력은 무엇이냐(유물사관) 하는 본질론적 시각과 거리를 두는 것은 당연하다. 문화복리주의는 인간이 행복해지기 위해 마땅히 '이렇게 있어야' 하는 당위적인 규범에 의해 생활관과 역사관을 혁신하고자 한다. 이런 의미에서 문화규범을 다르게는 문화사관이라고 불렀다.

왜 인간은 연역(존재)이 아닌 귀납(당위)에 목적규범을 세워야 하는가. 연역적 사유는 인간을 누가 만들었으며 신이 인간에게 준 사명이 무엇인가 하는 형이상학적 문제에 집중한다. 그러나 그것은 과학적 인간인 현대인의 삶에 어떤 효용을 줄 수 있는지 귀납적 사유를 통해 다시 한 번 물어야 의미 있는 것이 된다. 오늘날 우리가 살고 있는 인류사회에 가장 부합하는 합리적인 삶의 목적을 수립하고 이에 맞춰 생활하는 것이야말로 우리가 나아갈 길이다. 따라서 우리는 미래세계에 대한 당위성을 우리가 살고 있는 현실에서 찾고 또 이 당위성을 삶의 미세한 영역에까지 녹여냄으로써 진정한 문화세계의 일원이 돼야 할 것이다.

그 점에서 인류사는 새롭게 다시 기록될 것이다. 지금까지의 인류 역사는 그야말로 문화세계를 창조하기 위한 과정이었다고 말할 수 있다.

2. 문화세계의 내용

문화세계는 어떻게 그 내용을 달성할 수 있을까. 그 방법은 과연 무엇인가. 이제 이에 대해 상론하고자 한다.

첫째, 개량 산업 경제이다. 이것은 현재 있는 자연물을 충분히 활용하고 그 생산을 확충할 뿐 아니라 재생산하려는 것인데 군수산업을 평화산업·문화산업으로 전환시켜야 하며 고성능의 기계 발명으로 생산량의 증가와 동력 열원熱源의 개량으로 염가 생산을 기하는 것이다. 그리고 농산물에 있어서는 재배 방식을 과학적으로 개량해 수확의 성과를 올리는 따위인데 이런 것은 하등 신기한 일은 아니다. 군수산업을 폐지하고 적극적인 증산 정책을 세운다면 인간이 필요로 하는 기본적인 경제적 안정이 획득될 수 있다.

둘째, 과학 산업 경제이다. 이것은 문화의 왕국을 기필코 이룩할 수 있다는 확실한 근거를 주는 극히 중대한 사항이다. 1945년 8월 5일 일본 히로시마에서 폭발돼 전 세계를 공포와 경이로 휘덮은 원자탄의 고능성高能性은 비단 폭발력만 놀라운 것이 아니라 그 열량도 경악할 만한 것이었다. 그것은 가장 비극적인 방식으로 우리 시대가 과학의 세계로 진입했음을 예고하는 사건이었다.[58]

이러한 예를 들지 않아도 과학의 힘에 대해서는 어느 누구도 부정할 수 없을 것이다. 삶의 질은 분명히 점점 더 나은 방향으로 개선되고 있다. 미래의 과학은 우리가 생각할 수 없는 기술력으로 수많은 삶의 난제들을 해결해줄 것이다. 지금 우리가 할 일은 과학을 발달시키고 과학을 통해 삶을 윤택하게 만들고 인류가 평화롭게 공존할 수 있는 길을 모색하는 것이다. 과학을 통해, 문화세계는 단지 이상세계로만 존재하는 것이 아니다. 과학을 통해 현실에서 실현될 수 있다.

---

58 원본에서 제시하고 있는 과학 발전의 사례는 현시점에서는 더 이상 새롭지 않거나 폐기된 것이 존재해 여기에서는 그 내용을 생략한다.

인류가 진정으로 평화, 행복, 가치를 원한다면 무엇보다 인류 전체를 위한 과학을 발전시켜야 한다. 과학은 문화세계의 실현을 위한 실제적 토대이다. 자연은 인간의 삶을 윤택하게 하는 광활한 생명의 보고이다. 과학을 통해 자연을 탐구하고 또 이용한다면 인간의 삶은 지금보다 훨씬 더 윤택해질 것이다. 그러니 이러한 과학의 발달을 도외시하고 자신의 나라에 없다고 다른 나라를 침략하는 것은 얼마나 어리석은 일인가. 전쟁을 일으키기보다 과학에 힘을 쏟는다면 평화로운 방법으로 국민의 복리를 실현할 수 있다.

문화세계의 건설을 위해 고도 과학의 발달에 전력을 다해야 한다. 과학은 인류의 복리와 행복을 실현하는 조건이다. 고차원적 정신문화의 발선과 아울러 인류에게 최대한의 복지를 제공할 것이다. 과학은 문화세계로 들어가는 열쇠이다.

제4장

문화복리주의의 과제

문화복리주의를 지향하고 실현하는 과정에서 현실의 모순을 극복하고 결함을 보충하기 위해 필요 불가결한 당면 과업이 있다. 이를 크게 분류해 고찰하려 한다.

1. 문화세계 건설의 조건

첫째, 사회적인 평등이다. 법이 인권의 자유와 평등을 보장해도 사회적인 평등, 즉 경제 평등이 확보되지 않으면 자유·평등이란 공허한 형식에 불과하다. 자본주의 사회에서는 더욱 그러하다. 경제 자립 없이는 인권의 자립도 없다. 경제적으로 안정돼야 비로소 인간생활의 안녕이 존재할 수 있는 것이다.

래스키는 생활이 다르면 생각 또한 달라진다고 말했다. 경제력을 소유한 사람은 발언권과 실권을 가지며 이를 통해 더 많은 재권財權을 갖게 된다. 특권이란 재산의 소유를 말하는 것이 되며, 재산이 없으면 자연히 특권 또한 사라진다. 자본가는 봉건사회의 귀족처럼 추대되고 법률 조직 막후에서 정치권력을 조종하게 하는 존재가 된다. 디즈레일리[59]는 두 국민을 이야기했다. "우리는 동일한 국민에 속하지 않는다. 두 개의 국민이 있다. 하나는 선인仙人이요 하나는 속인俗人이다"라고.

만일 민주주의가 만민의 자유와 복리를 추구하는 것이라면, 특수층을 제외하고 헐벗고 굶주리고 천대받으며 불공평한 삶을 사는 사람들은 왜 존재하는가. 민주주의가 보장한다고 말한 인민의 행복은 어디에 있단 말인가. 민주주의란 특정 자본계급의 부와 착취를 이론적으로 합리화시키고 보장하는 것에 불과한 것이란 말인가.

우리는 이러한 유산자 중심의 민주주의를 개편해 진실로 만민이 자유롭고 평등하고 행복한 민주주의를 다시 조직하지 않으면 안 된다. 문화복리주의를 실현함으로써 민주사회를 건립하는 데 총력을 기울이지 않으면 안 되는 것이다. 사회적 평등(경제 평등)이야말로 민주주의의 참된 진실을 좌우하는 관건이다. 문화복리주의 건설의 첫 과업이기도 하다.

둘째, 인간적인 자유이다. 인간에게 가장 존귀한 것은 자유다. 자유를 박탈당한다면 인간의 삶은 가치를 상실한다. '자유가 아니면 죽음을 달라'고 했던 헨리[60]의 외침이 그러하고, '독립이 아니면 죽음을 달라'고 절규했던 한민족이 또 그러하다. 자유와 죽음 사이의 이 극단적인 외침은 그야말로 인간에게 자유가 얼마나 중요한지를 말해주는 대목이다.

삶의 목적이 행복을 성취하는 것이라면 자유는 행복의 실현을 가능하게 하는 열쇠이다. 자유라는 관문을 통해서만 인간은 가치

---

59 Benjamin Disraeli, 1804~1881. 영국 정치가, 소설가. 영국 총리(1868, 1874~1880). 보수당 수장으로 토리 민주주의와 제국주의 정책 주장. 주요 저서는 『시빌』(빈자와 부자라는 '두 국민들' 묘사).

60 Patrick Henry, 1736 출생. 영국 정부와 식민정책에 반대한 급진적 정치 지도자.

있는 삶을 살 수 있다. 진정한 자유는 평화세계의 전제이며 사회 발전의 관문이다. 자유가 있는 곳에만 평화가 있고 자유를 인정하는 곳에만 인류사회의 발전이 있다.

그렇기 때문에 문화복리주의를 달성하기 위해서는 사회적 평등과 함께 자유가 보장돼야 한다. 자유가 없는 사회는 아무리 경제적 평등이 이루어진다 해도 무의미하다. 경제적 평등이 일률적으로 이루어졌으나 자유가 억압돼 있어 공포와 전율 속에서 살고 있는 사람들을 생각해보라. 계급해방을 내세운 공산주의가 그 취지와 다른 방향으로 인민과 인권을 유린하고 폭력적으로 자유를 억압한 것은 어떤 이유로도 정당화될 수 없다. 인간의 가치는 단지 생존을 유지하는 것만은 분명 아니다. 인간을 인간답게 하고 삶에 의미를 부여하는 자유가 없다면 문화복리주의 사회는 실현될 수 없다. 자유의 보장은 문화세계를 건설하는 데 있어 필수 조건이다.

셋째, 약소민족의 해방이다. 약육강식을 일삼는 강자들의 세계였던 제국주의 시대는 이제 역사의 뒤안길로 사라지고 있다. 각 민족과 국가들이 상호부조하면서 협력하는 시대가 열리고 있다. 약자를 보호하는 민주주의 시대로 전환되고 있는 것이다. 우리나라의 3·1운동 독립선언서에 기재된 바와 같이 힘의 세계는 지나고 도의의 세계가 당도한 것이다. 그러나 과연 정말로 약소민족을 해방해 경제적, 정치적 혹은 종족적 지배를 중지하는 세계가 도래한 것인가. 아니다. 과거와 같이 단순한 침략의 형식은 아니지만 보다 현대적이고 교묘한 수단·방법을 동원해 약소국을 농락하고 있다. 약자를 지배하는 강자의 세계는 아직도 존재한다. 계급 평등과 경제적 민주화를 내세운 공산권 사회를 보라. 소련은 계급해방이란 이념 아래 얼마나 많은 약소국을 침략하고 정치적으로 억압했던가. 결코 용인할 수 없다.

인간은 사회적 동물인 만큼 서로가 서로를 침략하는 관계가 돼서는 안 된다. 호혜적으로 협조하는 가운데 생生의 의의를 찾아야 한다. 상호 협력 속에서 비로소 보다 능률적인 성과와 효과적인 기능을 발휘할 수 있는 것이다. 지금까지 만들어진 훌륭한 인류문화는 오직 이러한 상호 협조 속에서 이루어진 것이었음을 기억할 필요가 있다.

개인이 자유를 박탈당하고 인권을 유린당한다면 그 누구도 용인할 수 없을 것이다. 마찬가지로 민족적·국가적 예속 관계 또한 인간사회에 존재해서는 안 된다. 그것은 분명한 죄악이다. 민주주의를 진정으로 가능하게 하는 것은 인류가 공동으로 협력하는 것이다. 침략 사상을 버리고 약소민족에 대한 지배를 중지하고 상호부조 관계를 설정해야 한다. 이 지구상에 정치적이건, 경제적이건 간에 식민지 침략 정책을 쓰고 있는 나라가 단 하나라도 남아 있는 이상, 진정한 민주주의 실현은 불가능하다. 인류의 행복은 영원히 기대할 수 없게 될 것이다. 이러한 의미에서 문화복리주의는 약소민족 해방을 절실히 촉구하며 그 실현을 긴요한 당면 과업으로 인식한다.

넷째, 민주주의적 통일이다. 민주주의적 통일은 인류사에서 그 많은 피와 땀의 대가로 얻은 유일한 소산이요 역사가 교시해주는 인류 진로의 방향이다.

분화分化에서 통합으로, 부분적인 것에서 전체적인 것으로, 특수한 것에서 보편적인 것으로 옮겨가는 것이 세계 진화의 공식이다. 배타성을 제거한 민주주의는 당연히 분열이 아니라 통합을 지향할 것이다. 또 침략을 거부하기에 세계 제패가 아닌 상호 협조로 통일된 낙원을 추구한다. 민주주의는 그 자체 내에 세계화적 색채를 내포하고 있는 것이다. 이에 대해서는 역사가 잘 말해주고 있다. 다른 민족에 대한 침략을 정당화하는 민족주의는 결국 패망하고 말 것이다. 국제 관계를 거부하는 쇄국주의는 세계와의 교섭을 단절함으로써 결국 나라에 불행을 가져올 것이다. 인류의 진정한 행복은 다른 존재를 무시하고 자기의 이욕을 추구하는 것이 아니다. 오직 서로 협조하고 화합할 때에만 인류의 행복이 존재할 수 있다.

화합하지 않고 배타적으로 홀로 잘 살겠다고 생각하는 것, 이욕에 눈이 어두워 자기의 욕심만 채우고 다른 존재의 개입을 거부하는 것은 반드시 타기해야 할 일이다. 어찌 특정인 혹은 특수민족과 국가, 특수 계급에게만 권한을 부여할 수 있겠는가. 그런 대우를 받을 근거가 어디에 있단 말인가. 나 홀로 잘 살기 위해 노력하기보다 다 같이 잘 살기 위해 공조해야 한다. 국가 역시 마찬가지다. 단 하나의 국가만 부강해지는 것은 아무런 의미가 없다. 미래를 위해 서로 공존할 수 있는 인류사회를 건설해야 한다.

대립을 멈추고 민주적 합의에 의해 세계의회를 조직해 행동을 함께하면 인류사회는 진정으로 하나가 될 수 있다. 민주주의적으로 통일된 하나의 세계를 이룩해야 한다. 물론 그 의결을 강하게 집행할 수 있는 세계정부가 건립될 날도 멀지 않아 보인다. 나만 혹은 우리나라만 잘 살기 위해 노력하기보다 전 세계 인류가 다 같이 잘 살기를 원해야 한다. 자기의 행복과 자국의 복지를 찾는 문화복리주의를 실천해야 한다. 이는 인류사의 현 단계가 요청하고 있는 중대 과업이다.

다섯째, 문화세계의 창조이다. 문화세계는 과학세계를 만들어 인간이 최대한 문명의 혜택을 받을 수 있게 하는 세계이다. 국민 전체가 학덕을 소유하고 각자 사회에 대한 의무감과 책임감을 가지며 준법 정신과 도덕 관념을 풍부하게 하고 학술, 예술, 교양 정도가 높은 사회를 의미한다. 고도의 물질문명과 정신문화가 조화를 이룬 세계이다.

인간이 동물도 신도 아닌 존재일 수 있는 것은 문화적 교양과 고도의 과학화를 이뤄냈기 때문이다. 어떤 인간도 먹고살기 위해서만 살지 않는다. 내세만을 위해 살지도 않는다. 모든 인간은 바로 자신이 살고 있는 이 현실 안에서 인간의 가치를 실현하고자 노력한다. 문화와 과학이 이러한 가치를 실현시켜줄 가장 중요한 조건이라는 것은 확실하다. 따라서 문화세계를 창건하는 것은 인류가 반드시 건설해야 하는 당위의 세계이다.

부와 권력만을 추종하고 약자를 지배하기 위해 사는 것은 행복의 대상도 목표도 될 수 없다. 건설적인 면을 지니지 않은 반동적 향락에 불과하다. 인간의 길은 오직 하나다. 문화세계로 나아가야 한다. 인간으로서의 의의를 찾고 최대한의 행복을 달성하는 것, 이것이 문화복리주의의 과업이 아닐 수 없다.

여섯째, 세계 평화 유지 및 인류의 안녕과 복지의 달성이다. 인류의 행동은 인류 전체의 안녕과 복지를 달성하는 데만 의의를 가지며, 이는 세계 평화를 확보함으로써만 가능하다. 그러나 평화를 갈구하지만 굴종적이고 억압된 평화는 바라지 않는다. 인류 전체의 평화가 아니면 의미가 없다. 강자만 가질 수 있는 평화는 약자에게는 수난을 의미할 뿐이다. 개인의 평화와 자유와 평등이 보장될 때에만 민주사회가 가능한 것처럼 인류사회 역시 국가 간 전쟁이 사라지고 억압이 없는 서로 대등한 관계를 이룸으로써 공영 질서를 이룩할 수 있다.

안녕과 복지에 대해서도 추상적으로 접근하면 안 된다. 타국을 침략함으로써 얻는 안녕과 복지는 아무런 의미가 없다. 침략 없이 인류의 행복과 안녕을 가져오는 문화주의 체제하에서만 진정한 의미를 지닐 수 있다. 이와 같은 중대 과업을 놔두고 안일에 젖어 살아가는 것이 무슨 의미가 있겠는가. 준비 없이 할 일을 미루고 눈앞의 안일만을 꾀한다면 진정한 안녕과 복지는 얻을 수 없다.

일본 히로시마에 투하된 원자탄이 지닌 상징적 의미를 잊어서는 안 된다. 원자탄은 전쟁이 종국에는 인류의 종말을 가져올 것이라는 메시지를 담고 있다. 평화가 이처럼 시급한 중대 과업임에도 불구하고 눈앞의 이익만 좇는 것이 과연 옳은 일인가. 인류가 멸망하고 난 후에 평화를 찾을 것인가.

인류의 자각과 평화에 대한 관심은 이전 시대와 확실히 달라야 한다. 상극하는 대립을 그대로 방치하고 묵과한다면 인류는 무고한 수억의 생명을 다시 매몰하고 말 것이다. 인류의 목적이 생生을 꾸미고 가치화하는 것이라면 어떤 주의나 권력 확장 때문에 인류를 파멸로까지 끌고 가는 죄악을 범해서는 안 된다. 인류의 안녕·복지를 달성하기 위해 평화를 확립해야 한다. 평화는 우리 시대의 유일하고도 기본적인 갈망이 아닐 수 없다.

2. 세계 평화 정신의 실천

문화복리주의의 목전 과업은 현 단계에서는 UN의 목적과 취지를 강력히 추진시켜 그 기능을 충분히 발현하도록 하는 데 있다. 그것은 UN 정신이 곧 문화복리주의의 정신이며 UN의 목적과 취지가 문화복리주의의 목적과 취지에 합일하기 때문이다. UN 헌장 전문에는 UN의 정신을 다음과 같이 쓰고 있다.

"우리 국제연합(UN) 인민들은 우리 후세들로 하여금 우리 생존 중에 두 번이나 형언할 수 없는 인류의 비애를 초래한 전쟁의 재화災禍를 면하게 하며, 기본적 인권과 개개인의 존엄 및 가치와 남녀동등권과 대소大小 각국의 평등권에 대한 신념을 재차 확인하며, 정의가 유지되고 국제조약상 또는 다른 국제법의 근원으로부터 발생하는 책무에 대한 존중이 유지될 수 있는 조건을 확립하며, 보다 큰 자유 안에서 사회의 진보 생활수준의 향상을 촉진할 것을 결의하고 이 목적을 위해 관용을 실행하고 또한 선량한 이웃으로서 서로 평화에 공존하며, 국제 평화와 안전을 유지하기 위해 우리의 역량을 합해 원칙의 수락과 방법의 인정에 의해 공동 이익을 위함이 아니고서는 무력을 행사치 아니할 것을 보장하며, 전 인민의 경제적·사회적 진전을 도모하기 위해 국제기구를 이용하는 등 이 목표를 달성하기 위해 우리의 노력을 집결키로 결의했다."

또 동同 헌장 제1조에는 그 목적을 명시해 "① 국제적 평화는 안정을 유지할 것. 이를 위해 평화에 대한 위협을 방지·제거하고 침략 또는 기타 평화 파괴 행위를 진압하기 위한 유효한 집단적 조치를 취할 것이며 평화적 수단으로써 또한 정의와 국제법과의 원리에 순응해 평화 파괴의 염려가 있는 국제 간의 분쟁 또는 국면을 조정·처결할 것 ② 인민의 동권同權과 자결自決의 원칙을 존중하는 기초 위에서 제국 간諸國間의 우호 관계를 진전시키며 기타 적당한 변법을 취해 전 세계의 평화를 강화할 것 ③ 국제 협조로 정치·경제·사회·문화 또는 인도적 성질을 유有하는 국제 문제를 해결 지을 것이며 인종성人種性 언어 종교에 관해 차별 없이 모든 사람을 위한 인권과 기본적 자유를 존중하도록 조장·장려할 것 ④ 이 공동 목적의 달성에 있어서 제諸 국가의 행동을 조화시키는 중추가 될 것"이라고 규정하고 있다.

이것이야말로 인류세계의 자유와 안녕·복지를 위한 최대의 '횃불'이며, 만민 공생을 위한 살아 있는 주장이다. 온 세계 인류의 문화·복지와 자유·평화를 위하는 문화복리주의는 그대로 UN헌장과 더불어 세계종교라 할 수 있는 것이다. 문화복리주의는 당면한 현실에 있어서 UN과 분리해 생각할 수 없으며 동시에

UN은 문화세계를 창조하는 데 있어서 산파 역할을 하게 될 것이므로 문화세계라는 목적사회를 건설하기 위해서는 목전 과업으로서 UN의 육성과 강화를 기도하지 않을 수 없다.

UN은 인류사에 있어서 인류 생활양식의 획기적인 전환을 가져왔다. 독선적 자기 위주의 생활양식에서 공존공영의 호혜 상조하는 사회로, 또 침략적 제국주의 국가조직에서 문화적 완전 민주주의 국가조직으로 개편해 완전히 새롭고도 문화적인 신세계로 큰 걸음을 내딛었다. UN은 문화세계로의 첫 출발점이다. 문화복리주의가 실현되기 위해서는 UN을 충분히 북돋아 발전하도록 만들어야 한다. UN의 강화는 인류사회의 이상적 상태, 문화세계를 건설하기 위한 목전 과업이다.[61]

61 [원주] 현재 UN의 목적이 그대로 문화복리주의 사회(문화세계)의 목적이 될 수 없는 것은 전자는 구舊 사회체제(약육강식하는 제국주의 전제주의의 사회체제)의 국가사회를 신新 사회체제(문화주의 체제하의 신新 사회관)의 국가사회로 전환시키려는 과도적 단계로서의 성격을 가지고 있는 데 반해 문화복리주의는 목전 과업(제일의적 목적)을 통해 인류사회의 최고 상태를 목적 과업(제이의적 목적)에 의해 달현하려고 하고 있기 때문에 일보 전진한 것이다.

3

문화세계의 건설

서설

문화세계 건설의 의의

제1장

대립을 넘어 통정으로

제2장

문화세계, 어떻게 건설할 것인가

제3장

문화세계의 이상

서설

문화세계 건설의 의의

인류 역사는 변증법적 발전 법칙을 갖는다. 정립·부정·통합이라는 3단계 정반합의 원칙에 따라 발전해왔다. 좀 더 크게 보면 분화分化와 통합의 연속적인 반복 운동으로 볼 수 있다. 분화 과정에서는 더욱 정밀하고 정확하게 발전하고, 통합 과정에서는 종합화하고 세련되게 발전하면서 인류는 더욱 완전한 삶을 추구해왔다. 시대의 흐름과 인류가 원하는 바에 의해 계속적으로 세계를 바르게 보완하면서 인간의 의지에 대응해 흘러온 것이다.

인류 역사는 분화와 통합의 연속적 계열이라고 볼 수 있다. 그 방향은 소승적인 것에서 대승적인 것으로, 특수적·소국적小局的인 것에서 보편적·대국적大局的인 것으로 부단히 진전해왔다. 또한 정치적으로는 소사회小社會에서 대사회大社會로, 씨족사회에서 부족사회로, 또 민족국가로 점차 확대됐다.

민족국가가 인류사회로 확장돼 세계국가로 통합된다는 것은 바로 이러한 발전의 법칙에서 추출된 것이다. 국제연맹(국제연합의 전신)과 같은 세계 조직이 하나의 의미 있는 증좌다. 이러한 기구들은 인위적으로 만들어졌지만 시대적·사회적 요청에 즉응해 이루어진 자연스러운 형태들이다. 인류사회가 어디로 나아가야 할 것인가에 대한 인류사적 고민에서 제기된 것이다. 우리는 이를 다시 한 번 기억해두어야 할 것이다.

만약 지금과 같이 고통을 겪으면서도 현 사회의 국가체제를 그대로 방임한다면 머지않아 지금까지 창조해온 찬란한 인류문화마저 잃어버리고 말 것이다. 전 세계는 암흑으로 변하고 말 것이다. 이러한 세계 위기로부터 인류를 구출하기 위해서는 배타적이고 독선적인 사이비 조국애와 민족애를 제지하지 않으면 안 된다. 착취와 침략을 합리화시키는 일체의 반동적·파괴적 행위를 거부하고 진지하게 민족과 국가의 진로를 다시 생각해야 한다. 인류가 함께 이 문제를 공동으로 해결해야 한다. 자유와 평화를 구가할 수 있는 국제연합을 향해 집결하지 않으면 안 되는 것이다.

진실과 성의를 가지고 세계 인류의 행복 구현에 참가하지 않으면 안 된다. 오로지 자국의 이욕과 권력만을 추구하고 협력하지 않는다면 그것은 인류사의 비극을 반복하는 것이다. 인류의 복리를 위해 진심盡心·진력盡力을 다해야 한다. 인류 전체의 이익을 배반하고 자국의 이익만을 추구하는 행위를 당장 멈추어야 한다. 다른 국가가 어떠한 희생을 당해도 상관하지 않고 자국의 이익만을 추구하는 것은 인류사적 관점에서 본다면 크나큰 죄악이다.

극도로 첨예화된 이념의 대립과 이로 인한 파멸적 삶을 우리는 현실 속에서 바로 지금 목도하고 있지 않은가. 공산주의를 따르지 않으면 목숨을 부지할 수 없는 참혹한 상황을 두고 보기만 할 것인가. 자유를 억압하고 다른 국가, 다른 존재를 자기 이욕을 위한 도구로 전락시키는 행위를 당장 멈춰야 한다. 그것은 인류 전체를 위협하는 반생명적 행동이다. 야만을 성취하기 위해 포탄을 제공하라고 강요하고 침략과 교란으로 인류의 평화와 안전을 위협하는 비극적 역사를 되풀이해서는 안 될 것이다.

그러나 인류는 결코 우매하지 않다. 이제까지 언제나 더 나은 삶을 추구해왔으며 인간의 가치와 자유를 실현하기 위해 묵묵히 역사를 발전시켜왔다. 이러한 현실의 문제를 해결할 수 있는 방법 또한 인류는 알고 있다. 이를 실천하면 되는 것이다.

이념으로 대립하고 있는 세계가 화해하기를 진심으로 희구한다. 전쟁을 당장 멈추고 민주주의를 향해 나아가야 할 것이다. 그리고 하나의 세계로 통합되도록 노력해야 한다. 그러나 근본적인 사상의 통일 없이 어떻게 하나의 세계가 실현될 수 있겠는가. 통합이 늦으면 늦을수록 인류의 희생만 증가할 것이다. 더 이상 자본주의와 공산주의라는 두 세계에 끼어 진정한 선의 표준도 세우지 못한 채 살아갈 수는 없다.

얼마나 많은 인민이 무고하게 목숨을 잃어야 전쟁을 멈추고 평화를 구축할 것인가. 분열된 세계를 통일해 선의 판단 표준을 확립하고 인류가 의연하게 행동하고 안심하며 살아갈 수 있도록 해야 한다. 한 국가에서 장려하는 선이 인류 전체의 안녕질서와 복리를 침해하는 일이 되지 않기 위해 문화규범의 확립이 더욱 필요하다. 한국전쟁이 가져온 비극을 잊어서는 안 된다. 이념적 대립이 극단으로 치달을 때 한 농부가 말했다. 어느 쪽이든 좋으니 백성이 평안하게 살게 해주는 정치가 좋겠다고. 중요한 것은 어떤 주의, 어떤 이념인가가 아니다. 좋은 정치란 민중을 위하는 데서만 그 의의를 갖는다. 민주주의 원칙도 이처럼 명확하다. 인민의 행복 없이는 어떤 좋은 이념도 존재할 수 없다.

'대한민국은 실로 인류세계의 축도이며 세계 정치 현상의 영상'이라고 할 수 있다. 첨예하게 대립된 남북한 두 세계는 이념의 상극성相剋性을 가장 노골적으로 나타내고 있다. 그리고 그 비극은 아직도 끝나지 않았다. 이처럼 이념에 따라 선과 악이 그때그때 달라진다면 어떻게 인간은 자신의 삶을 설계하고 또 실천할 수 있겠는가. 불안과 두려움만 존재하는 세상이 되고 말 것이다. 그러므로 우리는 시대와 장소를 불문하고 선은 선으로, 악은 악으로 통할 수 있는 하나의 세계를 창건하지 않으면 안 된다.

하나의 행위 판단 표준을 확립하고 이를 수행하지 않으면 평화는 존재할 수 없다. 선한 일을 하고서는 안심하고 살 수 있는 세상, 악한 일을 하고서는 안심하며 살 수 없는 세상을 만들어야 하는 것이다. 옳은 것을 주장하면 떳떳이 살 수 있고, 옳지 않은 일을 행하면 떳떳이 살 수 없는 세상을 꼭 만들어야 하겠다. 한 시대에 있어서 의義를 행한 것이 후세에 이르러 전 국민의 원성의 적이 되는 일이 없도록.

그와 아울러 부분적인 선은 부분적인 선으로, 전체적인 선은 전체적인 선으로 그에 적합한 대우를 받아야 할 것이다. 부분적인 선, 어떤 단체나 종파의 이익이 국가의 이익보다 우대되거나 존중돼서는 안 된다. 또 전체적인 선, 인류사회의 이익이 어느 한 국가에 의해 침해를 받거나 저지당하는 일도 있어서는 안 된다.

이렇게 통합된 사회에서는 분립도 건설과 발전을 촉진할 수 있다. 오늘날과 같이 대립된 국가사회에 있어서 분열은 우심한 당파 싸움만을 조장할 것이다. 이러한 해독害毒을 제거하기 위해 우리가 타파해야 할 세 가지가 있다. 첫째, 배타적이고 독선적인 민족 지상 관념을 타파해 뭇사람과 같이 잘살 수 있는 공영의 사회, 국제민주주의 사회를 건설해야 한다. 둘째, 실질적으로 은근히 계급을 형성해 강자가 약자를 억압하고 착취하는 자본 전제를 제거함으로써 계급을 타파해 사회적인 평등을 기해야 한다. 셋째, 공산권 국가에서처럼 공산당원만이 잘살고 다른 생각을 가진 존재는 철저하게 억압하는 공포정치를 버리고 인간적인 자유를 토대로 인류사회의 정상적인 발전과 복리를 확보해야 한다.

이것의 실현은 난립된 주권사회에서는 불가능하다. 오직 하나의 세계에서만 가능한 일이다. 주권이 난립해 있으면 그 명령과 행동이 상호 충돌돼 결국 무력행사로 최후의 재판 형식인 전쟁에 호소해야 하기 때문이다. 독립된 주권이 난립돼 있는 한 절대로 전쟁은 피할 수 없다. 민족적·계급적 지배욕이 조금이라도 잔존하는 한 전쟁은 사라지지 않을 것이다.

전쟁의 화근은 자본주의 속에서 태동해 민족국가 체제에서 자라났다. 그렇기에 하나의 세계를 완성해야만 완벽한 평화 세계가 이룩될 수 있다. UN을 추대하는 것도 그것을 절대화하기 위해서가 아니다. UN은 하나의 상징적인 조직으로서 완전한 평화 세계 실현을 향한 하나의 과정일 뿐이다. 우리 시대의 진리는 이제 평화를 통해 통합하고 하나의 세계를 창출하는 것이다. 국가 간 분쟁을 평화적으로 해결해 상호 간의 침략을 멈추고 협력해야 한다. 따라서 주권의 절대성과 전횡을 방치해서는 안 된다. 아무리 평화를 갈구한다 하더라도 무기를 만들고 있는 한 그것은 허위에 불과한 구호다. 세계 평화 기구를 강화해 통합 세계를 만들고 이 세계에 적합한 통합된 행위 판단 표준을 정해야 한다. UN이 할 일은 이를 주도하는 것이다. 문화주의 국가체제로 전환해 진정한 민주주의 사회가 완성되도록 노력해야 한다.[62]

62 문화세계를 하나의 세계와 같이 취급한 것은 하나의 세계를 이루어야만 문화세계를 건설할 수 있기 때문이다.

제1장

대립을 넘어 통정으로

1. 문화세계 건설의 제창

하나의 세계 건설은 인생의 의의와 목적·사명을 구명하는 데서부터 출발한다. 인생의 의의는 무엇이며 인간의 임무와 목적은 무엇인가. 재론할 필요도 없이 민주주의 사회에서 인간은 인간이 아닌 다른 곳에 삶의 목적을 두지 않는다. 자신의 생生에 목적을 둔다. 관념적으로 인격을 도야해 전인全人 생활을 완성하는 수도 생활을 의미하는 것이 아니다. 자신들의 현실적인 실제 생활의 행복을 건설하는 데 목적을 둔다. 이러한 현실적 인간생활은 정신적으로는 자유와 평화를 통해 문화가치를 창조하며 물질적으로는 생활 조건과 방법을 개선해감으로써 복리를 성취한다.

그러나 이러한 물질문명과 문화가치의 창조는 개인 혼자서는 만들 수도, 이룰 수도 없다. 오직 사회적 집단생활 속에서만 가능하다. 사회가 없다면 문화가치를 삶에 실현할 수 없을 것이다. 개인적인 입장과 마찬가지로 국가의 이상과 목적도 결코 배타적으로 독존하는 가운데서는 이룰 수 없다. 오직 상호 협조하고 호혜적으로 공존하는 국가사회 속에서만 더욱 효과적으로 그 목적을 달성할 수 있다.

개인이 자신의 행복만을 추구하고 타인을 부인하면, 결국 서로 싸울 일밖에 없다. 타인을 부정하는 것은 오히려 손해가 된다. 마찬가지로 집단, 민족 또는 국가 역시 전체 속에서 자기의 이익을 구하는 것이 훨씬 효과적일 뿐만 아니라 인도적이라고 말할 수 있다.

이러한 견지에서 우리는 약육강식의 세계가 아닌 호혜 관계 속에서 상호부조하는 문화세계를 건설하자고 주창한다. 워렌 R. 오스틴[63]은 세계를 파멸로 몰아넣을 대전쟁을 막기 위해 국제연합은 전방위적으로 노력하고 있다고 말한다. 분열하면 대립되고, 대립되면 서로를 침략한다. 그것이 인간사회의 철리哲理다. 따라서 불행을 막기 위해서는 대립하지 않는 통합된 문화세계로 지양해 나아가지 않으면 안 된다.

세계는 하나다. 하나의 세계에는 하나의 정치, 하나의 목적만이 필요하다. 대립도, 전쟁도, 특권도, 파쟁도 없는 사회이기 때문이다. 우리는 오직 진지하게 세계 인류의 안녕과 복지를 위해 협동하고 노력하면 된다. 그리고 하루빨리 인류의 복리를 위해 문화세계를 건설하지 않으면 안 된다.

문화로 하나가 된 세계를 건립해야 쓸데없는 투쟁과 희생을 미연에 방지할 수 있다. 세계가 한 덩어리가 돼 공동 목적과 공영사회를 이룩할 수 있는 사회를 건설하는 것이, 지금 우리 시대의 진리가 아니고 무엇인가!

이것이 과연 공허한 구상이기만 한 것일까. 하나의 세계를 향

---

63 Warren Robinson Austin. 1877~1962. 미국 정치가. 버몬트 주 상원의원을 지냄.

한 인류의 노력과 건설 의지는 시간이 흘러갈수록 점점 더 구체화되고 있다. 그리고 이제 그 결실을 보게 됐다. 만국평화회의가 그것이다. 국제연맹이 그것이며 국제연합이 그것이다. 물론 인류의 역사를 바꾸는 거대한 변화는 하루아침에 이루어지지 않는다. 그러나 부단한 노력이 지속적으로 하나의 목적을 향해 나아가면 그것은 반드시 실현된다.

더구나 두 차례의 세계대전을 치르고 민주주의가 승리한 지금에 와서는 국제연맹의 후신인 국제연합이 예전보다 강한 힘을 보유하게 됐다. 세계 인류의 평화 기관으로 거듭난 것이다. 국가가 서로 연계해 인류사회를 공동으로 발전시켜 나아가는 길은 세계 인류사의 필연이 아닐 수 없다. 시대의 흐름이 우리 인류를 평화의 방향으로 힘차게 밀어가고 있다. 누가 감히 이를 막을 것인가.

세계가 서로 통일된 지향성을 갖지 않으면 침략과 보복의 악순환은 멈추지 않을 것이다. 어떤 희생을 감내하더라도 대립과 전쟁이 없는 '하나의 세계'로 나아가야 함을 깨달았다. 우리 세기의 모든 사람들은 이를 세계대전을 겪으며 알게 됐다. 이 고통스러운 과정은 지극히 가혹하지만 인류에게는 존귀한 경험이 된 것이다. 이에 인류는 진정한 복리를 성취하기 위해 반드시 문화세계를 창조하지 않으면 안 되리라는 결의를 다지게 됐다.

역사는 말한다. 합하면 살고 헤어지면 죽는다. 그것은 단순하지만 명확한 인류사회의 진리다. 단합된 곳에서만 자유도, 평화도, 건설도 존재한다. 사람들 중에는 이를 일민주의라고 조소하고 내용과 이론이 없는 정치철학이라고 비판한다. 그러나 그것은 그 본질을 보지 않고 표면만을 보았기 때문이다. 그 안에 흐르고 있는 진리를 발견하지 못한 것이다.

2. 이념적 통일

왜 우리는 문화세계를 건설해야 하는가. 인류는 왜 그것을 요구하지 않으면 안 되는가. 그 목적은 무엇이며, 우리가 할 일은 무엇인가.

분열된 현대국가를 하나의 세계로 통합하는 것은 침략과 전쟁으로부터 인류를 구원할 것이다. 근대 초기 사회의 목적은 인간다운 삶을 확보하는 것이었다. 그러나 지금은 문명적으로 어느 정도 안정적인 삶을 기획할 수 있게 됐다. 따라서 단지 인간다운 삶을 확보하는 것만으로는 부족하다. 한 걸음 더 나아가 문화인으로서의 삶을 유지하는 데까지 사회의 목표를 고양하지 않으면 안 된다. 이처럼 호혜적인 복리사회를 만드는 것이 지금 우리에게 주어진 과제인 것이다. 서로를 죽음에 몰아넣을 뿐인 전쟁을 멈추고 계급 간 모순과 착취를 제거함으로써 하나의 세계, 하나의 문화세계로 한 차원 더 깊이 나아갈 수 있어야 한다. 우리 세기가 그렇게 요구하고 있는 것이다.

문화세계를 건설하기 위해서는 이념적 통일이 급선무다. 민주주의와 공산주의를 대립시켜 세계를 양분하는 것이 얼마나 큰 고통을 수반하는지 오늘의 역사는 말해주고 있지 않은가. 따라서 이념을 통일하는 것은 우리 시대의 과업이다. 그것은 도래할 미래 세계의 진리가 평화이기 때문이다. 대립의 근원이 되는 이념들을 하나로 지양하고 통합하는 것이야말로 현 인류에게 부과된 시대적 사명이다.

사상적 통일 없이는 실제적 행동의 통일이란 불가능하다. 자기가 속한 집단, 계급, 민족, 국가만을 위한 이념 때문에 세계는 아직도 무자비한 전쟁과 테러가 끊이지 않고 있다. 인류를 위협하는 가장 큰 적은 바로 우리 자신인 것이다. 그것은 공산주의도 자본주의도 마찬가지이다. 서로를 비난하고 공격하지만 결국 그 자신들의 한계는 보지 못하는 것은 왜인가.

공산주의라는 이념하에 얼마나 무자비한 숙청과 투쟁이 감행됐으며 얼마나 많은 인민이 어이없이 잔인하게 목숨을 빼앗겼는지 새삼 말할 필요가 있을까. 또 자본주의는 어떠한가. 전제군주처럼 자본이 인간을 지배하고 인간을 노예화하는 삶이 과연 인류가 꿈꾸던 삶이란 말인가. 자본만이 최고이고 목적이며 진리인 시대에 산다는 것은 얼마나 불행한 일인가. 가난한 사람을 돌아보지 않고 오히려 착취하기만 하는 자본주의의 전제를 막지 않으면 인류는 전쟁보다 더 큰 고통에 시달리게 될 것이다.

두 세계로 양분돼 싸우는 현실을 개혁하지 않는다면, 그것은 시대가 우리에게 부과한 과업을 저버리는 일이다. 공산주의와 민주주의로 세계를 양분하고 대립과 전쟁만을 일삼는 현실에 대해, 결코 방임해서는 안 된다.

이념적 통일이 없는 한 세계의 통일은 불가능하다. 무력으로 기존의 체제를 무너뜨릴 수는 없다. 가장 어려운 것은 현실을 정확하게 파악하는 과정이다. 제대로 알기만 한다면 올바로 행동하는 것은 좀 더 쉬워질 수 있다. 인간의 행동이 마음의 계획에서 시작하는 것이라면 어떤 행동을 유도하거나 막기 위해서는 그것을 금지하는 것만으로는 해결책이 될 수 없다. 중요한 것은 근본적으로 정신을 개혁하지 않으면 안 되는 이유이다.

하나의 생각에서 하나의 행동이 나오고 두 가지의 생각에서는 두 가지의 행동이 나온다. 마음이 행동의 주체이므로 하나의 좋은 나라를 건설하기 위해서는 각자가 좋은 나라의 설계를 납득할 수 있게 꾸며야 하고 또 좋은 사회를 실현해 그것이 좋다는 것을 예증할 수 있어야 한다. 어떤 사람도 진정한 민주주의의 원리를 반대하지는 않는다. 완성된 민주주의인 문화세계의 이념이 진정으로 옳다면, 그것은 반드시 실현될 것이다. 따라서 우리는 지금이라도 민주주의의 완성태인 문화세계가 이념이 아닌 진정으로 다음 인류사회의 진리라는 것을 보여주어야 한다. 문화세계의 강령과 규범을 세우고 이를 실천함으로써 통합된 사회의 진정성을 실천하고 보여주지 않으면 안 되는 것이다.

3. 실제적 통일

대립을 근절하기 위해서는 우선 이념의 통합이 필요하다. 그 다음은 실질상의 통합이 필요하다. 세계를 하나로 통합해 새로운 세계를 건설해야 한다. 그러나 이 세계에는 아직도 건설을 방해하는 반대 세력이 너무도 많다. 자신들의 이익만을 추구하는 이 반대 세력은 인류사회의 발전에 대해서는 무관심하다. 인류 전체의 복리를 꾀할 수 있는 좋은 의견이 제시돼도 자신들의 이익에 반대되면 무조건 거부하는 것이 이들의 생리이다. 많은 사람들은 인류를 위한 일에 대해, 그 논리와 도의적 목적에 대해 수긍한다. 그러나 정치적으로는 실현되지 못하는 경우가 더 많았다. 이론은 정당하지만 힘이 없기 때문이다. 따라서 우리는 인류사의 정의를 생각하는 것은 물론 이를 실현할 수 있는 구체적이고 실제적인 힘을 겸비하고자 노력해야 한다.

그렇다면 정의의 힘이란 무엇인가. '펜은 칼보다 강하다'고 말한다. 그러나 그것은 지극히 오랜 시간이 흘러야 증명되는 일이다. 또 그 펜 역시 어느 시점에선가는 힘을 수반해야 하며, 그렇지 않으면 단순히 좋은 이론에 그치고 말 것이다. 옳음이 인정되기 위해서는 현실 안에서 그 옳음이 실현돼야 하는 것이다. 마찬가지로 불의와 사악을 응징하기 위해서는 그것을 가능하게 하는 힘이 있어야 한다. 정의가 힘을 지닐 때 비로소 우리는 우리가 꿈꾸는 문화세계를 건설할 수 있다. 옳음을 진정으로 옳은 것으로 만들기 위해서는 그것을 실천에 옮겨야만 한다. 옳음은 현실적으로 옳다는 공인을 받을 때 비로소 옳은 것이 된다. 문화세계를 창건하는 것이 옳다고 주장하기 위해서는 이 세상에 문화세계가 실제로 실현되도록 노력해야 한다.

국제연합(UN)을 통해 더욱 강한 세계의 의결기관을 가질 수 있게 됐다. 또 이를 통해 집단의 안전을 보장받을 수 있게 됐다. 현 세계는 UN이 그 기능을 하고 있다. 세계의 자유, 평화와 복리를 달성할 수 있도록 의결하고 있다. 뿐만 아니라 단순한 의결에 그치는 것이 아니고 그것을 안전보장이사회를 통해 실제로 운영하고 집행하고 있다. 그러나 의회가 의결한 것을 자체 내에서 집행하려 하지 말고 좀 더 강하고 적극적으로 세계 정의를 집행할 수 있는 세계의 공동 정부가 필요하다. 인류의 의회가 성립했다는 것은 인류의 정부가 성립될 전조이다. 동일 목적과 사명에서 운행되는 것이라면 더욱 좋은 성과를 얻기 위해 세계정부를 수립해야 한다. 이를 통해 진정한 하나의 세계를 완성해나가야 하는 것이다.

UN에서 의결만 하고 실행을 각 국가에 위촉하면 국제연맹과 같이 무력해질 우려가 크다. 이러한 실력 기관을 분립시키고 독립시키는 데에는 여러 가지 위험이 따르게 된다. 옳음을 실현하기 위해서는 서슴지 말고 하나의 의회에 기초한 하나의 정치를 세워야 한다. 이는 진정한 복리국가를 이룰 수 있는 문화세계의 기반이다.

하나의 세계는 정부가 여럿이 아니고 하나이므로 대립과 투쟁이 없고 아울러 여러 목적이 있을 수 없으니 이해가 상반되는 일도 없을 것이다. 인류는 진정한 동류의식을 갖고 같은 목적을 세우고 이를 건설하기 위해 상호 협조할 것이다. 전쟁이 없으니 파괴와 희생이 없을 것이다. 전체 인류가 숭상하는 문화가치의 창조와 복리사회 건설만이 존재하게 된다. 바로 이러한 목표를 향해 사고와 활동, 그리고 노력을 통합해야 한다. 그렇게 되면 인류의 행복세계는 자연히 도래할 것이다.

제2장

문화세계, 어떻게 건설할 것인가

하나의 세계를 건설하기 위해 역사적 발전 단계를 무시하거나 망각해서는 안 된다. 그러한 방법을 취해서도 아니 될 것이다. 그것은 옳지 못할 뿐 아니라 실현성도 극히 희박하게 하기 때문이다. 가장 좋은 것은 통일국가인 세계공화국을 만드는 것이다. 그러나 역사는 한 단계 한 단계 발전하며 껑충 뛰어 비약하지 않는다. 이러한 역사의 발전 법칙을 무시하고서는 어떤 발전도 가능하지 않다. 하나의 세계를 건설하기 위해 단계를 명확하게 세우고 나아가지 않으면 안 된다. 그 단계란 ① UN국가 ② 문화세계 연방국가Universal-Völkerbund ③ 문화세계공화국Weltrepublik이다.

본론에 앞서 세계국가Weltstaat 사상이 출현한 역사적 배경을 살펴보자. ① 고대 희랍사회에서 세계국가의 사상은 키닉 학파로부터 스토아 학파로 전해졌는데 이는 자연법사상과 결합해 현재의 개별적인 국가를 그대로 두고 세계국가로 통합하는 이원적인 국가사상이다. ② 로마 시대에는 알렉산더대왕의 동양 및 서양을 포함한 세계 제국의 이상이 있었다. ③ 중세에는 예수 그리스도를 중심으로 사랑과 인애仁愛로 결합된 하나의 협동체로서 교회국가敎會國家가 구상됐다. 이는 사해동포주의 실현을 목적으로 한다. ④ 근대 사회로의 전환기에는 계몽철학이 세계 공민公民 사상에 의거해 세계국가를 지향했다. ⑤ 19세기 후반 이후에는 프랑스를 중심으로 사회주의적 사상을 이면에 둔 노동자 연합을 통한 세계국가 실현이 구상됐다. ⑥ 제1차 세계대전 이후에는 평화주의적 견지에서 전쟁의 희생을 없애고 평화를 주창하는 무정부주의적 세계국가 지향이 나타났다. ⑦ 최근에는 집단적 안전보장과 공동 복리 추구를 목적으로 하는 UN이 건립돼 이를 통한 세계국가 실현이라는 이상이 제기되고 있다.

이러한 세계국가 건설의 지향은 고대부터 현대에 이르기까지 일관되게 추구돼왔다. 근대 이후 인류는 과학문명의 발달과 첨단 전쟁 무기의 발전으로 종전처럼 분립한 채 타국가 침략을 감행하는 국가체제 방임이 얼마나 큰 위협인지 깨닫게 됐다. 세계정부가 필요하게 된 것은 그 때문이다.

1. UN국가

현 단계는 실로 UN국가 사회라 할 것이다. 이는 공동 목적인 민주주의를 완성하고, 또 다른 나라의 침공을 방지하는 데 그 목적이 있다. 집단의 안전에 대한 방책을 UN을 통해 강구하는 것이다. 그런 만큼 지금은 이미 민족국가 시대에서 세계정부 시대로 한 걸음 나아갔다고 보는 것이 타당하다. 그 구체적인 예가 한국전쟁이다. 한반도 평화를 위해 UN이 일치단결해 침략을 막는 것은 남한 민주주의 역사에서 큰 의미를 지닌다.

전 세계 민주국가들은 자국의 이익만을 위해 UN의 결의를 무시하지 않는다. 가능한 한도에서 UN을 통한 자국의 육성을 바라고 있으며, 자국의 정치 목표를 완전한 국제 연합국가 형성에 두고 있다.

UN은 특정 국가의 이익을 위해 존재하지 않는다. 특정 국가의 이익과 목적만을 추구하지도 않는다. UN에서의 의결은 민주주의의 원리에 입각한 것이다.

UN의 목적 역시 민주주의 원칙에 의거한다. 만약 현 기구나 조직상에 어떤 모순이 있다면 그것은 과도적 현상으로 현실의 모순과 장애물을 제거하기 위한 것이다. 과오가 없을 수는 없다. 그러나 더 큰 목적과 더 먼 미래를 내다보며 생각해야 한다. 민주주의 원칙에 부합되는 이상 원칙적으로 UN을 육성하는 데 주력하지 않으면 안 된다. 구체적인 방법과 수단은 점차 개선해갈 수 있기 때문이다.

UN은 세계 연방의 전신前身으로 현 세기에 임하고 있다. 분란과 사변을 방지하고 인류 공동의 안전을 보장하기 위해 존재한다. 인류문화를 민주주의적으로 발전시켜 세계 인류의 문화 복리를 달성하기 위해 진지한 노력을 계속하고 있다.

그러나 UN은 국제연합이라기보다는 그 이름에서 알 수 있듯이 국가연합에 가깝다. 권력 행사에서 국가 단위를 넘어서지 못하고 있는 것이 현실이다. 아직은 국제적인 주체가 되지 못한 것이다. 유감이 아닐 수 없다. 이러한 약점을 하루빨리 시정해 옳은 것을 의결하고 이를 강력히 집행할 수 있는 힘을 지니도록 해야 한다. 세계의 평화를 위협하고 문화세계 건설을 거부하는 반대세력을 제거해야 한다. 그야말로 실천하는 힘을 지닌 UN이 되도록 지원해야 한다. 이를 위해서 문화세계정부를 만드는 일이 반드시 필요하다. 모든 국가가 UN이 가진 본래의 목적과 사명을 충분히 달성하도록 혼신의 노력을 경주해야 한다. 이것은 세기의 임무인 동시에 문화복리주의의 유일한 당면 과업이다.

2. 문화세계 연방국가

과학에는 국경이 없다. 과학은 민족이나 국가의 지배를 받지 않는다. 행복도 그러하다. 행복을 독점한다는 것이 가능하기나 한 것일까. 인위적인 국경이 존재한다고 해서 인간의 삶이 완전히 폐쇄될 수 있다고 말할 수 있을까. 국경은 정치적 의미에서만 단절된 경계일 뿐이다. 정치적 목적이 변경되면 언제든지 철폐될 수 있다.

인류는 앞으로 제3차 세계대전에 당면하게 될지도 모른다. 전쟁을 방지하기 위해 UN의 강한 활동이 요구되고 있다. 그러나 UN은 국가연합에 불과하다. 따라서 타협은 가능하지만 강한 실천은 현실적으로 어렵다. 우리의 소망에 순응할 수 있는 기관이 못 된다. 때문에 인류의 복리와 평화를 실현할 명실상부한 세계기구가 필요하다. 문화세계 연방국가가 바로 그러한 세계기구가 될 수 있다.

세계 연방국가에 대한 선구적 생각은 프랑스 앙리 4세의 '대계획Le Grand Dessein'에서 발견된다. 생 피에르의 『영구 평화 초안Projet de la paix perpetuelle』, 칸트의 『영구평화론Zum ewigen Frieden』 등은 국제연맹과 국제연합의 구성에 이론적 근거를 제공해주고 있다. 중요한 것은 이러한 문화세계 연방국가는 국제연맹이나 국제연합과 일정한 차이를 지닌다는 사실이다. 국제연맹은 현존 민족국가를 그대로 둔 채 상호 간의 친선 도모와 문화 향상 및 세계 평화를 확보하자는 구상이다. 반면 연방국가 개념은 그러한 소극적인 기관을 뛰어넘어 인류 목적을 적극적으로 달성할 수 있는 보다 강력하고 실현성 있는 통일 정부를 구상한다. 통일 정부를 세워 주권을 확립해야 국가 분열로부터 오는 피해를 방지하고 인류의 복리를 달성할 수 있다는 논리이다. 제2차 세계대전의 상흔이 낫기도 전에 세계는 냉전이라는 삼엄하고 음험한 공기 속에 갇혔다. 이처럼 대립하는 두 세력은 결국 인류의 존명 자체를 위협하고 있다. 주권의 통일이 이루어졌다면 이러한 일은 일어나지 않았을 것이다.

거듭 말하거니와 주권의 통일 없이는 세계 평화나 인류 행복이란 사상누각에 불과하다. 원칙이 하나로 통일돼야 한다. 둘 셋으로 분립되면 필연코 투쟁이 발생하고 만다. 이것은 인류사회의 법칙이다. 하루빨리 다원국가多元國家를 문화 일원국가一元國家로 통일해야 하겠다.

문화세계 연방국가는 문화적 통일 정부하에 완전히 자치적으로 연결된 민주국가를 단위로 해 조직된 세계국가를 말한다. UN 다음에 올 국가 형태로서, 반드시 이러한 분권 제도를 채택한 국가가 도래할 것으로 믿는다. 물론 그것은 중앙집권식 통일국가가 돼서는 안 된다. 인류사회의 발전은 항상 현실을 토대로 그 결함과 약점을 보충하는 형식을 취해왔다. 현 UN국가로서는 주권이 통일돼 있지 않기 때문에 강한 실천이 어렵다. 주권을 통일해 이러한 모순을 제거한 것이 문화세계 연방국가이다.

따라서 다음에 올 세계는 중앙집권제를 취한 세계공화국이 아니라 분권식 세계 연방국가로 이루어진 세계다. 그것은 구체적으로 어떤 세상인가. 주권이 하나이니 침략할 필요가 없다. 따라서 무장 준비가 필요 없다. 국가 재정을 국방에 치중할 필요가 없으므로 문화 복리를 위해 전적으로 사용된다. 전쟁에 의한 손실이 없으므로 보다 윤택하고 행복한 사회가 가능해진다. 또 정부가 하나라는 것은 모든 국가가 하나의 나라처럼 돕고 상호 발전한다는 것을 의미한다.

3. 문화세계공화국

문화세계공화국이란 세계단일국가Einheitlicher Weltstaat라는 의미에서는 문화세계 연방국가와 동일하다. 하지만 문화세계 연방국가가 분권식 민족자결주의 국가인 데 비해 문화세계공화국은 집권식 세계 통일국가이다. 세계 단일국가에는 두 가지 유형의 국가가 있으니 그 하나는 칸트가 말한 보편적 왕국Universal monarchy이다. 다시 말해 특정 국가가 주동이 돼 세계를 통합하는 형식이다. 또 다른 하나는 기존의 국가를 전부 해체해 새로 세계국가를 조직하는 방식이다. 여기서 말하는 세계공화국이란 후자를 뜻한다. 나폴레옹 1세나 루이 14세, 카이저 같은 사람들은 모두 전자인 보편적 왕국을 지향했다. 앙리 4세나 생 피에르, 칸트 등은 후자인 세계공화국을 구상했다.

앞서 살펴본 국제연맹이나 국제연합은 세계공화국의 시초라고 말할 수 있다. 문화세계공화국은 한 개의 우주국가이다. 물론 이는 인류가 이제까지 꿈꿔온 바로 그 이상국가이다. 인류는 그리스-로마 시대로부터 현대에 이르기까지 이러한 세계 이상을 가지고 있었다. 하나의 국가 안에 여러 지방이 존재하는 것처럼, 하나의 세계 아래 여러 국가들이 지방처럼 존재하는 것이 세계공화국의 이상이다. 세계공화국이란 완전히 집권된 하나의 세계국가로서 지역적으로 정치 행정구가 분할되지만 이 지역들 모두 각기 분리된 국가가 아니라 하나의 국가에 속하는 사회다. 그러나 이러한 세계공화국을 구성하는 데는 수많은 난관이 존재한다. 언어 관습과 생활양식 문화 정도 등 수많은 난제가 있다. 그러나 장구한 시일을 두고 세계 연방국가를 통해 동화同化에 노력한다면 전연 불가능한 것은 아니리라.

문화세계공화국이 지금 즉시 우리 시대에 이루어지리라고는 생각하지 않는다. 그러나 이 문화세계공화국은 인류가 반드시 달성해야 할 정치체제이다. 그렇게 되지 않으면 인류는 전쟁으로 자연 멸망하고 말 것이다. 미래는 없다. 하나의 세계를 향해 나아가는 것은 지금 우리의 당면한 과제가 아닐 수 없다.[64]

64 [원주] 여기에서 그냥 세계 연방국이니 세계공화국이니 하지 않고 문화세계 연방국가, 문화세계 공화국이라고 한 것은 어떤 딴 목적과 이념에서 조직된 국가가 아니라 문화복리주의에 의해 이루어진 문화세계국가를 지칭해 말한 것임을 밝혀둔다.

제3장

문화세계의 이상

에머리 리브스는 『평화의 해부』에서 인류의 당면한 문제의 긴급성과 세계정부의 필요성을 역조한다. 그는 세계는 하나이며 인류의 나아갈 길도 하나라고 말한다. 그것은 인류가 분열해 전쟁으로 망하느냐 아니면 협력해 공동사회를 건설하느냐 하는 운명의 분기점에 서 있기 때문이다.

그렇다. 우리 인류는 하나의 세계를 만들지 않을 수 없는 막다른 골목에 이르렀다. 아인슈타인도 세계 연방정부론을 주장한다. 그는 과학자로서 원자탄의 출현을 상징적 의미로 해석한다. 원자탄은 과학이 인류에게 축복이면서 동시에 재앙이 된다는 것을 보여준 대표적인 사례이다. 주권국가가 존재하는 한 이러한 과학과 전쟁의 상관성은 끊어지지 않을 것이다. 그러나 인류는 아직도 원자탄의 파괴력이 얼마나 인류에게 위협적인지 알지 못한다. 원자전쟁에 돌입하면 지구인 중 한 사람도 살아남을 수 없다. 이러한 인류의 멸망으로부터 우리 자신을 보호하기 위해서는 '하나의 세계'를 만들어야 한다는 것이 그의 의견이다. 그리고 그는 구체적인 방안으로 세계정부 건립을 이야기한다. 원자탄 개발과 같이 과학의 혁신이 국가의 이익을 위해 사용될 경우에 인류는 멸망하고 만다. 그러므로 이념과 민족, 국가를 뛰어넘는 세계정부를 건설해 폐해를 막자는 것이 그의 의견이다. 물론 세계정부에서는 강대국의 의견이 중요한 것이 아니라 약소국가도 동등한 대우를 받아야 할 것이다. 과학이 인류세계를 죽음으로 몰아가는 일을 방지하기 위해서는 반드시 필요하다. 그뿐이 아니다. 윌키[65]는 『하나의 세계』라는 책에서 국가 단위의 자본제국주의를 노골적으로 비판한다. 현대국가의 임무는 침략과 승리가 아니라 복리사회를 만드는 것이다. 가장 먼저 할 일은 군비축소다. 웰스[66]도 『세계문화사 대계』 권말에서 하나의 세계에 대한 지향을 토로했다. 우리나라 전병훈[67]도 세계 일통一統 공화정부와 그 헌법을 제안한 바 있다.

이처럼 문화세계는 전쟁을 막고 평화를 구축하는 데 있어 가장 이상적인 사회가 아닐 수 없다. 인류의 자유와 평등, 공영을 꿈꾸면서 그것을 경계 속에서 실현하고자 하는 것은 편협한 생각이 아닐 수 없다. 하나의 세계로 나아가지 않는 한 인류의 이상은 침략과 착취를 위한 구실이 될 뿐이다.

전쟁을 왜 하는가 고민했던 것과 마찬가지로 왜 문화세계를 건설해야 하는가를 고민해야 한다. 전쟁에서 승리하고 타국가를 점령하기 위해 건설을 주장한다면 그것은 결코 찬성해서는 안 된다. 일본이 조선을 식민지화했듯이 군국주의에 의한 건설은 인류사에서 어떤 의미도 지닐 수 없다. 침략적 건설을 통해 다른

---

65 Wendell Lewis Willkie. 1892~1944. 미국 정치가. 국제적 협력을 강조하는 '하나의 세계'를 주장했다. 주요 저서는 『하나의 세계』(1943).

66 H. G. Wells. 1866~1946. 영국 소설가, 언론인, 사회학자, 역사학자. 주요 저서는 『타임머신』(1895), 『투명인간』(1897), 『우주전쟁』(1898)과 『세계문화사 대계』(1920).

67 全秉薰. 1857~1927. 구한말 사상가. 주요 저서는 『정신철학통편精神哲學通編』(1920).

나라, 다른 민족을 폭력적으로 지배하는 것을 결코 용인해서는 안 된다. 강력히 저항해야 한다.[68] 이념을 앞세워 인간의 자유를 억압하는 공산주의에 대해서도 엄중히 비판하고 저항해야 할 것이다. 그것은 자본 전제주의에 대해서도 마찬가지이다.

문화생활을 가장 행복하게 향유할 수 있는 곳은 문화세계뿐이다. 문화세계 연방국가의 건설은 진정으로 현 인류의 사명이다. 하나의 세계는 고도의 문화국가 형성을 지향할 뿐만 아니라 문화세계공화국을 이룩해 민주주의의 목적을 실현하고 보장하는 데 그 이상이 있다. 문화세계공화국에서는 모든 국민이 민족과 지역, 재산의 소유에 의한 차별을 받지 않는다. 모든 사람이 평등하게 존중받는다. 인간의 한 사람으로서 행복을 누리며 문자 그대로 모든 인류가 공존·공영할 수 있는 것이다. 하나의 정치와 하나의 국가사회하에서 침략과 투쟁 없이 호혜 상조하며 즐겁게 살아갈 수 있는 것이다. 문화세계공화국은 인류의 이상을 실현시켜줄 수 있는 유일한 세계다.[69]

---

68 원본에서는 한국전쟁과 공산사회에 대한 조영식 박사의 시각이 기술돼 있다. 한국전쟁은 이념의 건설을 앞세워 민족의 죽음을 불사한 침략적 건설이며, 이러한 맥락에서 UN의 협력을 얻어 한국전쟁에서 남한이 승리하는 것을 민주주의의 승리로 해석한다. 같은 맥락에서 공산권 국가인 소련에 대해 부정적이며 이 시각은 매우 견고하다. 또한 공산사회가 계급투쟁을 목적으로 인민의 자유를 억압하는 것은 인류사에서 볼 때 죄악이라고 규정한다. 그의 이러한 시각은 현실 세계에서 민주주의의 완성을 추구하는 조영식 박사의 근본적인 정치사상과 직결되는 것으로 이해해야 한다. 그는 민주와 공산이라는 이념적 대립이 결국 인민에게만 피해를 줄 뿐이라는 인도주의적 시각 속에서 냉전 시대의 돌파구를 평화 체계 속에서 찾고자 했다. 세계국가라는 그의 이상은 이러한 현실적 맥락과 분리해서 설명돼서는 안 된다.

69 [원주] 하나의 세계의 이상은 문화의 왕국 실현에 있는 것이다.

해제

『문화세계의 창조』는 1951년 출판된 서작이다. 1948년에 저술한 『민주주의 자유론』에 이어 조영식 박사가 추구한 민주주의 이상과 그 구현 방식에 대해 체계적으로 기술한 두 번째 저서다. 그가 말하는 문화세계란 민주주의의 이상이 완벽하게 구현된 세계를 의미한다. 조영식 박사는 인류 전체가 '하나'의 문화세계로 통합됨으로써 전쟁이 사라지고 평화롭게 조화를 이루며 살아가는 이상사회를 지향했다. 문화복리주의는 바로 이러한 문화세계의 이상을 실현하기 위한 민주주의적 정치 체계이자 그 실천 방식이라고 말할 수 있다.

이러한 그의 정치사상이 지닌 특징을 구체적으로 살펴보면, 다음과 같다. 첫째, 그가 주창하는 문화세계란 이상과 현실을 변증한 개념이다. 문화세계라는 이상은 단지 하나의 이념으로만 머물러서는 안 되고, 이를 실제 현실 속에 구현할 수 있어야 한다. 이상만 있고 현실을 돌보지 않는 정치는 민주주의적이라고 말할 수 없다. 이상이 현실 안에 스며들어 진정으로 삶에 이익과 효용을 가져올 때 비로소 문화주의의 의미가 존재하게 된다. 아무리 훌륭한 이념이라도 인류의 실제 삶, 인류의 행복을 도외시한 정치는 진정한 정치가 될 수 없다. 문화주의와 현실주의를 결합한 민주주의로서의 문화복리주의란 바로 이러한 맥락에서 제시된다.

이처럼 현실과 이상의 변증이 가능하기 위해서는 역사에 대한 성찰이 무엇보다 중요하다는 것이 조영식 박사의 시각이다. 역사는 비단 과거만을 의미하지 않는다. 역사란 오늘을 있게 한 과거인 동시에 미래라는 지향성에 의해 이끌려가는 현실의 삶을 의미한다. 조영식 박사의 역사 인식은 기본적으로 과거와 현재, 그리고 미래를 일직선상에 놓는 진보적 역사관이다. 문화세계라는 이상세계를 위해 인류 전체가 협력해야 한다. 과거와 현재 속에서 우리 인류는 진정한 세기의 진리를 찾아야 하고, 이를 실현하는 것이 정치의 목표가 돼야 한다. 그 무엇보다 중요한 것은 과학적인 세계관과 삶의 실천이다. 합리적인 삶의 체계를 세움으로써 정신을 계몽하고, 과학의 발달을 통해 삶과 문화의 발전을 실현해야 한다.

이러한 세계 질서를 유지하기 위해서는 문화와 과학을 발전시킬 수 있는 정치적 안정이 필요하다. 세계 평화가 요구된다. 인류는 두 차례의 세계대전에 의한 인류사적 비극을 겪었다. 전쟁은 인류의 정신문화와 물질문명을 모두 붕괴시키는 파괴를 부른다. 조영식 박사는 현 인류에게 가장 필요한 것은 바로 평화이며, 이러한 평화를 갈구하는 것이 곧 우리 시대의 진리라고 역설한다. 자유와 평등과 복리, 그리고 평화가 하나로 결합해 문화복리주의의 가치를 이루게 될 때 인류는 다시 한 번의 인류사적 발전을 가져올 수 있다.

그렇다면 평화를 위한 문화세계의 건설이 지닌 진정한 정치적 실현 방법은 무엇인가. 물론 가장 근간이 되는 힘은 민주정치의 정립과 실천이다. 경제적 민주화와 정치적 민주화 어느 한쪽에 치우치지 않고 이 둘을 균형 있게 발전시키는 문화세계를 건설해야 한다. 이는 현재의 근대적 민족국가 단위 내에서는 한계를 지닐 수밖에 없다. 자기 민족과 자기 국가만의 발전을 추구하는 민족주의 또는 국가주의의 발흥은 한 사회의 번영을 가져올 수는 있다. 그러나 이러한 자민족중심주의 또는 일국중심주의가 존재하는 한 지구에는 평화란 있을 수 없다. 끝없이 타민족, 타국가를 침탈하거나 방어하지 않으면 안 된다. 그것은 인류가 이제까지 만들어온 문화 자체를 파괴하는 결과만을 가져올 것이다. 따라서 민족국가 단위를 넘어설 수 있는 대안 정치체제가 요구된다. 조영식 박사가 추구하는 문화세계는 바로 이러한 이상 속에서 출현한 개념이다. 모든 국가와 민족들이 하나의 세계 안에 존재하며 각 국가 간, 민족 간 상호 호혜적인 관계를 설정하는 것이야말로 현 인류에게 부과된 진정한 과업이다.

여기에서 하나 더 주목할 것이 있다. 하나의 세계로서의 문화세계는 단 하나의 문화를 가진 사회가 아니라는 점이다. 다양한 문화들이 존중받고 향유될 수 있어야 함은 말할 것도 없다. 세계는 하나이지만 각 민족 고유의 문화는 그 가치를 인정받아야 하는 것이다. 세계정부를 두면서도 각각의 민족들이 자신들의 삶에 적합한 문화를 유지할 수 있어야 한다.

이를 실현하기 위해서 문화규범이 바로 서야 한다. 인류에게 평화를 가져다주는 행동규범을 새롭게 정립하지 않으면 안 된다. 이는 민주주의의 완성이 왜 문화세계인지를 말해주는 대목이다. 전체 집단이 공존할 수 있는 행동규범을 마련하고 이를 삶의 맥락에서 실천하는 과정이 요구된다. 조영식 박사는 지극히 현실적인 복리를 추구할 뿐만 아니라 윤리적으로 올바른 사회를 지향한다. 문화세계에서는 윤리와 정치, 문화가 하나로 결합된다. 이를 통해 개인과 사회, 집단과 국가, 민족과 세계 인류가 하나의 관계로 통합된다.

이렇게 볼 때, 조영식 박사의 사상은 한마디로 현실주의적 이상주의라고 말할 수 있다. 그는 이상주의와 현실주의를 변증하고 인류에게 부여된 시대적 과제를 성찰한다. 그의 이 이상적인 비전은 아직 실현되지 않았다. 그것은 아마도 요원하리라. 그러나 큰 이상은 현실 자체를 변화시키는 주요한 동력이 될 수 있다는 점을 우리는 인류사를 통해 알고 있다. 이것이 그의 사상을 다시 조명하는 진정한 이유다.

미원전집편집위원회
미원조영식박사기념사업회

찾아보기

ㅇ

ㅈ

ㅊ

ㅋ

ㅌ

ㅍ

ㅎ

문화세계의 창조

초판1쇄 발행 2014년 5월 18일
초판3쇄 발행 2022년 9월 28일

저자 조영식
편저자 미원전집편집위원회
윤문 신진숙

발행인 한균태
발행처 경희대학교 출판문화원

주소 서울특별시 동대문구 경희대로 26
전화 02-961-0106~8, 팩스 02-961-0291
설립 1960년 9월 16일 제5-8호
등록 1977년 11월 8일 제6-5호
홈페이지 www.khupress.com
전자우편 press@khu.ac.kr

ISBN 978-89-8222-469-0 04300
978-89-8222-468-3 (세트)